本书为国家社会科学基金青年项目『不同语法体系对中国日语学习者习得效果影响的追踪实验研究』（19CYY045）的结项成果

知之不若行之

不同语法体系对日语习得效果的影响

蔡妍 —— 著

社会科学文献出版社
SOCIAL SCIENCES ACADEMIC PRESS (CHINA)

前　言

目前，我国的日语语法教学主要采用传统的学校语法和较新的日语教学语法这两套不同的语法体系。前者以日语母语者、后者主要以欧美日语学习者为对象制定而成，均非为中国日语学习者"量身定制"，二者的并存给学习者与教师带来困扰，其孰优孰劣也一直是日语界热议的课题。现有国内外研究多从理论语法视角探讨两套语法体系的差异及其各自存在的问题，鲜少关注不同语法体系的教学效果，即其对学习者语法习得效果的影响。

本书梳理学校语法和日语教学语法在教学思维、术语命名、教学逻辑、教学理念四个方面的差异，考察这些差异对中国日语学习者初级核心语法项目习得效果的影响，并解释现象背后的原因机制，以探明究竟哪一套语法体系或者哪一套语法体系的哪个部分更加适合中国日语学习者。

本书的主要内容及研究成果如下。

1. 教学语法视角下对两套语法体系差异的归纳

本书从教学语法的视角出发，以相关理论研究为基础，将两套语法体系的差异归纳为以下四点：①"组装型"与"集成型"的教学思维差异。在教授助动词及形容词的活用规则时，学校语法侧重对语法现象各个组成部分的解释与说明，日语教学语法则侧重解释其作为一个整体的接续形式与意义。②"意义型"

与"形态型"的术语命名差异。在形容词、动词的类型及其活用形的命名上，学校语法的术语命名多带有具体意义，而日语教学语法则多以直观的形态或数字命名。③"模块化"与"零散化"的教学逻辑差异。学校语法重视语法点的内部关联，日语教学语法则重视语法点的实用性。④"简体为本"与"敬体优先"的教学理念差异。学校语法的动词活用以"る形"（简体形）为起点，日语教学语法的动词活用以"ます形"（敬体形）为起点。

2. 不同语法体系对语法习得效果影响的实验研究

本书采用以 E-Prime 行为实验为主的实验研究法，分别考察两套语法体系在教学思维、术语命名、教学逻辑、教学理念方面的差异对中国日语学习者初级核心语法项目习得效果的影响。

第一，"组装型"与"集成型"的教学思维对语法习得效果的影响。

实验一以助动词"です""ます"与形容词活用三部分内容检验学校语法"组装型"思维与日语教学语法"集成型"思维对学习者语法习得效果的影响。实验结果表明：在习得形式较为简单、难度较低的语法点（如"です""ます"的活用规则）时，"组装型"思维与"集成型"思维学习者的习得效果并没有显著性差异。但在习得形式较为复杂、难度较高的语法点时，接受"组装型"思维教学的学习者的正确率要显著高于接受"集成型"思维教学的学习者。我们认为这一实验结果与知识类型、记忆形式及概念形成中学习者使用的策略相关。

第二，"形态型"与"意义型"的术语命名对语法习得效果的影响。

实验二的结果表明，"形态型"与"意义型"的术语命名差异对学习者的语法习得效果并无显著影响。这也许是因为：①专业术语与语法知识的实际应用之间关系并不密切，即术语对学习者实际运用语法知识的指导效果并不明显。②中国日语学习者不需要花费额外的精力去记忆和理解以汉字命名的"名副其实"的术语名称。信息处理的制约机制导致学习者全力关注新的信息，对于"贡献较小"的活用形名称等术语，自然选择性地忽略，以达到效率的最大化。③实验结果与学习者所处的学习阶段有关，测试题型与实验手段也存在一定的局限性。

第三，"模块化"与"零散化"的教学逻辑对语法习得效果的影响。

实验三以格助词习得测试检测在学校语法"模块化"与日语教学语法"零散化"的教学逻辑下学习者格助词习得效果的差异。实验结果显示：当习得的格助词数量较少、用法较为单一时，"模块化"与"零散化"的教学逻辑对习得效果的影响不存在显著性差异。但是，当习得的格助词数量较多、用法较为复杂时，"模块化"教学逻辑的教学效果优于"零散化"。这不仅体现在学习者格助词使用的正确率上，还体现在产出作文时，学习者使用格助词的多样性以及多个格助词搭配的频度和流畅度上。两套语法体系格助词讲解模式的不同是导致学习者习得效果差异的主要原因，这与认知心理学中知识表征的模型和注意力分配有关。

第四，"简体为本"与"敬体优先"的教学理念对语法习得效果的影响。

实验四的结果表明，接受学校语法教学的简明班比接受日语教学语法教学的标日班在动词活用习得上的表现更加优秀。这一点主要体现在学习者动词活用形的使用正确率上。认知语言学的"原型理论"也许可以为这一实验结果提供心理认知方面的参考依据。如果将动词的所有活用形看成一个范畴，将"る形"认定为范畴中的核心成员，也就是原型，将包括"ます形"在内的其他活用形看作周边成员（也称为派生成员），那么，就像在多义词的习得中，原型义（也称典型义）的习得要比周边义（也称非典型义）的习得更容易一样，最本质、最根源、位于范畴内核心位置的原型成员"る形"也许是最容易把握的。

本书从教学语法的视角出发，考察学校语法与日语教学语法在教学效果上的差异，为基于理论语法视角的语法体系差异研究及问题批判研究提供新的视角与补充，同时科学有效地评估了我国日语学习者的语法习得效果，为我国日语教学语法体系的重构与完善提供了符合中国学习者认知心理的依据。

本书是 2019 年度国家社会科学基金项目"不同语法体系对中国日语学习者习得效果影响的追踪实验研究"（19CYY045）的结项成果。项目的实施与本书的撰写都得到了恩师福建师范大学林璋教授的悉心指导。从选题、理论建构、实验设计到结果讨论，林老师都给予我无比耐心的指导和帮助，在此向林璋教授致以最衷心、最深切的敬意与谢意。同时，向团队成员陈燕青、陆晓鸣、黄毅燕、徐敏光等老师，以及李荣宝教授的心理语言学团队表示最真诚的感谢，他们富有建设性与启发性的意见是本书成型的重要支撑。最后，还要感谢社会科学文献出版社的赵娜女士以及李薇女士，本书的顺利出版离不开她们的大力支持和帮助。

蔡妍

2023 年 3 月

目　录

第一部分　研究概述

第二部分 文献回顾

第三部分 理论研究

第四部分　实证研究

第五部分 综合讨论与结论

第一部分　研究概述

　　第一部分交代整个研究的概貌，包括第一章和第二章。第一章介绍研究背景、研究动机和研究意义。第二章说明研究问题、研究流程、量具的种类和内容、受试对象、实验过程、数据收集与数据分析的步骤等。

第一章　导论

本章主要介绍本书的研究背景、研究动机和研究意义，内容包括：第一，解释本研究涉及的核心概念；第二，说明开展本研究的动机及意义；第三，回顾国内对学校语法体系和日语教学语法体系的教学效果的相关研究文献；第四，指出既往研究存在的局限性与本书的创新之处；第五，阐明本书的研究目的及整体框架。

一　研究缘起与相关概念的界定

目前，我国的日语语法教学主要采用传统的学校语法和较新的日语教学语法两套不同的语法体系，二者的并存给日语学习者与教师带来了困扰，其孰优孰劣也一直是日语界关注的问题。本书分析这两套语法体系在教学理念、教学内容、教学逻辑等方面的差异，在此基础上以追踪实验法考察中国日语学习者在初级核心语法项目上的习得效果差异，并解释现象背后的原因机制，以探明究竟哪一套语法体系或者哪一套语法体系的哪个部分更加适合中国日语学习者。

本书涉及三个层面的核心概念。第一层是语法体系的相关概念，包括语法和语法体系的内涵与外延、理论语法和教学语法的异同、语法分析中词法分析和句法分析的对象及方法、日语语法体系中的学校语法体系、日语教学语法体系和教科研语法体系产生的背景及主要特征。第二层是第二语言习得的相关概念，包括习得与学习的异同、第二语言习得的内涵与外延。第三层是二语语法教学的相关概念，包括二语语法教学的基本原则以及二语语法教学检测评估的方法策略。

（一）语法体系的相关概念

《中国语言学大辞典·语法学》对语法、语法学、语法分析等概念作出了清晰明确的界定。

1. 语法和语法体系

语法，也叫"文法"，指客观存在的语言结构规则。语言结构包括结构成分和结构方式：前者是音义结合体，包括语素、词、短语和句子；后者指成分和成分的组合所依据的方式。

语法体系，也叫"语法系统"，具有两层意思。一层指语法本身的规律系统，是客观的概念。每种语言的语法都是成系统的。在一种语言里，语法本身的规律系统只有一个。另一层指语法规律的表述系统，即语言学家对于语法现象的观点以及根据这些观点做出的一切阐述，是主观的概念。因此，也有学者将其称为"语法学体系"或"语法学说系统"，以区别于语法本身的规律系统。（中国语言学大辞典，1991）由于语言学家的语法观和方法论有差异，一种语言的语法表述系统可能存在分歧。例如：汉语的语法表述系统可以分为以词类为基点的语法体系、以句子为基点的语法体系和以词组为基点的语法体系；日语的语法表述系统可以分为学校语法体系、日语教学语法体系和教科研语法体系。本书中的"语法体系"概念为第二层意思，即语法规律的表述系统，涉及的语法体系包括学校语法体系和日语教学语法体系。

语法表述系统意义上的语法体系可以进一步划分为理论语法和教学语法。理论语法也叫专家语法、科学语法，指语言学家按照自己的语言观和方法论对某种语言的语法所做的分析和描述，侧重对语法规律的描写和对语法理论的探讨，研究内容主要是对语言事实的全面考察和详尽描写，揭示语法的结构特点、规则、规律，并对其加以认知和解释。教学语法指根据语法教学的要求所制定的语法体系，具有规范性和稳定性，侧重于对语法功能的描述，要求实用、可读性强，而理论分析不是其重点。（中国语言学大辞典，1991）本书中提及的学校语法体系和日语教学语法体系具有理论语法与教学语法的"双重身份"，它们既是语言学家对日语语法做出的分析和描述，也被日本的中小学用于母语者的语法教学（相当于我国的语文教学），同时被日本及其他国家的日语教师用于日语学习者的语法教学（相当于我国的对外汉语教学）。

2. 语法分析

语法分析指对语法现象所进行的分析。按分析的内容可分为词法分析和句法分析。词法分析包括词性分析和词的内部结构分析。词性分析要求划分词的语法类别，指出某个词属于哪一类，有什么形态特征、语法功能等。词的内部结构分析要求分析语素、词的结构方式和类型。句法分析有广义和狭义之分。广义的句法分析包括句子分析和句型分析。句子分析要求指出句子的成分。句型分析要求指出单句和复句及其下位句型。狭义的句法分析包括指出短语的结构成分和类型、词与词的结合方式和句法关系。（中国语言学大辞典，1991）本书中的语法分析包括词法分析和句法分析，其中词法分析涉及词性分析和词的内部结构分析，如形容词的类型、形态特征、语法功能、活用形（词尾变化）等；句法分析主要指狭义的句法分析，特别是句型分析。

3. 日语语法体系中的学校语法体系

日本中小学所讲授的语法体系即学校语法体系，日本现行的学校语法体系是以桥本进吉的语法理论为基础建构起来的。1931 年，日本文部省修订中学教育《教学大纲》（『中学校教授要目』），在此后出版的十余种语法教科书中，桥本进吉编写的《新文典》(『新文典』，1931) 被广泛采用。此外，他还参与编写了日本初中的口语语法教科书、文言语法教科书及各类教参。(金田一春彦等，1988；小池清治等，1997) 尽管日本的学校语法体系受到了其他语法学说不同程度的影响，但可以说，桥本语法自 20世纪 30 年代中期至今一直在日本的学校语法中占统治地位。(彭广陆，2007)

学校语法体系的最大特点在于：相较于语言的语义和功能，其更加注重语言的形式。这里的语言形式实际上就是语音形式，也就是说，学校语法在划分不同的语法单位时主要依据语音形式，而较少地考虑意义。(村木新次郎，2008) 其具体做法是，在可以从语音上切分开的地方全部切分开，然后将切开的语言片段都看作词。其中，表示词汇意义的成分是"独立词"(「自立语」)，而表示语法语义的成分是"附属词"(「付属语」)。"附属词"又可以分为有词形变化的"助动词"(「助動詞」)和无词形变化的"助词"(「助詞」)。这种划分方法直接导致桥本语法所认定的许多词在句中不能单独使用，即不能充当语法成分，因此他在句子与词之间又设定了"句节"(「文節」)这样一级语法单位。在学校语法体系中，可以在句中独立使用的是句节，而不是词，词被降格为专门用来构成句节的语法单位。词中能够独立成为句节的是"独立词"，不能够独立成为句节、只能依附于独立词、与之共同构成句节的是"附属词"。

学校语法存在不少问题，自问世以来受到诸多批判，"句节"正是其中一个重要的争议点。不少日本学者认为"句节"这一级语法单位既违反普通语言学的基本原则，也与日本人的实际感觉相左，对于正确地把握日语语法的特点有害无益。(鈴木重幸，1972；鈴木康之，1991) 学校语法存在着诸多不合理之处，将其应用于对外日语教学时其负面影响尤为凸显。因此，近二三十年

来，日本学界一直在不断地探索建立一套新的、更为合理的对外
日语教学语法体系。

4. 日语语法体系中的日语教学语法体系

日语教学语法体系的产生和发展与战后日本经济的复苏以及
随之而来的风靡世界的日语学习热潮密切相关。第二次世界大战
之后，日本经济在短时间内复苏，经历了高速增长期后迅速成为
世界经济大国，备受世界瞩目，从而在世界范围内出现了"日语
热"。日本国际交流基金每隔三年对世界范围内的日语教育机构、
日语学习者和日语教育者的数量进行统计。统计结果显示：截至
2018 年，世界范围内共有日语教育机构 18,661 所、日语学习者
3,851,744 人、日语教育者 77,323 人。随着世界上学习日语的人
数剧增，对外日语教学越来越受到重视，逐渐发展成为一个独立
于日语语言学之外的学科——对外日语教学（与我国的对外汉语
教学性质相同）。在日语教学语法面世之前，日语教育者采用学
校语法进行对外日语教学，早期出版的对外日语教学教材、语法
书、教参等基本上也都沿用学校语法的框架及相关内容。（彭广
陆，2007）但是，早期对外日语教学主要以欧美日语学习者为对
象，学习者的特殊性以及该语法体系的一些弊端导致学校语法体
系中存在的缺陷逐渐显现出来，人们发现该语法体系无法适应对
外日语教学的需要。因此，日本开始摸索一套专门用于对外日语
教学的语法体系，即日语教学语法体系。

日语教学语法体系从总体上看，受寺村秀夫语法体系的影响
较大（野田尚史，2005）。然而，与学校语法体系不同的是，日
语教学语法体系很难通过一两部语法书来全面系统地了解其主要
内容，没有哪一部语法书被公认为日语教学语法体系的代表。正
式出版的教材、教参等使用的术语不尽相同，对该体系的把握也
不完全一致，看不出一个统一的体系（彭广陆，2007）。总体而
言，日语教学语法体系在词类划分上异于学校语法体系的显著之

处就是取消了"形容动词"（「形容動詞」）这个词类，将学校语法中的"形容词"（「形容詞」）称为"イ形容词"（「イ形容詞」），将"形容动词"「形容動詞」称为"ナ形容词"（「ナ形容詞」），二者均为"形容词"（「形容詞」）的下位分类。此外，日语教学语法活用体系中的活用形都是可以单独使用的词形，从这一点上看，其似乎在某种程度上要比学校语法的活用体系更为合理。

由此可见，无论从词类划分还是活用体系上来看，我们都可以认为日语教学语法体系在理论上弥补了一些学校语法体系的缺陷，这一点是值得肯定的。但是其依然存在不少问题，如彭广陆（2011b）认为仍然承认助词这个词类是日语教学语法存在的主要问题，因为承认助词就意味着日语的名词在句中使用时仍然是不独立的、不自由的，它在使用时大多数情况后面要带所谓的"格助词"，如果像教科研语法那样，认定格标记是构成名词词形的后缀（即构形后缀），这个问题就迎刃而解了，逻辑上的重大缺陷也就可以弥补了。彭广陆（2011b）表示，日语教学语法一方面尚未形成一个完整的、固定的体系，另一方面还存在诸多问题亟待解决——其脱胎于学校语法体系，但未能彻底摆脱学校语法的羁绊。

5. 日语语法体系中的教科研语法体系

如上所述，日本的语文教学采用的是学校语法体系，对外日语教学采用的是日语教学语法体系，此外还有一套不同于二者的语法体系——教科研语法体系（「教科研文法」），它是在批判学校语法的基础上产生的，同样面向日本的语文教学，以日语母语者为主要对象。这三套语法体系产生的顺序是：学校语法在先，教科研语法次之，日语教学语法最晚。本书虽然只涉及学校语法与日语教学语法两套语法体系，但教科研语法与二者有着密不可分的联系，甚至可以看作是过渡时期的语法体系，故在此也对教科研语法体系做简要说明。

"教科研语法"中的"教科研"是"教育科学研究会"(「教育科学研究会」)的简称,它是日本民间研究教育的学术团体,但这里专指其中的一个分会——"教育科学研究会·国语部会"(「教育科学研究会·国語部会」)。该分会是由在大中小学进行语文教学和研究的教师以及一些大学生、研究生组成的,可以算是一个由教学一线的成员组成的组织。该分会在理论上接受"语言学研究会"(「言語学研究会」)的指导,奥田靖雄、铃木重幸、高桥太郎、铃木康之、工藤真由美等知名学者都是其重要成员。

语言学研究会的一大特点就是深受俄罗斯语言学的影响,坚持词是构成句子的"建筑材料"、是最基本的语法单位这一根本性原则,认为词(尤其是实词)是形式与内容的统一体,是词汇和语法的统一体(既是词汇单位又是语法单位),它在句子中使用时,不仅表示词汇意义,还表示语法意义和语法功能(彭广陆,2011b)。教科研语法与学校语法最显著的区别就在于:不承认所谓的助词和助动词,这就意味着不仅日语的动词和形容词有形态变化(活用),而且名词也有形态变化,语言学研究会将其称为"曲用"(「曲用」);所谓的格助词(「格助詞」)不复存在,转而被定义为"格助辞"(「格助辞」),即表示名词格关系的构形后缀或名词的格尾。(彭广陆,2009)

由此可见,这三套语法体系的根本性差异在于如何把握"词"这一级语法单位,也可以说在于如何看待表示词汇意义的语言成分与表示语法意义的语言成分的组合方式。例如,「桜の花が咲いた」这句话,承认助词和助动词的学校语法认为由「桜」「の」「花」「が」「咲い」「た」六个词组成;只承认助词、不承认助动词的日语教学语法认为由「桜」「の」「花」「が」「咲いた」五个词组成;而既不承认助词也不承认助动词的教科研语法则认为由「桜の」「花が」「咲いた」三个词组成。通过以上考察不难看出,学校语法与教科研语法是两套根本对立的语法体系，前者重视语言形式，后者重视语言的意义和功能（村木新次郎，2008），而日语教学语法则处于相对居中的位置。

（二）第二语言习得的相关概念

1. 习得与学习

语言的习得（Acquisition）大多指儿童的一种不自觉的、潜意识的语言获得行为，是一个感觉性的过程。习得主要发生在自然交际过程中，以传播信息为主要目的，即参与者关心的主要是话语意义，而非语言形式。儿童在进入学校学习以前，形成第一语言的过程主要是习得——语言来自于实际交流的过程、生活游戏的过程、看电视的过程等。语言的学习（Learning）是指通过研究、经历、教学等获得知识和能力的过程，是一种有意识的自觉行为和控制性过程。学习主要发生在课堂，关注语言形式和语法规则，发现和纠正错误是学习的重点，成年人形成第二语言的主要过程是学习。

然而，习得和学习并不是两个完全相对立的概念。事实上，任何一个学习者要掌握一种语言，这两种过程都是必然经历的。儿童习得母语时也会出现有意识的学习过程，成年人在课堂上学习了某种语言，然后把它运用于实际交流过程或看视频、浏览网络信息等接触语言环境的过程时也存在着习得过程。可以说，儿童在进入学校以前，获得第一语言的过程主要是习得，而成年人在课堂上获得第二语言的过程主要是学习。但是，随着第二语言水平的提高以及智能时代为接触语言环境提供了便利，即使在课堂上，习得的成分其实也越来越多。因此，在第二语言研究中，有时并未对这两个术语进行严格区分，往往统称为"第二语言习得"。本书中如未作特别说明，则"习得"等同于"学习"，"语法习得"与"语法学习"两个概念不做意义区分。

2. 第二语言习得

第二语言习得是一个广义的概念，指的是学习者在掌握母语之后的任何一门或多门语言的习得，它既包括目标语环境下的语言习得，也包括外语环境下的外语学习。本书中，"第二语言习得""二语习得""第二语言学习""外语教学"等概念不做意义区分。

第二语言习得与第一语言习得既有相同之处，也有不同之处。相同之处在于学习者在学习语言时都会主动构建规则和建立语法，采取语言迁移和类推等学习策略；不同之处在于学习者本身的知识和能力背景差异。儿童习得母语时，头脑中还不曾建立完备的语言结构框架，是在自然的过程中无意识地构建规则和建立语法；而成年人在学习第二语言时会意识到人类语言的普遍性，会主动利用它来学习新语言，会意识到两种语言的相同和不同之处，但同时母语的影响和干扰也随之发生，出现大量泛化地构建新语言语法规则的现象，成年人也会利用两种语言中相似的语法规则迅速地掌握、建构新语言的规则。

本书中的"二语者"指的是在我国大学课堂环境中学习日语的成人学习者，他们具有以下特征。

第一，学习者脑中已经至少建构了两套语言系统——母语汉语和英语。作为第二语言（准确地说应该是第三语言，如上所述，这里统称为第二语言）的日语是在掌握了第一语言汉语和第二语言英语之后进行的第三种语言的学习，这一点决定了学习者在日语学习过程中必然受到前两种语言系统及其结构的影响，出现中介语问题、正负迁移问题、偏误问题等。

第二，学习者均为成年人，与儿童不同，他们已具有一定的知识和能力背景——母语的语言知识系统、人类对客观世界和客观事物共性认识的基础、逻辑思维能力、较系统的知识结构、分析问题和解决问题的能力、理解能力等，这些是他们在日语语法学习过程中认知学习、类比学习、推演学习以及正负迁移的渊源所在。

第三，第一语言是人类生存的必然需要，对第二语言的需要显然没有第一语言那么强烈，学习者往往是出于特别的目的，如学习、工作、研究、兴趣、好奇等。由此，二语学习往往成为一种专门性、任务性的学习，这就需要充分考虑学习者的学习意志、学习兴趣和学习动机等内部因素的影响。

（三）二语语法教学的相关概念

卢福波（2010）在《汉语语法教学理论与方法》一书中详细论述了对外汉语语法教学的基本理据与基本原则，以及语法教学检测评估的方法策略。本书虽以日语语法教学为研究对象，但也是以非母语者为对象的二语语法教学，因此，相关概念与定义援引《汉语语法教学理论与方法》一书的部分内容。

1. 二语语法教学的基本原则

语法教学是将必备的语法知识和教学理念、教学原则、教学经验、教学策略、教学方法与手段融为一体，体现在教学所使用的教材中，体现在教学过程的各个环节中。卢福波（2010）针对对外汉语语法教学提出了八项最基本的教学原则：实用原则、针对原则、复式递升原则、细化原则、简化原则、类比原则、解释原则和操练原则。

实用原则最直接地体现于语法教学项目的选择和处理上，对于第二语言学习者来说，最大的实用性在于选择和处理最有教学价值的语法内容，包括：最基本、最常用的语法项目；最容易发生偏误的语法项目；语法项用法上的适用条件和限制条件。

针对原则主要涉及三个方面。①针对国别语种：语言特征的差异及文化在语言中的渗透；②针对水平层次：考虑学习者对语法知识的理解程度和接受水平；③针对语法要点：根据学习者的水平层次和各阶段的教学要点做出针对问题点的处理。

复式递升原则指语法难度循环性上升、重复性递增的层次教学处理问题。其中的"复式"指的是在不同的教学阶段必须重复同一个语法项目的教学;"递升"指对一个语法项目的教学不能是完全重复的,必须在难度上循序递增,形成循环性、阶梯性的教学模式。

细化原则是指对本体研究进一步细化,在教学过程中能够根据语法教学的实际需要以及学习者存在的问题点和疑惑,更深入、更细致地解释部分语法现象。

简化原则是指在教学方法和教学技巧上的"化繁为简",即把复杂的、抽象的、难以理解的语法规则或内容作教学处理,将其转化为简洁明了的、通俗易懂的语法规则或内容,达到语言直白易懂、内容简单浅显、方法具体直观的要求。

类比原则是指将相关语法项目——词类、结构、句型、功能、关系等进行对比和比较:汉语与汉语相近现象的对比、汉语与母语对应形式的对比、汉语正确形式与错误形式的比较等。

解释原则是指对所学语法项目做出合理的、恰当的理据性分析和认知性解释,必须重视对事物类属的认知——认识事物各种层次的相同与差异、对事物相关的认识——认识事物间错综复杂的联系、对事物综合的处理——输入与输出(即适合情景的综合理解与综合应用)。

操练原则是指在语法教学过程中实施大量的句法形式、意义关系、实际应用等操作训练,该原则可以看作对语法教学的性质和理念的最直观、最实际的检验。

本书在选取测试用的日语语法项目、编写语法测试题时参照了上述八项基本原则中的实用原则、针对原则、复式递升原则、类比原则和解释原则。具体将在第二章"量具设计"部分中叙述。

2. 二语语法教学检测评估的方法策略

想要知道语法教学是否科学有效，是否与教学目标、教学计划相符，有必要阶段性地对语法教学的教学思想、教学内容、教学方法、教学过程以及教学效果进行科学的检测与评估。检测与评估可以采取定性与定量相结合的方法。定性的方法是指利用综合归纳的手段来处理自然观察、自然调查的材料和数据，采用描述性形式形成评价成果，偏重主观。定量的方法则主要是通过实验和统计的方法获取数据，通过对数据的分析、演绎、推断形成评价成果，偏重客观。

教学质量检测主要通过测量的手段来实现。所谓测量，就是为人或事物的某种属性确定数和量的过程。从语法教学的角度进行测量，其属性指的就是语言能力或语法运用能力。语言能力的测量通常通过具有测试信度、效度、试题区分度和难易度的测试手段得以实现。

卢福波（2010）在《汉语语法教学理论与方法》中，对语法测试在设计与实施过程中需要重点考虑的问题做出了如下归纳：①主客观试题类型的结合与分布；②分析选择代表性的知识类型和样本；③运用哪些方法技巧考出所要考的知识；④分析计算试题难度等情况，并根据实际情况作出合适的分布与调整。

此外，为了科学、客观、系统、有效、公正、合理地实施测试，应该建立一定规模的题库。卢福波（2010）认为在建立语法测试题库和制作试卷时应注意以下问题：①根据教学大纲、教材、教学的实际情况和学习者的水平层次，控制与调整试卷题库的内容范围，题库中的试题要能够覆盖所学全部语法知识。②试题结构类型的分布要合理——包括主客观类型及其各自内部的具体试题形式。各类试题要有较好的区分度，各同一小类中的试题应该达到一定数量，并且同类试题要做到难度等值、分数等值。

③试题设计者对各种类型试题的难易度要做到心中有数，除了凭经验估测外，还要通过对测试结果的难度计算得到科学数据，以此来标记试题的难度。抽取试题时可以根据受试水平情况，科学、准确地进行抽取。④制作试卷时，要注意试题的区分度，要使试题的难度大致呈现正态分布，测试结果即所得分数也应该大体呈现正态分布的状态。

　　本研究严格按照上述原则编制实验量具"初级日语语法专题测试库"，并对测试题的信度和效度做了有效分析，保证了量具的适用性和有效性。

二　研究动机与意义

　　目前，我国大学的日语语法教学主要采用两套不同的语法体系，一是传统的学校语法体系，二是较新的日语教学语法体系。这两套语法体系广泛应用于我国的日语教学中，日语语法教学的教材、教参等基本上都是以这两套语法体系为框架编写而成。然而，从理论上看，两套语法体系皆非以中国日语学习者为对象编写，未能充分考虑中国日语学习者自身的特点与学习环境、语言环境等影响因素。从应用上看，两套语法体系的并存给我国一线的日语教师及日语学习者带来了不适与困惑。

（一）非"量身定制"的教学语法体系

　　学校语法是指日本的中小学所讲授的语法，以日语母语者为对象制定而成。其最大的特点在于相较于语言的语义和功能，更加注重语言的形式，这里的语言形式实际上就是语音形式。这一点受到日本国内外众多学者的批判与质疑。但事实上，对于对语法规则并不敏感的一般日语母语者而言，特别是对学校语法的主要对象——中小学的日语母语者而言，以语音为切入点的做法可以说具有一定的合理性，并非完全不可取。

与此相对，日语教学语法的产生与时代的发展密切相关。第二次世界大战以后，日本经济快速复苏，经历了高速增长期后迅速成为世界经济大国，备受世界瞩目，世界范围内出现了"日语热"。随着世界上学习日语的人数剧增，对外日语教学越来越受到重视，逐渐发展成为一个独立于日语语言学之外的学科。日本人在刚开始进行对外日语教学时采用的也是学校语法，早期出版的面向对外日语教学的教材、教参等基本上都是基于学校语法框架编写的。但在主要以欧美人为对象的对外日语教学中，学校语法体系存在的缺陷逐渐显现出来，人们发现该体系不能适应对外日语教学的需要，因此开始摸索一套专门用于对外日语教学的语法体系，日语教学语法应运而生。与学校语法相比，其总体特点在于比起形式更加注重语言的意义与功能。

综上所述，日本学校语法体系以日语母语者为对象，日语教学语法体系主要以欧美日语学习者为对象，均非为中国日语学习者"量身定制"。中国日语学习者与日语母语者、欧美日语学习者之间既有共性又有个性，与前者同属于汉文化圈，与后者同属于二语者。众所周知，第二语言的习得必然会受到母语的影响，因为学习者脑中已经较为系统、完整地建构了母语的语言结构，在此之后学习另一种语言时势必会受到原有语言系统和结构的影响——出现中介语问题、正负迁移问题、偏误问题，等等。

日语母语者、中国日语学习者、欧美日语学习者三者的母语存在很大的差异。从语系来看：汉语属于汉藏语系；英语、西班牙语、德语、法语等同属于印欧语系，衍生于同一语族——原始印欧语；日语的谱系目前虽无定论，但大部分学者认为其接近阿尔泰语系或乌拉尔语系。从形态来看：汉语属于孤立语，通过语序来表示主语、谓语、宾语等语法功能，其特点是没有词的形态变化；英语等印欧语系语言属于屈折语，其特点是通过词形内部发生变化、添加词缀等表示语法功能；日语则属于黏着语，其特点为实词后面附着各种元素表示语法功能。从句子结构来看：汉语和英语都是 SVO 型（主语＋动词＋宾语）语言，而日语是 SOV 型（主语＋宾语＋动词）语言。

因此，将以日语母语者为对象编制的学校语法生搬硬套于以非日语母语者为对象的对外日语教学一定会引起"水土不服"，而将为欧美日语学习者"定制"的日语教学语法直接用于中国日语学习者身上也必然会引发诸多不适。既然从理论上看，暂时没有一套语法体系是为中国日语学习者"量身定制"的，那么现存的这两套语法体系中，哪一套更加适合中国日语学习者，或是哪一套语法体系的哪个部分更加适合中国日语学习者就成了值得深思与进一步考察的问题。

（二）语法体系并存的乱象

这两套语法体系广泛应用于中国日语教学中，日语语法教学的教材、教参等基本上都是以这两套语法体系为框架编写而成的。大连海事大学的李文平项目组曾于 2017 年面向中国国内 114 所高校、158 位日语专业教师调查国内高校日语专业一年级和二年级使用的日语教材。调查发现，采用学校语法体系教材的高校有 45 所，使用的教材包括周平、陈小芬（2009）的《新编日语（修订本）》（上海外语教育出版社），陈小芬等（2014）的《日语综合教程》（上海外语教育出版社）等；采用日语教学语法体系教材的高校有 57 所，使用的教材包括彭广陆等（2009）的《综合日语》（北京大学出版社），刘利国等（2013）的《新经典日本语》（外语教学与研究出版社）等。[1] 从使用不同体系教材的高校的数量上来看，使用学校语法体系教材的高校与使用日语教学语法体系教材的高校数量相差不大，可谓平分秋色。从时代性来看，

[1] 存在一所学校使用2本以上教材的情况，也存在使用的教材并未参照任何一套语法体系的情况。

近年来新编的教材更多倾向于采用较新的日语教学语法体系。

不少学者意识到了两套语法体系的并存给中国日语教学带来的困扰。如潘文东（2013）、曹大峰（2014）指出，随着我国日语教育的蓬勃发展和教学理念与教学观念的不断更新，大学日语语法教学也取得了长足进步，主要表现为教学内容和方法愈加丰富，但随之也出现了多种教学语法体系并存的现象。这种现象一方面显示了我国日语教学实践及其研究蓬勃发展的局面，另一方面也给部分教学一线的教师带来了不适和困惑。贾朝勃（2015）认为，目前国内日语教材的语法体系正处于改革阶段，尚不稳定。学者们的不同观点往往导致教材中对同一语法出现不同的表述方式，学习者作为直接受众，面对不同体系的教材、教科书等学习工具，面对授课教师的不同解释，往往会陷入茫然和混乱的状态之中。因此，有必要加紧改善国内各种教材语法体系相异的现状。

（三）对不同语法体系教学效果的考察不足

有关两套语法体系差异与优劣的探讨一直是日语界关注的重点问题。相关研究将二者的差异归纳为语言形式与功能的侧重点差异、词类划分与词性认定原则的差异以及动词活用表的制定原则差异（橋本進吉，1948；益岡隆志、田窪行則，1992；徐一平，2003；黄文溥，2004；彭广陆，2007；村木新次郎，2010等），并指出了两套语法体系在词类划分、词性认定、动词活用表的制定标准、排列方式等方面各自存在的不合理之处（村木新次郎，1983；谷口秀治，1999；肖书文，2005；彭广陆，2011b等）。

但是，这些都是理论层面的探讨，而学校语法与日语教学语法不仅是理论语法，更是教学语法。《中国语言学大辞典·语法学》指出："理论语法也叫专家语法、科学语法，侧重于对语法规律的描写和对语法理论的探讨，研究内容主要是对语言事实的全面考察和详尽描写，揭示语法的结构特点、规则、规律，并对其加以认知和解释。而教学语法指的是根据语法教学的要求所制定的语法体系，具有规范性和稳定性，侧重于对语法功能的描述，要求实用、可读性强，而理论分析不是其重点。"既然是教学语法，那么语法体系于教学实践中的效果（即学习者的习得效果）就成为判断语法体系优劣的重要指标。

　　有学者从自身的教学经验出发，指出一些教材在语法教学过程中存在的问题。如肖书文（2005）指出，日语教学语法体系的教材《中日交流标准日本语》对语法的讲解过度强调实际运用，弱化语法规则，导致教材中的语法内容过于零散和无体系，同时缺乏清晰的逻辑性和连贯性，给二语学习者和自学者带来了一定程度的困难与不适应。他认为，这部教材的编写思路反映了目前我国日语教学中的一个有代表性的普遍误区，即"现学现卖""拿来就用"的日语知识是最重要的。其实这种思路只适合于有一定语境（如外语学校或在日本生活）的学习者及低龄学习者（儿童），但教材的内容却又完全是成人的、社会化的，可以说在教学方法和教学对象上存在着一定的错位。而对语法体系的忽视则是这种错位的集中体现。这种错位将导致严重的后果：从目前来看，这种错位已经在一定程度上影响了我国高校日语及成人自学考试的教学；从长远来看，其必将影响我国日语教学的整体水平。试想一下，听说能力等实际运用能力再优秀的学生，如果缺乏扎实的日语语法基础，最终也无法实现日语综合能力的根本性提升。反之，这种缺失甚至会限制其在阅读、翻译和写作能力等方面的进一步发展。徐一平（2003）指出，传统的学校语法倡导的"句节论"不具备解析句子结构的系统性，即使向学生解释"赤い花が咲いた"这样一个简单的句子也会出现矛盾。因为按照桥本语法的解释，句节是构成句子的最小成分，那么在"赤い花が咲いた"这个例句中就形成了句节"赤い"修饰句节"花が"这样的矛盾。但是很明显，从意义上来讲，在这个句子中，

"赤い"所修饰的应该是"花"这一名词，而不是"花が"这一主语，只有经过"赤い"修饰以后形成的"赤い花"整体才能构成这个句子的主语。

这些从个人经验出发的内省研究是本书写作的契机和缘起，但其存在以下两点问题。

第一，科研与内省的区别。Seliger 和 Shohamy 指出："虽然常识、直觉和对日常经历的内省都有益于研究，但是除非它们用得恰当，否则价值有限。"通过内省获得的知识与通过科研获得的知识之间的差异主要体现在"科研是有组织的、有结构的、有序的、系统的、可验证的，尤其是遵循学科规范的研究"。（Seliger and Shohamy，1989）上述研究确实指出了不同语法体系的教材在教学过程中存在的一些问题点，但都只是基于教师的日常教学经验得出的结论，虽然提及"给学生带去困难和不适应"，但究竟学生对语法项目的掌握情况如何？在哪些项目的学习上存在"困难和不适应"？这些"困难和不适应"是否会随着学习阶段的变化而变化？其背后的原因又是什么？这些问题都未能得到清楚的说明与解决。

第二，上述相关研究分析了不同语法体系的教材对某些语法项目的讲解方式存在的问题点。但是，语法的学习是量变到质变的过程，语法项目之间往往也存在千丝万缕的联系，零散的考察难以把握学习者语法学习过程的全貌，也容易漏掉许多问题点。如初级语法项目的学习中，助动词、形容词、动词的活用形式一脉相承，呈阶段式推进，只考察学习者对其中某个词类的活用形式的掌握情况并不能诠释语法体系对学习者用言活用形习得的整体影响。

（四）本书的学术价值与应用价值

为了全面、深入地考察学校语法和日语教学语法这两套不同的语法体系对中国日语学习者语法习得效果的影响，本书以《新大学日语简明教程》为学校语法体系的载体，《新版中日交流标准日本语（初级）》为日语教学语法体系的载体，考察两套语法体系在教学理念、教学内容、教学逻辑、教学方式等方面的差异，以追踪实验法为研究方法，考察中国日语学习者在助动词、形容词、动词活用、助词使用等初级核心语法项目上的习得效果差异，并结合认知心理学与二语习得的相关理论尝试解释现象背后的原因机制。

本书只考察学习者初级核心语法项目的习得，暂不将中高级核心语法项目纳入考察范围，主要出于对学习者的阶段性特征和变量控制两方面的考虑。初级阶段的核心语法项目既彼此独立又自成体系，兼具个体性与系统性，难度层层递增，区别度较高，对于考察学习者的语法习得效果具有很大的参考价值与较强的可操作性。并且，在初级核心语法项目的学习中，学习者使用的主要是精读课的教材，即本研究选用的实验材料，基本不受以不同语法体系为理论框架编写的其他教材或教参的影响，有利于变量的控制。

本书的学术价值在于：①有利于从语法教学的视角出发，考察学校语法与日语教学语法这两套语法体系在教学效果上的差异，为基于理论语法视角的语法体系差异研究以及问题批判研究提供新的视角与补充；②有利于科学有效地评估我国日语学习者的语法习得效果，提升基于教学经验的相关内省研究的客观性与科学性；③为我国日语教学语法体系的重构与完善提供中国学习者认知心理的依据。

本书的应用价值在于：①有助于探明适合我国日语学习者的语法教学内容与方法，提高我国日语初级语法教学的质量与效率；②有助于解决长期以来困扰我国日语界的"语法体系优劣之争"问题，为日语教材、教参等各类语法教学工具的编写与修订提供有益参考。

三 关于学校语法体系与日语教学语法体系教学效果的文献回顾

早在 2013 年，彭广陆等主编了论丛《日语语法教学研究》（北京大学出版社），他在前言中明确指出："语法教学是外语教学的一个重要组成部分，语法教学的效果直接影响到外语学习的效果。语法教学实际上面临着两个问题，一是采用什么样的语法系统，二是具体的语法点在教科书或课堂教学中如何呈现（包括呈现的顺序等）。"这本论丛收录了多篇语法体系与教材、语法教学相关的论文，可以说是我国最早的关注语法体系教学效果的重量级学术著作。

其中，潘文东的《日语学校语法与日语教学语法教学比较——以日语动词活用教学为中心》以动词活用形为切入点，从以下四个角度论述了学校语法与日语教学语法在教学实践中的差异及问题点。

第一，授课教师对不同教材语法体系更迭的不适应。《中日交流标准日本语》第一版刚面世时，其语法解释与传统教材就存在相异之处，如单词列表中形容动词原形带「だ」（如「便利だ」）；动词分为第一、第二、第三类动词等。但这些不同都只是细枝末节，一般来说很多教师都采用与学校语法对应的方法，告诉学生第一类动词就是传统语法的五段动词，第二类动词就是一段动词，第三类动词除了「くる」以外，其他都是サ变动词。通过这种转换，两种语法的冲突很容易就解决了。而《新版中日交流标准日本语》在语法体系上作出了更大的变化，其中一个就是取消了形容动词的说法，把形容词分为第一类和第二类，动词仍然分为第一、第二、第三类动词，但其出现在单词表和课文中时不是单词原形而是"ます形"，在第 20 课以前一直不出现原形，在第 20 课讲到动词现在时做定语时，动词原形才露出"庐山真面目"。这样的安排越来越体现出日语教学语法的理论立场和思想方法。而中国大部分日语教师都是学习日语学校语法体系出身，从事日语教学时运用的也是学校语法体系，由于缺乏了解，面对全新的语法体系时很多人感到无所适从。

第二，教材中动词活用形教授顺序的改变给学习者动词活用变化的学习带来了很多困难。采用日语教学语法的教材中，动词在早期的单词表和课文中均以"ます形"出现，单词表中在动词后标出动词一、动词二、动词三。随着学习的深入，逐渐出现了"て形""た形"以及由动词组成的各种句型，动词数量逐步增多。首先，由于初学者不知道动词原形，只有死记各个词的类别，很难抓住其中的规律。其次，由于学生没有足够的动词分类知识，他们在思考动词变化时都是以单词表中列出的动词"ます形"作为参考基点的，如学生想用某个动词，他先想这个词的"ます形"，然后凭记忆思考如何变化，由于记的不是动词原形，很难从原形本身出发推断出所需的活用形。学生以"ます形"作为起点，在转换各种活用时比以动词原形为基准转换要复杂，记忆效果和掌握程度均逊色于学校语法。最后，以"ます形"为基点进行思考时，发生变化的部分位于词汇的中间，要先去掉"ます形"然后再进行变化，实在很烦琐，而且也许不能用连用形这个术语，只能用"去掉'ます'的形式"这样莫名其妙的称呼。

第三，采用日语教学语法的教材在动词分类和名称上缺乏科学性与系统性，影响学习者的记忆效率。因为日语教学语法试图开辟一条与学校语法完全不同的道路，所以给予了动词各个活用不同的名称，但它们相互之间是什么关系却不甚明了。就《新版中日交流标准日本语》教材解说部分来看，编者似乎无意阐述其相互关系，因此在初学者看来，日语的动词变化有很多种孤立语法变化，如"ます形"、"て形"、基本形、意志形、"ない形"、

"ば形"、命令形、可能形、被动形、使役形等。而学校语法则把所有活用变化归入未然形、连用形、基本形、连体形、假定形、推量形、命令形七种活用形态。而且五段动词在接续"て""た"时会发生音变，未然形在接续"ない"、"う"和"よう"时有不同的形态，也由于语法运用过程中发生了音变，因此还有进一步缩减的可能性，这样有利于减轻学生记忆的负担，使学习更有效率。

第四，不同语法体系适用于不同的学习者。日语教学语法是在对欧美国家学习者进行日语教学中形成的，它主要是为了适应对欧美人的教学而产生的语法。欧美语言大多是屈折语，词素连在一起难以分割，通过词缀表达语义和语法意义，而教科研语法和日语教学语法不承认助动词的存在，这比较符合西方人的语言习惯。动词的活用和西方语言的屈折也相似，"書く"的活用形"書きます""書かない""書いて""書いた"就是 kak - imasu、kak- anai、ka - ite、ka - ita，因此这种教学法受到西方学习者的欢迎。而从以汉语为母语的学习者来看，汉语的"我"在任何时候都是"我"，不存在屈折，日语中的"私"也是如此。日语动词变化中虽然也有类似于西方的词尾变化，但是日语的变化是以假名为单位的，完全可以把独立词和附属词区别开来，这也符以汉语/日语为母语的学习者的语言习惯，所以学校语法对词的分类是合理的，助词和助动词的存在也是合理的。对以汉语为母语的学习者来说，"吃了"是两个词，"了"是助词而不是后缀。虽然有学者认为学校语法只适合于日语母语者，而对外日语教学时使用日语教学语法更为适合，但实际上母语为汉语的学习者和日语母语者有着相似的语言思维习惯，用学校语法体系学习日语更有效率。

曹大峰（2014）以《新编日语》（上海外语教育出版社）、《综合日语》（北京大学出版社）、《基础日语综合教程》（高等教育出版社）为代表性教材，分析了三者在教学理念、教学内容和教学方法上的差异。其中，《新编日语》采用的基本是传统的学校语法体系，而《综合日语》和《基础日语综合教程》则分别吸收了部分学校语法、日语教学语法和教科研语法的内容。曹大峰得出的主要结论如下。

第一，从教学理念上看：《新编日语》教学理念较为传统，教学语法比较系统，语法练习也比较精细，但教学内容较为陈旧；《综合日语》的教材结构基本延续了传统的体制，但新建立的教学语法系统较为复杂；《基础日语综合教程》主张改革以语法结构为纲和以教师讲解为中心的教材体制，吸收不同语法体系各自的长处，提供了一套简单易学的日语教学语法系统。

第二，从教学内容上看，三本教材的教学语法体系存在明显的差异：《新编日语》基本上采用学校语法的词类划分、句法成分和用言活用体系；《综合日语》则基于普通语言学理论进行了大胆的改革；《基础日语综合教程》从学习和教学的简便性考虑，综合前两本教材的长处提出了改革方案，相对而言，可以说是最充分地考虑了中国日语学习者特征和需求的教材。

第三，语法教学的内容与教学目标和教学对象关系紧密。为了实现教学目标，教材需要提供相应的教学内容，同时也需要针对教学对象使用相应的教学方法。《新编日语》采用最传统的学校语法体系，整本教材以语法为纲，从内容结构上看呈现的是一个"范文—讲解—练习"的传统教学流程，体现了以"提示规则，举例说明"这种演绎法为主的显性教学方法。相比之下，《综合日语》有了明显的改进和发展：每课增加了近似"Can-do"的语法能力目标，其内容结构虽基本延续了"范文—讲解—练习"的教学流程，但给人以视野更开阔、更加注重"讲解"的印象，体现了典型的以演绎法为主的显性教学方法；练习部分更加丰富，重视引导学生在情景学习、合作学习、自主学习等活动中运用语法，促进对学生综合运用能力的培养。《基础日语综合教程》为了改革以语法为纲和以讲解为主的教学体制，推出话题领先的任务型教学模式，更加强调隐性教学方法的重要性。

贾朝勃（2015）指出，国内的公共日语教学具有相当规模，但是合适的公共日语教材却乏善可陈，并且不同的教材采用相异的语法体系，给教师和学习者都带来很大困惑。贾朝勃围绕国内较为常用的三本公共日语教材——《大家的日语》《新日语基础教程》《中日交流标准日本语（新版）》，从实际教学的角度，分析了学校语法、日语教学语法以及部分学者尝试构建的"新语法体系"在教与学的过程中带来的问题。

第一，动词导入问题。采用日语教学语法教材的动词表都采用了"ます形"而非字典形（基本形），这带来两个问题：其一，学生在学习的初级阶段不太习惯使用日语词典，主要参考的是工具书和教学参考书，但这些工具书和教参大多采用的是学校语法体系，如果学习者在学习初期接触的是"ます形"，那么查阅工具书就存在困难。其二，动词分类不彻底（主要是二类动词），给学习者带来很大麻烦。

第二，助动词"ます"的取消。三本教材均采用日语教学语法体系，但其动词活用表称谓与句型解释中的语法概念存在矛盾。日语教学语法取消了"助动词"，将其或作为词尾变化或作为句型来处理，对初学者来讲，其有直观、实用的一面，但是用这个动词活用表解释日语句型时往往会出现一些纰漏，缺乏学校语法的严谨度。

第三，助动词"ない"的取消。《综合日语》动词活用表中并没有"ない形"，其只是出现在敬体/简体对照表中，这就导致在解释类似"ずに""なければなりません"等句型时没有统一的概念，造成教师困惑、学生糊涂的结果。对日语学习者来讲，在缺乏语言环境支撑的大条件下，大部分的学习过程必须按照

"了解理论知识—掌握句型结构—组词造句"的顺序进行，所以拥有一套清晰明了、逻辑严谨的语法体系是至关重要的。日语教学语法的动词活用表对日语学习者来讲虽然看似直观明了，却不能覆盖所有的句型，这就导致教师在解释句型时不得不"修修补补"，若要补充相关知识，却没有理论作支撑，只能解释说"在日语中就是这样用"。由此可见，个别助动词被取消、被当作句型来处理的结果是无法对初学者展现日语的客观全貌，影响学习效果。

第四，形容词与形容动词的活用。采用日语教学语法体系的教材中的形容词和形容动词分别被称为一类形容词、二类形容词，其活用形只有"て形"，其他的活用形只作为句型来解释，如形容词、形容动词连用形"く"或"に"被作为句型"～なります""～します"的一部分来处理。如果对形容词的这些活用不单独界定，就会引发学习者的误会，认为这些活用形只限于某种句型的用法，不会扩展到其他句型的使用，弱化了印象。这种"越能'拿来就用'的日语知识就越重要"的想法是一种误区，这种思路只适合于常年生活在一定语境中的学习者以及低龄学习者。如果以快速掌握听说为首要目的，这种简洁明了的速成语法也未尝不可。但是，如果想真正精通一门语言，甚至成为一门语言的研究者，就必须了解这门语言的全貌，包括理论知识和实践应用。

四　现有文献的研究局限性与本书的创新

由前文可知，与学校语法体系、日语教学语法体系的教学效果相关的研究并不多，这些研究大多以采用某套语法体系的教材为参照，从教师自身的教学经验出发，探讨了这些教材在教学实践过程中存在的问题。这些研究是本书的缘起，为本书的问题提起、理论框架的建构奠定了坚实的基础。本书是在其基础上的拓展和延伸，具体体现在以下四个方面。

1. 改善内省研究多、实证研究少的研究现状

我们可以看出，上述研究全部都是内省研究，包括权威性知识和演绎性知识。权威性知识指的是某位专家对自己研究领域中某种现象的解释，要么被看作已经验证的结论，要么被视为来自一位令人尊敬的研究者的专业判断。例如，潘文东（2013）提出了若干个主张，包括"由于初学者不知道动词原形，只有死记各个词的类别，很难抓住其中的规律""学生以'ます形'作为起点，在转换各种活用时比以动词原形为基准转换要复杂，记忆效果和掌握程度均逊色于学校语法"等。这些都是潘文东老师在常年的教学过程中得出的宝贵经验，具有一定程度的合理性和可信性。但是我们不能把权威性的知识作为已经被验证的知识，只能将其看作研究假设，而不是既定的事实。演绎性知识是指从某种公理出发，遵循该公理系统中逻辑推理的规则，对某种现象进行推理而获得的知识。例如，贾朝勃（2015）指出，日语教学语法虽然在初级阶段达成了追求实用的目的，学习者易于接受，但是从日语学习的可持续性来讲并不实用，即越能"拿来就用"的日语知识就越重要，这是一种误区，这种思路只适合于常年生活在一定语境中的学习者以及低龄学习者。如果以快速掌握听说为首要目的，这种简洁明了的速成语法也未尝不可，但是，如果想真正精通一门语言，甚至成为一门语言的研究者，就必须了解这门语言的全貌，包括理论知识和实践应用。由此，我们可以推断出"日语教学语法追求实用，学校语法追求理论讲解，而后者更适合中国日语学习者"这个结论，为了检验这个结论的正确性或可适用性，我们需要进行实验，并以此为起点来获得实证性知识。

赫伯特·赛利格、艾蕾娜·肖哈密（2016）在《第二语言研究方法》中指出："虽然常识、直觉和日常经历都有益于研究，但

是由它们得出的结论可以成为科研的起点，而不应该是终点。科研的作用之一是通过实证或事实来支持常识，或者推翻已经被人们接受的所谓的'常识'。"与内省知识相比，科研是有组织的、有结构的、有序的、系统的、可验证的，是遵循学科规范的研究。卢福波（2010）也在《汉语语法教学理论与方法》中明确指出："要想了解我们所实施的语法教学是否科学有效，是否与教学目标、教学计划相符，有必要阶段性地对语法教学的教学思想、教学内容、教学方法、教学过程以及教学效果进行科学的检测与评估。检测与评估可以采取定性的方法，也可以采取定量的方法。定性的方法是指利用综合归纳的手段来处理来自观察、自然调查的材料和数据，采用描述的形式形成评价成果，偏重主观。定量的方法主要是通过实验和统计来获取数据，再通过对数据的分析、演绎、推断形成评价成果，偏重客观。为使检测评估相对客观，减少主观随意性，应采用一定的量化手段，将定性的方法和定量的方法结合起来。"

2. 改变教师立场多、学习者立场少的研究视角

上述研究大多来自一线日语教师长年累月的教学"体验感"，相关探讨多围绕某语法体系教材在课堂中的教学效果展开。部分内容虽涉及学习者的学习效果（或来自学习者在课堂中的反馈，或来自学习者在语法测试中的表现），但其观察角度本质上都是教师视角。当然，这些经验绝对具有一定的合理性和可信性，能够为日语教学的发展带来启发，但也难免存在一些主观偏见。

获得 2002 年诺贝尔经济学奖的普林斯顿大学心理学教授丹尼尔·卡尼曼在其专著《思考，快与慢》一书中把人类的思考模式拆分为依赖直觉的、无意识的快思考系统和需要主动控制的、有意识进行的慢思考系统。他认为，在人类的决策行为模式中，存在种种缺陷的快思考系统时常占据主导地位，导致了决策中的偏见和失误。其中，典型性偏好、因果性偏好和光环效应可以说

是教师在教学过程中产生决策偏见与失误的重要原因。

典型性偏好指的是人们会过度关注典型事件，而忽视了典型背后的概率问题。教师在课堂教学过程中是否对表现特别好和表现特别差的学生给予了典型性的关注呢？例如，有些教师指出："如果在课堂教学中使用的是采用日语教学语法的教材，那么即使教师想要补充一些学校语法的知识，学生也不愿意接受。"但有没有这样一种可能性：教师只关注到了那些"反抗"情绪比较激烈的、反应比较大的小部分学生，而其实大部分学生根本不清楚哪些语法知识来自学校语法体系，哪些来自日语教学语法体系，更谈不上"愿不愿意接受"。而且，从概率上来说，在正常的课堂上，愿意接受教师传授的知识的学生数量应该要远远超过不愿意的学生。

因果性偏好指的是人们的快思考系统有个特点，即喜欢对事物进行因果关系解释，但它的解释却不一定是合理的，往往没有什么事实根据，只不过是大脑里的快思考系统自动生成了因果关系解释。这种因果性偏好的成因可能和人类与生俱来的合理化天性有关，即所见所知的各种事物都需要有一个说得过去的合理化解释。例如，有些教师认为日语教学语法将动词分为一类动词、二类动词和三类动词，而非像学校语法那样分为五段动词、一段动词、サ变/カ变动词，学习者很难从名称上了解动词的特征，在记忆时也会出现一些困难，从而导致动词活用变化的错误。其实，日语动词活用形变化规则复杂，记忆负担较重，本来就是初级语法学习的一个难点。对动词类型的判断只是活用变化的第一步，第二步的词尾变化难度相对更高。动词分类不变，只是每个类型的术语发生变化是否真的会对学习者活用规则的掌握产生影响尚未可知。此外，初级阶段学习者的语法概念和理论知识相对薄弱，未必会如教师所说，注意到"五段""一段""サ变/カ变"等术语的内涵，并从而了解其所代表的动词的特征。

光环效应是指人们如果先接受了事物的一些信息，这些信息就会影响其对事物的整体判断和理解，也就是我们所说的"先入为主"的心理性来源。我国的大学日语教师（除去极少部分的青年教师）大多接受的是学校语法的教育，相应的语法知识已经在脑中形成了"根深蒂固"的印象。而日语教学语法突然面世，不少教师事先并没有对新语法体系进行系统化的学习，就立刻被要求使用采用了新语法体系的教材上课，在教学过程中自然会出现困惑和不适应的现象，因此产生了新语法体系"教学效果不佳"的印象。这种"不佳"是否只是教师对新语法体系不熟悉、不了解而导致的偏见？

综上所述，即使教师能够基于学习者在课堂上的反馈或在语法测试中的表现来判断某套语法体系的教学效果，但这种判断难免带有强大的主观性，因人类决策思维模式中的快思考系统产生典型性偏好、因果性偏好及光环效应等偏见。因此，想要客观、科学地考察一套语法体系最真实的教学效果，除了教师的"体验感"之外，更需要注重学习者在各个方面的"体验感"。

3. 提升研究的系统性和全面性

科学研究的过程应该具有系统性。相关研究认为，教师和学习者之所以在语法教与学的过程中产生困惑，根源就在于教科书背后的语法体系不同。在这一点上，本书持相同看法。但是，相关研究的着眼点只集中在学习者对动词活用变化的掌握情况，缺乏一定的系统性和全面性。

从语法体系本身来看，学校语法、日语教学语法以及教科研语法对"词"的认识有所不同。学校语法把单词分为独立词和附属词，能够单独构成意义单位的叫作独立词，不能构成独立意义单位的叫作附属词。这个独立意义单位在学校语法体系中叫作"句节"。"句节"这一概念长期以来饱受争议，也是其他语法体系攻击学校语法的主要目标之一。日语教学语法和教科研语法不仅反对"句节"的概念，而且对词义的把握也与学校语法不同。例如：「桜の花が咲いた」这句话，学校语法认为它可以划分为六个词，即「桜/の/花/が/咲い/た」；日语教学语法认为应划分为「桜/の/花/が/咲いた」五个词，即承认助词但不承认助动词；教科研语法则将其划分为「桜の/花が/咲いた」三个词，即不承认助词和助动词。日语教学语法和教科研语法受到西方语法的影响，将各种助词、助动词归为后缀，这不仅影响学习者对动词活用变化的理解与掌握（「咲く」如何变成「咲いた」），也会波及学习者对助词（「の」「が」）、助动词（「た」）的定义、定位、语法意义和语法功能的理解，从而进一步影响学习者语法意识的构建。可见，对教学内容的考察仅仅关注动词的活用变化是远远不够的，还要关注语法点、句型等学习项目以及语法体系中的词类、句法成分和不同词类的形态变化等。

从教学过程来看，教学语法是基于语言教学和习得的目标而建立的实用语法，区别于理论语法和描写语法。我国大学日语专业的教学语法一般指基础阶段教学中的语法体系和语法项目，主要以主干基础课教材为载体。教学语法具有相应的教学内容和教学方法，体现着设计者的教学理念。语法的教学理念也就是基于教育理念的语法教学观基本体现在教学语法的内容和教学方法中，而为了实现教学目标，教材往往会提供相应的教学内容，同时也会针对教学对象提供相应的教学方法。换句话说，教学理念、教学内容、教学方法三者相辅相成，相互影响。而已有研究或只关注不同语法体系教材中语法教学项目和教学内容的具体差异，如动词分类名称的不同、动词活用变化规则的不同等，忽视了教材编写者因顺应语法体系的框架而采用的不同教材编写方法（教学方法）及其给学习者带去的影响；或只关注不同教材呈现出的不同教学理念和教学方法，忽视了其与语法体系之间的紧密联系。

4. 注重现象分析与基于理论的原因探讨

科学研究的过程应该系统地检验相关假设来创建理论，力求描述、界定、阐明、解释各种现象之间的关系，实现理论层次的升华。相关研究对不同语法体系教学效果差异的原因解释大多来自主观的感受和推测，如"从教学第一线教师的体验来说，该书的词汇和课文内容以及课后练习让人感到赏心悦目，但是语法解说和编排让人感到烦琐而缺乏规律，学生记忆负担较重"（潘文东，2013）"而且五段动词在接续时会发生音变，未然形在接续时有不同的形态，也由于语法运用过程中发生了音变，因此，还有进一步缩减的可能性，这样有利于减轻学生记忆的负担，使学习更有效率"（贾朝勃，2015），等等。其实，这些现象背后的原因涉及人们的认知与记忆等因素，与学习者在第二语言习得过程中的两个重要心理过程密切相关。

Anderson（1983）指出："人的大脑具有统一的整体结构，语言习得机制实际上是整体认知体系的一部分。"第二语言学习是一个高层次的认知整合过程，这种整合既要有具象的形式特征，又要有抽象的逻辑认知理据；既要强化到熟练掌握的程度，又要能够准确得体、创新应用。Anderson 区分了两种不同的知识类型：陈述性知识与程序性知识。陈述性知识是静态的，是关于事实本身的知识；程序性知识是动态的，是关于怎样进行各种认知活动的知识，涉及如何行事。陈述性知识是被告知的，是一次性获得的；程序性知识则通过操练、练习而获得，是一个渐进的过程。程序性知识又分为型式识别程序和动作次序程序。前者表现为学会辨认——概括与区别，后者表现为学会执行——程序化与组合。而认知性的语言学习，简单地说主要反映在两个方面：一是懂得原理，包括类属、定义、规则、构成、区别、适用条件，等等；二是根据原理运用，即语言的输出与表意以及语境的合适性与得体性。这些是第二语言认知教学的出发点与终结点。因此，在判断、解释不同语法体系教学效果的差异及原因时不应一概而论，要将语法教学的内容分为陈述性知识和程序性知识，根据不同知识的特点深探差异变化的缘由。

对语言的使用来说，记忆在各个方面、各个层面都至关重要。记忆系统是分布式系统，呈网络状态，分布着许多活动形式。输入使某些活用形式不断出现，在每一种形式的激活扩散中建立越来越强的联系，认识也就越加清楚明确，越加得到强化和深化。一般认为，记忆可分为两种情况：短时记忆与长时记忆。短时记忆容量极其有限，它的基本单位是组块，组块是对一种信息的组织再编码。它在编码时，通常会把主要的强要素加以编辑，而把细节性的表征加以舍弃。长时记忆是一个真正的词典性的信息库，它会把当前的信息保存下来供将来使用，或将过去贮存的信息提取出来供现在使用，它有着巨大的容量，长期地保存着信息。记忆的加工水平说认为，记忆痕迹的持久性是加工深度的直接函数，加工的深度愈深，获得的认知加工和语义加工就愈多。从加工深度出发，加工水平说将复述分为简单的保持性复述和精细复述，后者是对项目的深层加工。这些受到深入分析、参与精细联想、达到更深水平的信息通常能够产生较强的记忆痕迹，持续较长时间的保存。而那些只受到表浅分析或只得到简单机械复述的信息则只能产生较浅的记忆痕迹，持续的时间也很有限。也就是说，加工愈深，所需时间也愈多，语义水平的加工需时最多，相应的再认知和回忆测验成绩也愈好，语义水平加工的成绩最好。因此，我们在探讨学习者对某个语法规则的记忆效果时应该严格区分短时记忆与长时记忆，在分析原因时也应充分考虑情景记忆、命题记忆、表层记忆、语义记忆等不同记忆类型的特征带来的影响。

此外，认知心理学领域的感觉、知觉、错觉与先备知识、注意、意识与阈下知觉、加工容量与选择性注意——过滤器模型与衰减器模型、模式识别、外显记忆和内隐记忆、记忆模型等理论概念与认知神经学领域的知识表征、机能定位与整体活动等理论概念都是我们从学习者的角度分析其习得效果差异原因的重要认知心理依据。实现语言学、第二语言习得、认知心理学、认知神经学、教育学等学科的融合与交互，方可踏出探明二语习得效果差异原因的坚实一步。

五　研究目的及框架

综上所述，本书在综合考虑研究的客观性、有效性和研究生态的基础上，决定采用准实验设计的方法。准实验设计是指利用现有的客观条件进行研究的设计方式，更能反映教育场景的真实情况（Campbell and Stanley，1963）。语法教学效果的调查必须基于语法教学课堂。在现实情况下，由于学校和班级的存在，研究者会受到诸多限制，不可能自由地控制研究变量。而准实验研究更能保证研究的外部效度，因为它更接近真实的教育环境。

首先，本书使用学校语法体系教材《新大学日语简明教程》和日语教学语法体系教材《新版中日交流标准日本语（初级）》开展实验，明确两套语法体系在教学理念、教学内容、教学逻辑等方面的差异，实现语法体系与教学过程的深度交互。其次，以追踪实验法为研究方法，综合考察我国日语初级学习者在助动词、形容词、动词活用，格助词使用及使役态、被动态、授受动词、敬语体系等初级核心语法项目上的习得效果差异，在保障测试内容全面性与系统性的基础上，充分考虑学习的阶段性、学习者语言水平的发展变化给实验结果带来的影响。最后，结合认知心理学与二语习得的相关理论，尝试科学、合理地解释现象背后的原因机制，最终探明究竟哪一套语法体系或哪一套语法体系的哪个部分更加适合中国日语学习者。

第二章　总体设计

本章主要说明本研究的总体设计，分为四个部分。第一部分提出主要研究问题；第二部分具体介绍研究开展的阶段流程，包括准备阶段、先导研究和正式研究三个阶段；第三部分说明量具的设计，本书的主要测量工具为语法测试题库和 E-Prime 行为实验，辅助测量工具为调查问卷与个人访谈；第四部分为本章小结，主要总结前三部分的内容，并说明本书中所有语法项目测试的实施内容和实施手段。

一　研究问题

目前，我国的日语语法教学主要采用传统的学校语法和较新的日语教学语法这两套不同的语法体系，二者的并存给学习者与教师带来困扰，孰优孰劣也一直是日语界关注的问题。本书分析两套语法体系在教学理念、教学内容、教学逻辑等方面的差异，在此基础上以追踪实验法考察中国日语学习者在初级核心语法项目上的习得效果差异，并解释现象背后的原因机制，以探明哪一套语法体系更加适合我国日语学习者。本书具体回答以下三个问题。

（1）从教学语法的角度看，学校语法体系与日语教学语法体系的差异是什么？

（2）不同语法体系的差异对中国日语学习者初级核心语法项目的习得效果产生什么影响？

（3）造成学习者习得效果差异的认知因素是什么？

二　研究流程

本书的研究流程分为准备阶段、先导研究和正式研究三个阶段。

（一）准备阶段

准备阶段包含两项任务：理论研究和量具构建。理论研究部分首先回顾国内外有关我国日语语法教学教材中体现的学校语法与日语教学语法体系的差异研究，在此基础上以《新大学日语简明教程》为学校语法体系的载体，《新版中日交流标准日本语（初级）》为日语教学语法体系的载体，对照、归纳两套教材的初级核心语法项目——助动词活用、形容词活用、动词活用、格助词、被动态、可能态、使役态、授受动词、敬语体系在教学思路、教学逻辑、教学理念、教学方法上的异同。量具构建涉及两个部分：一是测试题库的建立，二是 E-Prime 实验的设计。本书根据受试的学习阶段、语法项目的内容特征不同，采用两种测试方式——笔试与行为实验。笔试的实施依靠测试题库。题库的建立是为了科学、客观、系统、有效、公正、合理地实施测试。本书以初级核心语法项目为索引，从《日本语能力测试 N4：考前模拟试题集》（南开大学出版社）、《N5 汉字、词汇、语法、读解、听力：新日语能力考试考前对策》（世界图书出版公司）、《蓝宝书：新日本语能力考试 N5、N4 文法（详解＋练习）》（新世界图书事业部）等教参中抽取、改编测试题，聘请两名专家（日本专家一名、国内专家一名）负责题库审核。之后，在每次测试中根据受试的日语水平、课程进度，科学、准确地进行测试题的抽取与测试卷的编写。行为实验的实施依靠 E-Prime 软件。E-Prime 实验设计是为了更加精确地测试受试在输出时的反应时间，更加准确地记录受试反应的正误及口头报告内容。以往的教学类实验研究通常使用秒表等计时工具收集受试的反应时，其精确程度与同步效果较为一般。而使用 E-Prime 软件可以精确、有效地收集受试在进行词性正误判断、用言（助动词、形容词、动词）活用变化、翻译等测试中的反应时间。

（二）先导研究

先导研究的主要任务是对测试题（包括笔试及 E-Prime 实验）中客观题量具的信度、效度进行检验，然后根据检验结果修改客观题量具，追加、修改主观题测试的维度。参加先导研究的是福建师范大学的 30 名大学三年级的二外日语学习者。先导研究不干预受试的学习过程，仅邀请受试完成笔试测试卷、参加部分 E-Prime 实验。测试结束后举行专家咨询会，邀请六名专家评议先导研究的报告。其中，日语语言学方向专家两名，负责审议本研究对学校语法及日语教学语法内容的整合、教材内容的分析以及日语初级语法核心项目测试题库的相关内容；外语教学方向专家两名，负责审议本研究对教学理念、教学思维、教学逻辑、教学方法等概念的内涵、外延界定以及在教学过程中使用的各项笔试测试卷；实验语言学专家两名，负责审议 E-Prime 实验的设计及实施流程、数据的收集与分析等内容。

咨询会结束后，针对专家意见对先导研究中部分测试的方法和内容做出了以下修改与调整。

第一，测试手段的改变。先导研究在测试学习者对最初的两个语法点 "です" "ます" 活用形（"です" → "ではありません" "でした" "ではありませんでした"；"ます" → "ません" "ました" "ませんでした"）以及各连用形和表示疑问的助

动词"か"的连用的掌握时，为了精确把握学习者的反应时，使用了 E-Prime 行为实验的测试方法。但是，当时学习者的日语学习时间仅为 2 个月，甚至对五十音图都不是十分熟悉。虽然已经在实施 E-Prime 实验前对所有学习者（受试）做了实验前培训和预实验，但是受试有限的口语水平加强了其在实验过程中的紧张和焦虑情绪，导致实验结果无法真实、有效地反映受试的日语水平。于是，在正式研究中将这两个语法点的测试方法从 E-Prime 实验调整为笔试。

　　第二，测试内容的增加。在咨询会上，专家指出先导研究的测试题存在题型不够全面、缺乏多样性等问题。例如，助动词、形容词、动词等单个词的活用形变化等机械操作类题型较多，而对词语于语境中的具体应用等主观题型较少，等等。于是，正式研究主要在以下两方面做出了调整：一是增加了单个语法项目的测试题型，如在测试用言的活用变化时，增加了"单个词的活用形正误判断""修改句子中错误的活用形"等题型，还增加了"用指定词语完成句子或对话""句子的翻译（汉译日 / 日译汉）""在规定字数内写命题小作文"等主观题型。二是增加了交叉 / 综合测试，提高了测试的难度。先导研究中的测试主要针对的是语法单项，如分别测试动词的"て形""た形""ない形"等。而正式研究则在学习者学完所有相关语法单项的一周后实施综合测试，如动词活用形的综合测试，九个格助词的综合测试，被动态、使役态和可能态的综合测试等。

　　第三，研究方法的增加。先导研究发现，虽然通过测试或实验数据（正确率＋反应时）可以准确地判断受试的语法习得效果，却难以有效把握习得效果背后潜藏的学习者的认知加工机制、学习动机、学习热情、学习策略等个体差异情况。于是，正式研究添加了对学习者初始学习动机的调查问卷，并以语法项目为单位，添加了针对受试全体的相关调查问卷及针对个人的半结构化访谈。为避免干扰受试，学习动机的调查问卷于第一学期的开学初（即所有测试和实验开始之前）实施；针对各项语法项目掌握情况的问卷调查及访谈于每次语法测试后实施。例如，动词活用形共测试了 6 次，前 5 次为单个活用形的测试，第 6 次为 5 个活用形的综合测试，问卷调查和访谈于第 6 次综合测试结束后立即实施。这么做是为了减轻受试的负担，以免其出现烦躁等消极情绪，加强了测试的有效性。

（三）正式研究

正式研究采用准实验研究法，测试时间跨度为两个学年，参加测试的是福建师范大学英语专业的零基础二外日语学习者，学习阶段为大二和大三整个学年（根据教学大纲的规定，大二整个学年和大三上学期为必修课，每周 4 个学时；大三下学期为选修课，每周 2 个学时）。这些受试被随机分为两个班，一个班为实验班，一个班为对照班。实验班采用日语教学语法体系教材《新版中日交流标准日本语（初级）》，对照班则采用学校语法体系教材《新大学日语简明教程》，由同一名教师授课，授课方式均为语法翻译法。实验班严格按照日语教学语法体系内容教授语法，对照班严格按照学校语法体系内容教授语法，不添加任何教材外的语法知识补充。实验期间根据教学进程实施助动词活用、形容词活用、动词活用、格助词、被动态、可能态、使役态、授受动词、敬语体系等各项初级核心语法项目的测试，进行数据收集与分析。

三 量具设计

本研究使用的测量工具分为主要测量工具和辅助测量工具，前者包括语法测试题库和 E-Prime 行为实验，后者包括问卷调查和个人访谈。语法测试题库以笔试为主要测试方法，考察学习者的正确率；E-Prime 行为实验以口试为主要测试方法，同时考察学习者的正确率和反应速度。调查问卷和个人访谈为主要测量工具提供相应的补充说明，使研究更加完整、深入、有针对性。采用这种"方法三角互证"（methods triangulation）的模式是为了以主观与客观相结合的方式提高研究的内部效度。

（一）语法测试题库的建设

语法测试题库的建设参照卢福波（2010）提出的实用原则、针对原则、类比原则和解释原则，遵循初级日语核心语法项目的确定及其与教材内容的对标、测试内容理论框架的确立和题库的编制与完善三个步骤。

1. 题库建设的理论支撑

本研究在选择语法项目、编制测试题、实施测试时参照了卢福波（2010）提出的对外汉语语法教学基本原则中的实用原则、针对原则、类比原则和解释原则。

实用原则最直接地体现于语法教学项目的选择和处理上，对于第二语言学习者来说，最大的实用性在于选择和处理最有教学价值的语法内容。其中，优先应该考虑的三点是：①语法项目的使用频度，即最基本、最常用的语法项目；②语法项目的难度，即最容易发生偏误的语法项目；③语法项目的限制性，即适用条件和限制条件。本研究将第一点应用于制定语法项目的选取标准，第二点和第三点应用于测试题的设计中。最基本、最常用的语法项目体现在数量、范围和典型性三个方面。在数量上，将在实际使用中所占比例较高的语法项目纳入研究范围，而不将使用频率较低或用法特殊的语法项目纳入研究范围；在范围上，要求语法项目的使用带有普遍性，即各种文体、各类人群，各个地方都在使用的语法项目，而不将偏向书面语或口语及仅在局部地区使用的语法项目纳入研究范围；在典型性上，要求语法项目应具有一定的概括性和抽象性，能够涵盖一定数量的具体语句用法，形成一个典型的、有代表性的结构形式，而不将零散的句型、静态的知识点纳入研究范围。在编写测试题时，针对学习者的偏误现象做具体处理和细化处理，将考察的要点放在语法项目的适用条件和限制条件上，突出最能解决学习者实际问题的内容。

针对原则体现在针对国别语种、针对水平层次、针对语法要点三个方面。本研究在测试题的编写和测试的实施上充分考虑学习者的水平层次和语法要点两个方面。赵金铭（1996）指出，初级阶段的语法教学应该以掌握语法形式为主，注重整个形式的意义，而不过多掺进内部语义分析，主要目的是让学习者明了句法上、语词间结合得妥当不妥当。针对初级阶段日语学习者的语法教学，内容上更加适合化整为零、单一局部的教学处理模式，即以局部具体项为着眼点，而不以系统类别为着眼点，不做更多的知识性的综合。因此，本研究的语法测试注重单项测试和综合测试的结合，单项测试针对每个单一、局部的语法点，如动词的未然形活用变化测试；综合测试则针对一个完整的语法项目，如动词五大活用形变化的综合测试。语法要点的针对性体现在两个方面：一是根据学习者的水平层次，在教学时对语法项目进行阶段性处理，各阶段应体现不同的教学要点；二是针对本阶段教学要点，做出直接针对问题点的具体教学处理——问题要点、偏误类型、手段方法、操练模式等。因此，本研究的语法测试伴随教学过程同步进行，每次语法测试均安排在习得该语法点完整内容的一周后实施，这样不仅能够随时关注学习者在不同学习阶段的特征，还能针对学习者在不同学习阶段出现的偏误类型和问题点，适时调整语法测试的内容、题型与手段，尽可能保证每次语法测试都能够反映该阶段的教学要点。

类比原则是指将相关语法项目——词类、结构、句型、功能、关系等进行对比和比较。由于语言对客观经验的编码方式不同，语言的使用者也会倾向于按他们母语所提供的不同范畴去区别和辨认经验，特别是作为成年人的大学日语学习者，他们往往会忽略日语母语者所注意到的差异，所以代表不同认识经验、不同行为习惯、不同思维方式的语言习得问题就是语法教学中尤为需要关注的部分。教学中的类比原则体现在以下三个方面：日语与日语相近现象的对比、日语与汉语对应形式的对比、日语正确形式与错误形式的对比。本研究在编制测试题的题型时针对类比原则做出了如下考虑。

第一，日语与日语相近现象的对比。日语中有很多学习者认为相近的现象，包括词语、格式、句子及其使用条件等，这跟日语母语者的感觉有很大差别，日语格助词的多义及辨析就是其中的一个典型代表。格助词是接在名词之后，用来界定名词与其他名词以及作为表述词的动词、形容词的相互关系的助词，属于体言，本身并无形态变化。因此，考察单个格助词的使用并无太大意义。本研究在考察学习者对格助词的掌握情况时采用综合测试的形式，针对格助词的一词多义、近义格助词的辨析等语义现象出题。

第二，日语与汉语对应形式的对比。日语与汉语存在不少类似的语法项目，比如时常有学习者把"の"和"的"、"～です"和"是"相对应，但是这些看起来相对应的语法现象往往存在许多差异，这些差异正是导致初级学习者产生偏误现象的重要原因，因此也是语法测试的重点。

第三，日语正确形式与错误形式的对比。学习者在语法习得过程中出现偏误是正常的现象，它往往是学习者认知、类比、推演过程的反映，是已确立的中介语系统的反映，偏误的形成往往决定语法教学的切入点和着眼点。实验研究表明，在学习者的习得过程中，由偏误产生的负面证据起到非常重要的作用，它能够激活参数、重新确定参数。因此，本研究在测试题型中提高了正误判断题型所占的比例，包括形容词、动词活用形的正误判断、找出句子中错误的成分并修改（格助词使用、语态使用）等。

解释原则是指对所学语法项目做出合理的、恰当的理据性分析和认知性解释。语言是一套复杂的体系，它受规则的支配，同时也具有许多可变的因素，绝不是单一、静态的习惯体系。语言学习是一种有意义的控制性学习过程，也是一种有意识的、创造性的运用过程，它要求对多种语言现象进行高层次的决策和处理，能够使用特定的方式去调用认知能力。因此，在语言学习的过程中不能单一、孤立地掌握句型、句法表达式，而要对它们有认知性的理解和把握，有符合认知理据的、能动的创造性运用。在语法教学过程中，我们有意识地培养学习者在以下三个方面的认知能力：①对事物类属的认识——认识事物不同层次的相同与差异；②对事物相关的认识——认识事物间错综复杂的联系；③对事物综合的处理——适合情境的综合理解（输入）与综合应用（输出）。本研究在编制测试题时，注重对学习者第一种和第三种认知能力的考察，设置词类、词性的判断题考察学习者对事物类属的认识；设置补充句子、完形填空等题型考察学习者的输入能力——适合情境的综合理解，设置翻译句子、作文等题型考察学习者的输出能力——适合情境的综合应用。另外，在设计调查问卷时，侧重对语法项目之间的关联性、同一语法项目中不同语法点的关联性、语法项目名称与内容之间的关联性、偏误现象与原因之间的关联性的考察。

2. 初级核心语法项目的确定及其与教材内容的对标

本研究依照上文提及的教学语法的实用原则和针对原则，将我国日语语法教学中的初级核心语法项目认定为以下七项。

（1）助动词"です""ます"的活用（"です"→"ではありません""でした""ではありませんでした"；"ます"→"ません""ました""ませんでした"）以及各连用形与表示疑问的助

动词"か"的连用。

（2）形容词的活用（イ形容词如"おいしい"→"おいしいです""おいしくないです""おいしかったです""おいしくありませんでした"；ナ形容词如"安全"→"安全です""安全ではありません""安全でした""安全ではありませんでした"）以及各连用形与表示疑问的助动词"か"的连用。

（3）动词活用：五段动词、一段动词、サ／カ变动词的未然形、连用形、连体形、假定形、推量形、命令形等活用变化。以五段动词"書く"为例，包括"書かない""書きます""書いて""書いた""書けば""書こう""書け"等活用形式。

（4）格助词的使用：十个格助词"の""が""を""で""に""へ""から""まで""より""と"于语境中的应用。

（5）语态的活用变化及应用：被动态、可能态和使役态。被动态表示句子中的主语是受事（动作承受者）的语态。其活用规则为五段动词未然形后加被动助动词"れる"，其他动词未然形后加被动助动词"られる"。可能态表示句子中的施事（动作实施者）能够做某种动作的语态。其活用规则为五段动词未然形后加可能助动词"れる"，其他动词未然形后加可能助动词"られる"。此外还有两种构成方式，分别是动词连体形加补助惯用型"ことができる"，动词连用形加接尾词"える"。使役态表示主语使另一施事执行动作的语态：使役句里有两个施事，一个施事施加影响于另一施事，后者执行动作，施加影响的施事用主语表示，受到影响而执行动作的施事用补语或宾语表示。其活用规则为五段动词未然形后加使役助动词"せる"，其他动词未然形后加被动助动词"させる"。

（6）授受动词的应用：包括授受动词"やる""くれる""もらう"及其敬语、谦语动词"あげる""くださる""いただく"的应用。其中"やる"是外向性的，只能用于第一人称给第二人称或第三人称、第二人称给第三人称、第三人称给另一第三人称；"くれる"是内向性的，用法正好和"やる"相反；"もらう"的意思是"收受""领受"，表示句子中的主语从补格助词构成的主语那里得到事物。

（7）敬语体系：说话人对他人表示尊敬的语言表达形式，分为尊他语、自谦语和恭敬语（也称礼貌语）。尊他语是对句子中的行为主体表示尊敬的语言表达形式，可以使用敬语助动词"れる""られる"构成敬语态，也可以使用敬语动词或表示尊他的句型。自谦语是用谦让的表达方式叙述自己或己方人的行为、动作，并以此对他人表示尊敬，多使用自谦动词或表示自谦的句型。恭敬语采用恭敬的表达方式叙说，以此对听话人表示尊敬，可以在句末使用助动词"です""ます"及其他敬体形式，也可以使用敬语动词或接头词。

这七大语法核心项目由易到难、循序渐进，具有全面性和层次性，既涵盖日语学习者在初级学习阶段必须掌握的重要语法项目，又实现从词法、语法到语用的进阶。助动词、形容词和动词的活用变化主要考察学习者对词法的掌握，考察的重点在于词本身的活用变化；语态的活用变化及应用考察学习者对词法和语法的综合使用，既涉及对动词类型的判断和活用规则的掌握，也涉及相关语态的句型及其在语境中的应用；授受动词和敬语体系的应用则更注重考察学习者对该语法项目适用语境的判断，即基于语用视角的语境判断和解读。

3. 测试内容理论框架的确立

本研究首先收集、梳理国内外与学校语法和日语教学语法相关的重要文献，整理、归纳两套语法体系存在的差异之处。其次，从教学语法和认知性学习的视角出发，将上述文献中较为零散的差异重新整合。最后，选择《新大学日语简明教程》（以下简称《简明》）为学校语法体系的载体，《新版中日交流标准日本语（初级)》(以下简称《标日》)为日语教学语法体系的载体，在分类的基础上考察两套教材中初级核心语法项目的内容差异，具体如下。

第一，"组装型"与"集成型"教学思维的差异。这里的"组装"和"集成"可以看作计算机领域概念的隐喻。"组装"指的是把零件或部件组合起来，构成一个完整的器械或装置，比如电脑中的组装机。"集成"指的是集约度很高的生产工艺、生产设备及产品，比如电脑主板往往集成了集成显卡、声卡和网卡等。学校语法体系教材《简明》的"组装型"教学思维，指的是在讲解一个语法现象时，侧重对该语法现象各个组成部分及其相关性的解释与说明。而日语教学语法教材《标日》的"集成型"教学思维则侧重解释其作为一个整体时的接续形式与意义。初级核心语法项目中前三项的活用规则习得属于本范畴。

第二，"意义型"与"形态型"术语命名方式的差异。术语是在特定学科领域用来表示概念的称谓的集合，是通过文字来表达或限定科学概念的约定性语言符号，在语法教学中可以看作学习者认识一个语法概念的途径。"意义型"术语命名方式指的是学校语法命名术语的方式：基于该术语的内涵，带有具体意义，试图激活学习者认知能力中的"联想"能力，强化刺激(术语)与将该刺激识别为概念的反应(对应语法概念)之间的正确配对。"形态型"术语命名方式指的是日语教学语法命名术语的方式：基于该术语的形态，通常呈现"数字化"和"表象化"特征，不带有具体的意义。初级核心语法项目前三项中的形容词、动词的词类名称、用言活用形的名称为本范畴的集中体现。

第三，"模块化"与"零散化"教学逻辑的差异。初级核心语法项目第四项格助词的教学内容主要体现两套语法体系在此教学逻辑上的差异。这里的"模块化"可以看作是设计领域概念的隐喻，简单地说就是将一个产品的某些要素组合在一起，构成一个具有特定功能的子系统，将这个子系统作为通用性的模块与其他产品要素进行多种组合，构成新的系统。学校语法体系教材《简明》在讲解格助词的用法时，将每个格助词设定为一个"特定功能的子系统"，将"接续特征""语法意义""注意事项""语义辨析"这些要素按照人类认知模型中的"网络模型"和"比较模型"进行有机组合。与此相对，日语教学语法体系教材《标日》在格助词相关内容的"设计理念"上则呈现出"零散化"的特征。一方面，它以实用性为优先原则，先教授使用频率较高、较为常见的语义，后教授使用频率较低、较为少见的语义，这些语义零散地分布在不同的学习阶段中，其授课间隔可长达数月。另一方面，在讲授某一具体的语义时，并不着重强调格助词的存在以及前接名词与后接动词的语义特征，而将这些要素都融合于句型中进行统一讲解。

第四，"简体为本"与"敬体优先"教学理念的差异。日语中的敬体（也称作礼貌体和郑重体），一般指以"です"或者"ます"结句的句子；简体（也称作普通体）一般指以"だ"或者"である"结句的句子。本研究中的"简体"和"敬体"主要指动词的形式。学校语法的动词活用以动词原形（也叫基本形、词典形）为起点，《简明》在教授活用规则时按照原型→其他形式的路径，在单词表中动词也是以原形的形态出现。而日语教学语法同样出于实用性优先的考量（日语在日常会话中多使用敬体形式），以动词的"ます形"为起点，《标日》在教授活用规则时按照"ます形"→去掉"ます"→其他形式的路径，在单词表中动词也是以"ます形"出现。初级核心语法项目第三项中动词的各个活用形式与活用规则为本范畴的集中体现。

综上可知，两套语法体系教材的差异主要体现在初级核心语法项目的前四项中，而在后三项上，二者没有显著性差异，主要表现在日语教学语法体系教材的《标日》在教学内容和教学设计上向学校语法体系教材的《简明》靠近。

　　在第五项动词的语态（被动态、可能态和使役态）的讲解上，两套教材采用了相同的讲解模式：语态的定义→活用规则的介绍→语义的讲解。以可能态为例：首先，《标日》将"可能形式"定义为"表示能够进行某动作的形式"，《简明》将"可能态"定义为"表示句中的施事（动作实施者）能够做某种动作的动词形式"。其次，介绍可能形式的构成方式，因为在这个学习阶段《标日》已经完成了对动词原形的教授，所以对动词活用规则的讲解改为以动词原形为起点，而非像之前一样以"ます形"为起点，具体表现为一类动词——把基本形的最后一个音变成相应的"え"段上的音，再加"る"；二类动词——把基本形的"る"变成"られる"；三类动词——把"くる"变成"来られる"，把"する"变成"できる"。与《简明》的"五段动词未然形后加可能助动词'れる'，其他动词未然形后加可能助动词'られる'"的内容相比，虽然在术语名称上，如"一类动词""五段动词""可能助动词""基本形""未然形"等存在些许差异，但活用规则本身并无任何不同。最后，举出例子对可能态的语义、使用语境进行讲解。

　　在第六项授受动词（"やる""くれる""もらう"及其敬语、谦语动词"あげる""くださる""いただく"）的教授上，《简明》和《标日》两套教材的讲解都是按照动词"あげる"→"くれる"→"もらう"的用法，延伸到动词连用形"て"+"あげる"→"くれる"→"もらう"的用法，进一步扩展到其他敬语、谦语形态用法的顺序。在讲解相关语法点的适用语境时同样从人称视角切入，采用"第一人称""第二人称""第三人称""己方""他方"等术语。并且，与第四项格助词的讲解方式不同，在说明动词连用形"て"+"あげる""くれる""もらう"的用法时，《标日》没有采取句型式的讲解方式，而是按照"接续形式→语义讲解→语境分析"的模式进行讲解。

在第七项敬语体系（尊他语、自谦语和恭敬语〔《标日》称为"礼貌语"〕）相关内容的教授上，两套教材都按照"尊他语→自谦语→恭敬语"的讲解顺序，具体的讲解内容也无本质差异。以尊他语为例，两套教材都先明确界定了敬语和尊他语的定义：敬语用于对会话中涉及的人物或者听话人表示敬意，尊他语用于对长辈或上级。然后，按照"动＋（ら）れます"→"お＋になります"→"お＋ください"→其他特殊敬语动词的顺序讲解接续方式、语义与适用语境。

综上所述，《简明》与《标日》这两套语法体系教材的差异主要体现在初级核心语法项目的第一至四项中。具体来看，前三项中用言活用规则的教授体现了"组装型"与"集成型"教学思维的差异；前三项中形容词、动词等词类名称、用言活用形名称体现了"意义型"与"形态型"术语命名方式的差异；第四项格助词的教学内容体现了"模块化"与"零散化"教学逻辑的差异；第三项中动词的各个活用形式与活用变化体现了"简体为本"与"敬体优先"教学理念的差异。然而，在第五至七项上，两套教材的语法内容讲解没有本质差异，主要表现在日语教学语法体系教材《标日》在教学内容、方法和设计上向学校语法体系教材《简明》的靠近。本研究以第一至四项为依据，从证实的角度论证两套语法体系的差异对学习者语法习得效果的影响；以第五至七项为依据，从证伪的角度尝试验证在其他实验条件不变的情况下，语法体系如无显著差异，则学习者的习得效果也没有差异。

4.题库的编制与完善

语法成绩的检测是语法教学中的一个重要环节，直接关涉到对学习者在所学阶段中所学课程内容掌握情况的判断和了解，以及对学习者该阶段的学习、教师该阶段的教学评判的把握。本研究以初级核心语法项目为索引，以权威出版社出版的教参为参考，从题型、知识类型、测试技巧和难度四个方面进行综合考虑。

在题型上，保证主观题和客观题相结合。语法本身具有约定性和规则性，限制性非常强，采用一定量的客观题进行测试非常有效。这类题型也称为静态形式试题，能够体现语法的结构方式、形式规定，属于描述性知识。但是语法的学习还要求学习者将语法知识和语法规则转换为语言能力，即能够根据语境的需要，选择合适的语法形式，进行得体的表达。因此还要添加一定数量的主观题，才能全面地测试出学习者语法学习的真实情况。这类题型也称为动态形式试题，能够全方位地测试出学习者对语法要素的掌握情况、构句情况和结合实际情境的运用情况，属于程序性知识。

在知识类型上，选择最具代表性的类型和角度。首先，明确语法项目的教学角度和要点，如格助词的教学至少涉及以下要点：①主要功能，即连接前项名词和后续谓词，表示二者之间的语法关系；②分布特点，即位于名词之后，谓词之前；③语义的理解和用法的把握；④相近格助词的意义、用法的辨析等。其次，在明确了这些角度和要点之后，设计具有代表性的题型，把上述四个要点中的一个或几个要点测试出来，如设计为改错题或完形填空题。

在测试技巧上，在知识类型的基础上"对症下药"，把要考的知识点全面、清晰、明确地考出来，从而达到考察的目的。以格助词的测试为例，我们可以充分利用类同语义的辨析进行迷惑，考察学习者的辨别力，比如让学习者判断"彼は道に倒れている"和"彼は道で倒れている"这两个句子的语义有何区别；也可以利用学习者在母语和日语上的认知误区进行设计，比如让学习者判断"把车停在这里"的"在"是"に"还是"で"等。

在难度上，遵循从易到难、层层递进、区分明显、正态分布的规则，保证同类试题难度等值、分数等值。除了依靠主观经验的判断之外，还通过对先导研究中预测卷成绩的科学统计分析，参考专家咨询会的意见与建议等，不断修改、调整测试卷的难度，以更加有效地完成测试题的设计。

完成题库的初步建立之后，聘请一名日本专家和一名中国专家对试题进行审核，确保其不存在语法错误，并于先导研究中测试，以检验其信度和效度。正式研究中笔试测试卷的编制以题库为标准，试题按照题型顺序从题库中随机抽取。

（二）E-Prime 实验的设计与实施

如上所述，本研究中的量具设计有两个部分的任务，一是测试题库的建立，二是 E-Prime 实验的设计。本研究根据受试的学习阶段、语法项目的内容及特征的不同，采用了两种不同的测试方式，即笔试与行为实验。笔试的实施依靠测试题库；行为实验的实施依靠 E-Prime 软件。

E-Prime 是由美国匹兹堡大学学习研究与发展中心和美国心理学软件工具公司联合开发的一套用于计算机化行为研究的实验生成系统。该系统采用图形化的编辑界面，涵盖从实验生成到毫秒精读的数据收集与数据初步分析等功能。E-Prime 目前的版本是 2.0，有单机版和网络版两种，单机版又分为专业版和标准版。单机版要求在进行实验设计时必须在计算机上插上并行接口的加密狗。E-Prime 最早是心理实验程序设计的专门软件。本研究将该软件用于第二语言习得领域，将研究设计和测试题转变成计算机可识别的语言和程序，以更加精确地测试受试在输出时的反应时，更加准确地记录受试反应的正误及口头报告内容，如精确、有效地收集受试在进行词性正误判断、用言（助动词、形容词、动词）活用变化、翻译等测试任务时的反应时间等。

1. E-Prime 实验程序设计的基本原则和实验结构

实验程序设计是将研究计划或设想转变成计算机可识别的语言和程序的过程。其基本理念是：进行实验程序的设计、画出实验运行流程示意图、明确实验的各个组成成分及其相应控制机制，使实验程序结构化、流程化、模式化，具有可操作性。曾祥炎、陈军（2009）指出实验程序的设计应遵守结构化原则、模式化原则和流程化原则。只有严格地遵循这三大基本原则，方能"磨刀不误砍柴工"，设计出科学、合理、有效的实验程序。

实验程序的结构通常由以下十个部分组成：指导语、注视点、刺激界面、探测线索、探测界面、反馈界面、刺激间隔、实验缓冲、结语界面、掩蔽界面。要实现对实验程序结构中各组成部分的有效控制，必须重视以下五个要素：呈现时间、呈现方式、呈现格式、反应方式和数据收集。在进行实验程序设计之前，必须理解和掌握实验过程、实验类型和实验模式的基本概念，确认自己的研究属于何种实验类型、何种实验模式，以便设计出科学有效的实验程序。

实验过程是指实验从开始到结束的时间进程。进行实验设计需要区分实验过程的两种形式：一是全过程，二是核心实验过程。全过程指的是实验从指导语开始到结语界面结束的整个过程，或称总过程。核心实验过程是指一个刺激单元能够运作完成的、最小的、可重复的实验程序组成过程。在这个过程中，我们可以呈现刺激，收集受试的反应。由此可知，实验设计的关键在于核心实验过程的设计，因为只有在核心实验过程中才能够获得所需的实验数据。而全过程等于"指导语""核心实验""结束语"之和。

实验类型按照实验程序设计的过程来分，可以分为单一实验和复合实验两种类型。单一实验是指整个实验由一个核心实验过程组成，受试完成一个试验任务即结束实验。复合实验是指整个实验由几个核心实验过程或者几个分实验组成，受试必须完成所有的实验任务才能结束实验。实验类型按照实验程序的结构和核心实验过程设计的复杂性，分为单一模式、并联模式、串联模式、相嵌模式和平衡模式五种不同的设计模式。比起实验过程和实验类型，实验模式的确定显得尤为重要，因为采用的模式将直接影响核心实验过程中刺激的体现方式乃至实验设计的整体结构。

2. 本研究的 E-Prime 实验设计

上文简要介绍了 E-Prime 实验程序设计的三大基本原则，实验程序设计的结构及十个组成部分的功能，实验控制的五个要素，实验的过程、类型及模式。本研究为长达两年的追踪实验研究，期间实施了 30 多次 E-Prime 行为实验。为保证实验效果的一致性，每次实验使用的工具、实验的结构、过程、类型和模式基本相同，仅根据教学内容和学习者的学习阶段调整测试的 List，根据不同的测试技巧和方式调整 CEP 中的部分内容，如探测界面的呈现方式和反应方式等。每个语法项目的实验程序设计将在后文详细叙述，此处仅以简明班的动词"て形"活用规则实验为例，说明本研究中实施的 E-Prime 行为实验的概貌。

本研究使用 E-Prime 2.0 单机版·专业版设计，实施动词"て形"活用规则实验，配备并行接口的加密狗。从实验过程来看，本实验属于全过程实验，包括指导语、核心实验过程和结束语三个组成部分。从实验类型来看，本实验属于复合实验，整个实验由四个分实验（独立的核心实验过程）组成，分别是动词类型判断、动词活用规则正误判断、动词活用变形和句子翻译。从实验模式来看，本实验属于并联模式，实验设计由四个储存不同实验材料及相关控制的 List 和四个 CEP 组成，四个过程上下组成并联关系。实验流程为：总指导语（实验一指导语）→实验一练习→练习结束提示→实验一实验→实验一结束休息 // →实验二指导语→实验二练习→练习结束提示→实验二实验→实验二结束休息 // →实验三指导语→实验三实验→实验三结束休息 // →实验四指导语→实验四实验→总结束语。

下面分别介绍动词"て形"活用规则实验的八个组成部分：

指导语、注视点、刺激界面、探测界面、反馈界面、刺激间隔、实验缓冲、结语界面的具体内容与五要素的设计模式。因为本实验并非启动效应实验或记忆实验，所以不需要使用掩蔽界面；根据实验需要，将刺激界面与探测界面合二为一，因此也没有设置本应位于探测界面之前的探测线索。

（1）指导语

实验开始之前，主试（笔者）已经对受试进行了两轮培训，第一轮为展示培训，第二轮为实验器材的操作培训，受试已经熟知实验步骤与实验器材的操作方法。因此，本实验将总指导语和实验一指导语合二为一，达到简化实验设计的目的。

指导语内容如下。

---- **实验一指导语** ●

欢迎您参加我们的实验！

实验首先在电脑屏幕上出来一个红色"+"号注视点，提醒您开始实验，并集中注视电脑屏幕中央。接着呈现一个日语动词，请您判断这个动词是五段动词、一段动词、还是サ变／力变动词[①]，如果是五段动词请您按键盘上的"S"键，如果是一段动词请您按"F"键，如果是サ变／力变动词请您按"K"键。实验呈现时间很短，请您集中注意，又快又准地做出判断。

明白上述指导语后，请您坐好，将双手放在键盘上，记住：

"S"键→五段动词　　　　"F"键→一段动词

"K"→サ变／力变动词

准备好后，现请您按"Q"键开始练习，然后进入正式的实验。

---

① 针对简明班的实验写"五段动词、一段动词还是サ变／力变动词"，针对标日班的实验则写"一类动词、二类动词还是三类动词"。

实验二指导语 ●

欢迎您进入第二组实验！

实验首先在电脑屏幕上出来一个红色"+"号注视点，提醒您开始实验，并集中注视电脑屏幕中央。接着呈现一道日语动词活用试题，请您判断这个动词的"て形"是否正确。如果试题中动词的"て形"是正确的请您按键盘上的"S"键，如果是错误的请您按"K"键。实验呈现时间很短，请您集中注意，又快又准地做出判断。

明白上述指导语后，请您坐好，将双手放在键盘上，记住：

左手"S"键→正确　　　右手"K"→错误

准备好后，现请您按"Q"键开始练习，然后进入正式的实验。

实验三指导语 ●

欢迎您进入第三组实验！

实验首先在电脑屏幕上出来一个红色"+"号注视点，提醒您开始实验，并集中注视电脑屏幕中央。接着呈现一个日语动词，请您对着麦克风说出该动词的"て形"。说完之后请稍等，实验会自动进入下一题。

注意：本次实验没有练习部分，直接进入正式实验。

准备好后，现请您按"Q"键开始进入正式的实验。

实验四指导语 ●

欢迎您进入最后一组实验！

实验首先在电脑屏幕上出来一个红色"+"号注视点，提醒您开始实验，并集中注视电脑屏幕中央。接着呈现一道翻译题（汉译日或日译汉），请您对着麦克风说出正确的答案。说完之后请稍等，实验会自动进入下一题。

注意：本次实验没有练习部分，直接进入正式实验。

准备好后，现请您按"Q"键开始进入正式的实验。

以上便是四个分实验指导语的全部内容。此外，实验一和实验二有练习部分，练习结束后还有一个询问界面，询问受试是否已经熟练掌握实验内容，如有必要，可重复练习。询问界面具体内容如下。

练习完毕

如果您还不了解本实验程序，想回去继续练习，请按"Q"键；如果您已经了解本实验程序，可以进行正式实验，请按"P"键。请您选择。

"P"键→正式实验　　　　"Q"键→继续练习

指导语的设计方案如下。

① 呈现时间：所有指导语的呈现时间均设置为"无限时间"，因为受试只有看清楚、理解透彻指导语后方能进行练习或实验。

② 呈现方式：所有指导语的呈现时间均设置为"按键消失"，旨在使受试能充分理解指导语，明白实验过程，掌握反应的规则，形成良好的习惯。此处需要注意的是，最好能够使用键盘上位置比较偏僻的按键作为指导语的按键，防止受试因为不经意触碰导致指导语消失，而受试没能看清指导语。因此，本实验选择了位于键盘最左上角的"Q"键。

③ 呈现形式：指导语的呈现形式为图片形式，图片加上边框以美化呈现效果。此外，对于指导语中的关键性语句，如对受试的指示（左手"S"键→正确；右手"K"→错误）、特殊的注意

事项（本次实验没有练习部分，直接进入正式实验）使用了红色
（醒目的颜色）进行标注，以得到受试更多的注意力分配。

④ 反应方式：指导语不需要受试进行反应，只要求受试按键
开始练习或正式实验。

⑤ 数据收集：指导语不需要收集受试的按键情况和反应数据。

（2）注视点

本实验中的所有注视点都是红色的加号（＋），在每一个刺激
呈现之前，都会呈现一个注视点符号，以提醒受试开始集中精神
注视屏幕，不要分散注意力。

注视点的设计方案如下。

① 呈现时间：所有注视点的呈现时间均为 500ms。因为时间
太短受试不易察觉，而时间太长又容易导致受试的注意力分散。

② 呈现方式：所有注视点的呈现方式为"自动消失"，而非
"按键消失"或者"反应消失"。目的在于随着注视点的消失，受
试的注意力能即时、自然地转移到下一界面中，不用花费额外的
努力。

③ 呈现形式：所有注视点的呈现形式为图片形式。使用符号
为加号（＋），颜色为红色，字号为 36 号，位于屏幕正中央。使
用较为鲜艳的红色是为了使注视点更加醒目，更能有效地吸引受
试；使用 36 号字号、位于屏幕正中央等设置都有利于引起受试
的注意。

④ 反应方式：由于注视点的呈现方式是自动消失，所以无需
进行按键反应。

⑤ 数据收集：由于注视点的呈现方式是自动消失，所以无需
（事实上也无法）收集受试的按键情况和反应数据。

（3）刺激界面和探测界面

刺激界面的作用是呈现实验材料，探测界面的作用是探测受
试的反应和收集反应的数据，通常的实验设计会将二者分开，但

本实验将二者合并为一个界面。本实验中刺激界面呈现的是语法测试题，而探测界面主要探测受试的反应，并收集反应时、正误和响应值（语音反馈）等数据。将两个界面合二为一的原因在于：其一，本研究的受试皆为初级水平的日语学习者，在阅读完刺激界面的语法测试题后，如果刺激界面消失，随即进入探测界面，那么受试很有可能忘记刺激界面呈现的测试题，一方面增加了实验本身的难度，另一方面也可能加重受试的精神负担和焦虑情绪，从而影响测试的有效性；其二，在正常的教学测验或考试中，学生本来就可以一边阅读测试题一边思考并答题，这么做尽可能地还原了教学场景，保证了实验的生态效度。

　　刺激·探测界面内容如下。

‖ 实验一　动词类型判断 ‖

　　实验内容：呈现 11 个动词，一半为两个班均学过的单词，一半为两个班尚未学过的单词，出现顺序随机。受试需要判断其为五段动词（一类动词）、一段动词（二类动词）还是サ变/力变动词（三类动词）。

　　练习：使う　食べる　勉強する

　　实验：五段动词→　読む　使う　渡る　消す

　　　　　一段动词→　起きる　食べる　決める　捨てる

　　　　　サ变动词→　勉強する　予約する

　　　　　力变动词→　来る

‖ 实验二　动词"て形"活用的正误判断 ‖

　　实验内容：呈现 10 组动词"て形"的活用变化，每组 1 个动词、3 种活用变化。动词中一半为两个班均学过的单词，一半为两个班尚未学过的单词，出现顺序随机。受试需要判断 30 个动词的"て形"是否正确。

练习：変える→変えて　指す→指って　帰る→帰て

实验：来る→来て　　来る→来って　来る→来んで

　　　する→して　　する→しって　する→しんで

　　　休む→休んで　休む→休って　休む→休いて

　　　持つ→持て　　持つ→持って　持つ→持んで

　　　……

‖ 实验三　动词"て形"活用变化 ‖

实验内容：呈现 23 个动词，其中一半为两个班均学过的单词，一半为两个班尚未学过的单词，出现顺序随机。受试需要判断该动词的"て形"，并作出语音反馈。考虑到受试的口语水平和语音反馈的测试模式，动词标注了读音。受试在规定时间内反馈完后自动进入下一题。实验三无练习，指导语结束后直接进入正式实验。

五段动词　使う→　書く→　消す→　待つ→　死ぬ→

　　　　　読む→　渡る→　帰る→

一段动词　起きる→　食べる→　始める→　出る→

　　　　　見る→　　借りる→　つける→　忘れる→

　　　　　寝る→　　させる→

サ变动词　勉強する→　掃除する→　散歩する→

　　　　　帰国する→

カ变动词　来る→

‖ 实验四　翻译句子 ‖

实验内容：呈现五个汉语句子。因为本实验的主要目的为测试受试对活用形"て形"的应用，所以翻译方向皆为汉译日。考虑到受试的口语水平和语音反馈的测试模式，句中使用的单词一并给出，并标注了读音。受试需要将汉语翻译成日语。受试在规定时间内反馈完后自动进入下一题。实验四无练习，指导语结束后直接进入正式实验。

小王正在游泳。　游泳→泳ぐ

爸爸正在房间里看报纸。房间→部屋　　报纸→新聞

看→読む

现在正在下雨。现在→今　　下→降る　　雨→雨

妈妈打扫完房间后出去了。

打扫→掃除する　　房间→部屋　　出去→出かける

弟弟去了图书馆，然后在那里学日语。

图书馆→図書館　　学→勉強する　　日语→日本語

刺激·探测界面的设计方案如下。

① 呈现时间：实验一和实验二的呈现时间为"无限时间"，要求受试必须对探测问题做出相应的反应之后，方能继续余下的实验，否则就会一直停留在同一个刺激·探测界面上。实验三的呈现时间为800ms，实验四的呈现时间为1500ms。时间到了之后，无论受试是否按照实验要求做出语音反馈，屏幕都会自动切换到下一个刺激。

② 呈现方式：实验一和实验二的呈现方式为"反应消失"，要求受试在实验中必须按照指导语的要求按键做出反应，如实验一中受试必须按下"S""F""K"键中的任意一个键，屏幕才会自动呈现下一个刺激。受试如果不按任何键或者按下其他键，屏幕都不会切换到下一个刺激。实验三和实验四的呈现方式为"自动消失"，无论受试是否按照实验要求做出语音反馈，呈现时间到了之后，屏幕都会自动切换到下一个刺激。如果受试不做反应，则实验后导出的数据就会显示反应缺失。

③ 呈现形式：为防止日语出现乱码、格式错乱的情况，实验中所有刺激都以图片的形式呈现。每道题制作成一张图片。例如，实验一中的每个动词（如"読む"）、实验二中的每一组活用变化（如"来る→来て"）、实验四中的每一个句子（包括提示的单词，如"小王正在游泳。游泳→ぐ"）均单独制作成一张图片，作为一个 Trail。

④ 反应方式：实验一和实验二采用的是"键盘反应"，受试直接使用实验电脑自带的键盘进行反应；实验三和实验四采用的是"语音反应"，受试使用 E-Prime 的响应盒（SR-BOX）中的麦克风进行反应。

⑤ 数据收集：实验一和实验二收集受试的反应时和反应正误，如实验一收集受试判断的动词类型是否正确，以及做出判断所花费的时间。实验三和实验四收集受试的反应时和语音反馈的结果，如实验四收集的是从 Trail 的呈现到受试语音反馈结束的时间，包括输入、受试阅读试题、加工、完成语音反馈的整个时间段。反应时由 E-Prime 软件自动收集，可直接导出；反应正误如事先输入正确答案，则可直接导出正确率；语音反馈只能直接导出录音文件，评分必须另行指定评分员进行。需要注意的是，反应正误正确率的导出只限于每个受试的总体正误率，如需更精细的判断，例如想要考察学习过的动词与未曾学习过的动词之间的正确率差异，则须导出每个受试的整体原始数据，另行统计。

（4）反馈界面

反馈界面的作用是对受试的反应做出正确或错误的反馈，对错误的反应做出提醒或警示，对正确的反馈进一步予以强化。通过反馈，使受试的反应尽可能地符合反应规则和实验要求。本实验只有实验一和实验二的练习部分设置了反馈界面，正式实验过程中无任何反馈。并且，练习部分反馈界面的内容仅显示"实验成功"，告知受试其在练习过程中的操作方式正确，可以开始进行正式实验了。

　　之所以这么做是为了尽可能地保证实验的生态效度，进一步简化实验程序。一方面，在实际教学过程的语法测验当中，学习者并不能在测验的过程中即时得到反馈。如果在实验的练习或正式实验中给出反应正确或错误信息，有可能提示受试，干预其反应结果。例如，实验一的动词只有三种类型，如果在每判断完一个动词的类型之后就即时给出正误反馈，一些本来已经忘记动词判断标准的受试则可能在实验过程中摸索出相应的规则。如果给出的是反应时间或累计正确率等信息，则可能加重受试的精神负担和焦虑情绪，从而影响实验效果。另一方面，实验过程中刺激界面的呈现方式采取的是"反应消失"和"自动消失"两种方式，受试做出反应之后，实验程序便会在短时间内切换到下一个刺激界面，因此，即使没有反馈界面也不会干扰受试的实验过程。

　　反馈界面的设计方案如下。

　　① 呈现时间：反馈界面的呈现时间设置为 800ms。因为反馈界面的内容仅显示"实验成功"，并未提示正误或反应时信息等，所以不需要受试进行过多注意，只需引起受试的觉察即可。

　　② 呈现方式：反馈界面的呈现方式设置成"自动消失"。因为反馈界面的作用仅为告知受试其在练习过程中的操作方式正确，可以开始进行正式实验，并没有太多信息，只要受试能感知到即可，所以无需设置任何按键。

　　③ 呈现形式：一般来说，正确信息的反馈用较为柔和的蓝色显示，错误或起警示作用的信息用醒目的红色显示。本实验中的反馈信息用蓝色显示，字号为 36 号，位于屏幕正中央。

　　④ 反应方式：自动消失的呈现方式不要求受试进行任何的按键操作或反应。

　　⑤ 数据收集：反馈界面不需要受试进行反应，也无需采集数据。

（5）刺激间隔

刺激间隔的作用是按照实验的需求，用来延迟下一个界面（刺激或目标）的出现。刺激间隔一般来说有三种形式：ISI——从前一个刺激的终止之处到后一个刺激的起始之处；SOA——从前一个刺激的起始之处到后一个刺激的起始之处，即 ISI+ 刺激的呈现时间；Interval——刺激与目标、目标与其他界面间的间隔。本实验中只设计了一种刺激间隔，就是 ISI，保证每个刺激之间存在一段空白过渡，给受试一个短暂的休息时间。

刺激间隔的设计方案如下。

① 呈现时间：刺激间隔的呈现时间为 100ms。因为这个空屏是存在于刺激与刺激之间的，只是给受试一个视觉缓冲，并不需要引起受试的觉察，所以无需设置太长时间。

② 呈现方式：刺激间隔的呈现方式为"自动消失"。

③ 呈现形式：刺激间隔为空白刺激，无须设置任何呈现形式。

④ 反应方式：无。

⑤ 数据收集：无。

（6）实验缓冲

实验缓冲放在一次 Trail 的末尾位置，可以使整个实验过程变得舒缓而流畅，受试不会感到应接不暇，能够较好地适应实验过程，特别适合存在多个分实验的实验程序设计。一般来说，反馈界面也可以起到实验缓冲的作用，因为本实验除了实验一和实验二的练习部分之外都没有设置反馈界面，所以在实验一、实验二和实验三的结语之前都设置了一个实验缓冲。从实验效果来看，设置了实验缓冲确实能够让受试较好地把握实验的节奏。例如，在实验二当中，受试需要在短时间内连续判断 30 个动词"て形"的正误，一旦做出反应之后就进入到注视点，随后马上进行下一个词的判断，这时受试会因接二连三地进行实验而没有任何喘息的机会感到急促和紧张，不利于实验的进行。

虽然实验缓冲与刺激间隔不同，不是不可或缺的部分，只起到美化和修饰实验过程的作用，但是对于分实验较多、实验设计复杂、需要多次实施的追踪实验而言，实验缓冲的作用是不可忽视的。良好的实验体验能够舒缓受试的心情，便于多次开展实验，确保实验效果。

实验缓冲的设计方案如下。

① 呈现时间：实验缓冲的呈现时间为 1000ms。这个空屏是存在于分实验和分实验之间的，需要比刺激间隔的时间更长一些，给受试一个喘息的时间。

② 呈现方式：实验缓冲的呈现方式为"自动消失"。

③ 呈现形式：实验缓冲为空白刺激，无须设置任何呈现形式。

④ 反应方式：无。

⑤ 数据收集：无。

（7）结语

结语用来告诉受试实验结束，并感谢受试的参与。本研究的实验分为四个分实验，一共有四个结语，前三个分实验结束后分别有一个承上启下的小结语，例如，"实验一已结束，即将进入实验二，请您做好准备!"，"感谢您的配合，实验三已结束，即将进入最后一个实验，请您做好准备!"。实验四结束之后有一个总结语——"您已经完成了所有实验，非常感谢您的支持!"

结语的设计方案如下。

① 呈现时间：结语界面的呈现时间是 1000ms。该界面只呈现实验结束的信息，不需要设置过长的时间。

② 呈现方式：结语界面的呈现方式是"自动消失"。

③ 呈现形式：结语界面以图片形式呈现。结语信息用黑色显示，字号为 36 号，位于屏幕正中央。

④ 反应方式：无。

⑤ 数据收集：无。

3. 本研究中 E-Prime 实验的组织与实施

上文简单介绍了 E-Prime 实验程序的设计原则、实验结构、控制要素、过程、类型、模式等基本原理，详细说明了本研究中 E-Prime 实验的具体设计。现同样以动词"て形"活用规则实验为例，进一步说明本研究中 E-Prime 实验的组织与实施。在实验中，笔者即为主试者，主试助理由一位心理语言学专业的硕士研究生担任。

（1）实验前

实验的准备工作主要包括两个方面：一是实验环境的准备，二是受试的培训。实验环境的准备主要指目标机器的调试；受试的培训主要指实验前的实验步骤讲解和上机操作练习。因为之后的多次实验使用的是相同的机器，所以上机操作练习只需要在第一次实验前实施一次即可，但每次实验之前都必须根据实验内容进行实验步骤的集中讲解。

本实验在福建师范大学外国语学院心理语言学隔音实验室中进行，使用的是实验室中一台专用于 E-Prime 实验的计算机，外接 SR-BOX 响应盒。实验前，将主试于私人计算机上设计的实验程序包（包括设计文件、脚本文件、实验材料文件和指示性图片文件）拷贝到实验室的计算机上，确认目标机的运行环境（E-Run）、配置参数和附件（键盘、SR-BOX、麦克风）齐全，之后进行实验程序的调试与运行。在运行实验之前，主试输入提前编制好的受试编号（Subject Number）和实验组别（Session Number）等个人信息。

本研究于正式实验开始前一周对受试进行实验流程的集中讲解和上机操作培训，以最大限度保证实验流程的顺利和实验效果的最佳化。讲解实验步骤时采用集中讲解的形式，将所有受试集中于实验室，一边展示实验工具，一边使用 PPT 详细说明实验步骤，为受试答疑解惑。讲解的内容涉及实验流程、实验操作和注意事项三个部分。

第一，实验流程。本研究使用PPT向受试说明实验流程，为防止受试刻意准备，只告知受试实验主题，但不告知测试的具体题型，也不列举实验内容相关的例子。具体内容包括：① 实验主题——"本次实验考察的主题是动词'て形'活用规则的相关内容"；② 实验结构——"一个实验由四个分实验组成，做完一个之后直接做下一个，中间没有休息，整个实验大约耗时15分钟"；③ 实验步骤——"当天下午，请大家于两点半集中在307教室等待，等待的时候可以携带教材自行复习，并将手机上交给管理老师（主试助理）。之后，按照学号顺序一个一个进入隔音实验室进行实验，完成实验的同学返回307教室，通知下一名同学开始实验，然后取走随身物品后随即离开，不准逗留"。

第二，实验操作。主试事先设计了一个专门用于操作讲解的全过程小实验，由两个核心实验过程并联组成，第一个实验为"颜色正误判断"的按键反应实验，第二个为"重复句子"的语音反应实验。由主试助理负责操作实验工具，主试讲解实验流程："进入隔音实验室后坐在实验计算机前面的椅子上，开始阅读指导语。确定明白了实验内容之后，按下'Q'键开始练习。第一个实验的内容是'颜色正误判断'，计算机屏幕上会出现一个带有颜色的正方形和一句对颜色进行描述的话，如果您认为描述是正确的，就按键盘上的'S'键，如果您认为描述是错误的，按'K'键，按完之后会自动切换到下一题。第二个实验的内容是'重复句子'，计算机屏幕上会出现一句日语，您看完之后对着这个麦克风大声把句子读出来，什么按键都不用按，设定的时间到了之后就会自动切换到下一句话。如果您来不及在规定的时间内说完这句话，界面也会自动切换到下一句话。"

第三，注意事项。主试告知受试，实验结束后会支付给他们相应的报酬，同时提前给受试讲解一些在日常实验过程中经常遇到的问题，以免因受试的误操作导致实验无效或出现误差。例如："在进行键盘反应的时候可以事先把手指放在相应的按键上，以便进行快速反应"，"如果按错了键，那么界面是不会自动切换到下一题的，必须保证按照要求进行反应"，"语音反应时对麦克风说话一定要大声，否则麦克风可能收不到音，导致反应无效"，"实验中的练习部分是可以反复进行的，如果觉得还没有很明白，可以选择重复实验直到彻底掌握，并且练习的时间是不计入反应时"，"本实验结果只用于学术研究，不计入学习者的平时成绩或期末成绩"，等等。

讲解完之后，让受试单独上机操作，完成主试设计的操作讲解专用的全过程小实验。上机操作期间，依然会有许多受试遇到问题，这时主试必须结合正式实验的内容及时为其答疑解惑。例如，告知受试按键反应的实验是不能更改答案的，所以在练习时最好可以在脑海中回忆一下活用规则，不要着急开始实验，因为一旦开始就无法随意暂停；告知受试在语音反应的实验中可以修改答案，如果说错了，可以口头进行修改，但是这样做也会加长反应时间；等等。

（2）实验中

实验当天，主试位于隔音实验室内，以防受试在实验过程中遇到意想不到的麻烦，便于随时解答受试的疑问。主试助理位于等待室，管理其他受试及其随身物品（主要是手机），等待期间受试不允许交头接耳，已经完成实验的受试应在取走随身物品后立即离开。收取受试手机的目的在于防止已经完成实验的受试通过短信、微信等方式与其他受试交流实验内容。原则上要求所有受试在同一天完成实验，如有受试因特殊情况请假，为免受试间沟通实验内容，不再另择时间对该受试进行单独测试，即该受试不再参与本次实验，但是可以参与其他实验。

本研究采用的是个体实验的方式，即受试单独进入实验室内进行实验，防止团体实验带来的受试间干扰及作弊等问题。由于参与实验的受试人数较多，耗时较长，实验数据容易发生混乱，所以在每位受试完成实验之后，主试必须立刻检查该受试的个人信息是否正确、反应数据是否正常，然后随即将数据进行备份，防止保存在公共计算机上的数据被意外删除。

（3）实验后

实验结束后，首先检查是否及时收集和备份了所有受试的所有数据。其次，给予受试相应的报酬。本研究需要实施多次实验，因此在最后一次实验结束之后，一次性向所有受试支付了报酬。最后也是最重要的，便是处理略显杂乱的原始数据。

首先，将每个分实验的数据分为两大类：反应内容和反应时。实验一和实验二是"按键反应"实验。实验一的反应内容为动词类型判断的正确率，反应时为受试判断动词类型花费的时间；实验二的反应内容为动词活用规则正误判断的正确率，反应时为受试判断正误花费的时间。反应内容和反应时这两项数据系统都会自动记录。但是，本研究为了能够对数据进行更为深入的分析，除了系统自动记录的正确率之外，由主试和主试助理以文本形式记录下每位受试在实验一和实验二中的反应内容。因为实验一和实验二中的刺激（即日语动词）是以随机形式呈现的，系统记录的数据只包括了刺激出现的序号及受试的正误反应。如果想要考察已经学过的动词、未曾学过的动词是否会影响受试对动词类型、动词活用规则的判断正确率，或是动词的不同类型是否会影响受试对动词类型、动词活用规则判断的正确率等，就必须依靠这些以文本形式记录的详细数据。实验三和实验四为"语音反应"实验。实验三的反应内容是受试的动词"て形"的活用变形，实验四的反应内容是句子的日译文；反应时为呈现刺激到受试完成语音反应的时间。这两项数据系统同样会自动记录，但与实验一和实验二不同的是，实验三和实验四的反应内容为音频，需要将其转写为文本方能进行评分。需要注意的是，转写时必须遵守"忠实性原则"，要将受试的口误、自我修订等部分原封不动地转写下来。

其次，对受试的实验反应进行评分。如上所述，受试的实验反应分为反应内容和反应时两个部分，这两个部分的评分既相互独立又相互关联。总体的原则是以反应内容的正确性为前提。也就是说，只有受试的反应内容正确，才计算其反应时得分；如受试的反应内容错误，则反应时得分为零。权重的设定以分实验的难度为基准，例如：实验一动词类型判断难度较易，每题分值 1 分；实验二动词"て形"活用规则正误判断难度为易偏中，每题分值 1.5 分；实验三动词"て形"活用难度为中，每题分值 3 分；实验四翻译句子难度为中偏难，每题分值 5 分。实验一、实验二与实验三为客观题，由系统自动评分。实验四的翻译句子为主观题，组织两名评分员进行评分。为保证评分的客观性，本研究邀请主试及主试助理之外的日语专业教师担任评分员。对句子译文的评分标准注重权重的设置，因为本实验的主要考察目的为受试对动词"て形"的掌握，所以句中如出现动词活用形的错误扣 3 分，出现格助词使用错误、时态错误等情况酌情扣除 0.5~1 分，考虑到学习者的学习阶段和语言水平，单词读错不扣分。

反应时的评分方式为 3 档计分。每一道测试题的反应时总分与该题原有总分保持一致，错误答案不计反应时得分，正确答案以全体受试反应时得分的最小值、最大值与中位数为基准确定 3 档评分标准。例如：在实验三中，所有受试反应时数据的最小值为 850ms，最大值为 4356ms，中位数为 2175ms，则该实验的 3 档计分标准为 850~2000ms 得 3 分、2000~3200ms 得 2 分、3200~4356ms 得 1 分，中位数正好落在第二档得分上，答错不计分。

受试在实验中的最终得分（即总分）为正确率的得分加上反应时的得分之和。以实验三为例，一道动词"て形"活用测试题的总分为 3 分，则该题的反应时总分也为 3 分。如一名受试的反应内容是错误的，则该受试的正确率得分为零，反应时得分为零，总分也为零；如该受试的反应内容正确，则其正确率得分为 3 分，再看反应时，反应时为 2475ms，位于第二档（2000~3200ms），得 2 分，因此，该受试的最终得分为 5 分（正确率 3 分 + 反应时 2 分）。这样一来，我们既可以像笔试实验一样，考察受试在动词活用规律掌握上的正确率差异，也可以充分发挥 E-Prime 实验的优势，测量受试在反应速度上的差异。

（三）辅助量具的设计与应用

本研究中，语法测试题库和 E-Prime 行为实验为主要测量工具，调查问卷与个人访谈为辅助测量工具。

1. 调查问卷的设计与实施

本研究以调查问卷为辅助测量工具之一，目的是更好地收集参与者反馈，提高研究结果的解释性效度。解释性效度指的是准确地描述参与者附加到研究者正在研究的内容上的意义，更具体地说，它指的是研究参与者的观点、想法、感受、意图以及经历达到研究者准确理解及准确描述的程度。最重要的应该是理解研究参与者内心的主观世界，而解释性效度指的就是呈现这些内心世界的准确程度。

精确的解释性效度需要研究者深入了解参与者的思想，从参与者的视角去理解事情，从而有效地解释这些观点。例如，在形容词和动词活用形测试的实施过程中，本研究配合 E-Prime 行为实验，实施了"有关形容词活用体系习得的问卷调查"和"有关动词活用体系习得的问卷调查"。问卷题目根据形容词和动词的教学、实验内容设计，量表采用李克特五级量表，进一步调查学习者的学习状况、实验状况、对术语名称的掌握、"组装型" / "集成型"思维与习得效果之间的相关性等。实施调查问卷的原因有以下两点：第一，在实施形容词和动词活用规则相关的行为实验之后，本研究得出了实验班与对照班学习者的习得效果存在差异的结论。这说明了语法体系中"组装型" / "集成型"思维的差异会影响学习者对活用规则的习得效果。而调查问卷的实施，能够在不干扰实验的前提下有效还原学习者的认知过程，有助于研究者进一步了解潜藏在行为背后的认知因素。第二，术语名称的学习是融合于用言活用规则习得的过程中的。以动词活用规则的习得为例，"一类动词""二类动词"等词类术语名称与动词类型的判断有关，"连体形""连用形"等活用形的术语名称与活用规则的掌握有关。单独对初级学习者术语名称的掌握情况进行测试，如"动词的连体形是什么形式""以下各个形式中哪个才是动词的未然形""动词的连用形是什么意思"等，既脱离了教学语法"实用性"的初衷，又与教学环境脱节，没有任何意义。因此，在行为实验得出客观数据的基础上，通过调查问卷简要询问学习者对不同语法体系的术语的记忆难度、功能作用等，有助于进一步明晰术语与习得效果之间的关系。

2. 个人访谈的设计与实施

个人访谈针对在某些测试中出现特殊（意外）表现的学习者实施，以对现象做出更加科学合理的解释。在测试或对实验数据进行分析、解码的过程中，常常会遇到一些意料之外的偏误现象，并且，这些偏误现象的发生往往具有一定的群体性，并非个案。例如，在测试动词"て形"的翻译题中，采用日语教学语法体系教材的标日班有三名受试（12.5%）在汉译日时直接以"て形"来结句，将"爸爸正在看报纸"翻译为"お父さんは新聞を読んで"（正确答案应该是"お父さんは新聞を読んでいる / 読んでいます"），将"小孩子们在屋子里玩耍"翻译为"子供たちが部屋で遊んで"（正确答案应该是"子供たちが部屋で遊んでいる／遊んでいます"），而简明班并没有出现这一现象。并且，这种现象不仅发生在该次实验中，在之后的单元测试、期末测试中，标日班都出现了类似的情况。实验后，对上述三名受试做个人访谈，询问发生这种现象的原因，但三名受试都没有给出明确的答案，只表示"测试的时候觉得这个就是完整的句子，没有多想"。

四　本章小结

本章主要说明本研究的总体设计，主要内容分为三部分。

第一部分围绕研究目标提出三个研究问题：①从教学语法的角度看，学校语法体系与日语教学语法体系的差异是什么？②不同语法体系的差异对中国日语学习者初级核心语法项目的习得效果产生什么影响？③造成学习者习得效果差异的认知因素是什么？

第二部分具体介绍研究开展的阶段流程：准备阶段→先导研究→正式研究。①准备阶段的任务是理论研究准备和量具的构建。理论研究部分回顾国内外有关我国日语语法教学教材中体现的学校语法与日语教学语法体系的差异研究，并在此基础上以两套语法体系的教材为载体，对照、归纳两套教材的初级核心语法项目在教学思路、教学逻辑、教学理念、教学方法上的异同。量具的建构则包括测试题库的建设、E-Prime 行为实验的设计与实施以及问卷调查和个人访谈等辅助测量工具的设计与完善。②先导研究的主要任务是对测试题（包括笔试及 E-Prime 实验）中客观题量具的信度、效度进行检验，然后根据检验结果修改客观题量具，追加、修改主观题测试的维度。③正式研究采用准实验研究法，测试时间跨度两个学年，参加测试的是福建师范大学英语专业的零基础二外日语学习者，具体的测试内容如表 2-1 所示。

表 2-1　本研究的测试内容

序号	测试项目	测试手段	测试目的
1	五十音图测试	笔试	学习者对日语假名的掌握程度
2	"です"活用测试	笔试	学习者对"です"活用的掌握程度
3	"ます"活用测试	笔试	学习者对"ます"活用的掌握程度
4	形容词活用测试	E-Prime 实验	学习者对日语形容词活用的掌握程度
5	"て形"活用测试	E-Prime 实验	学习者对动词"て形"活用的掌握程度
6	"た形"活用测试	E-Prime 实验	学习者对动词"た形"活用的掌握程度
7	"ない形"活用测试	E-Prime 实验	学习者对动词"ない形"活用的掌握程度
8	活用形综合测试	E-Prime 实验	学习者对动词五种活用形的综合掌握程度
9	格助词综合测试 I	笔试	学习者对五个格助词的掌握程度
10	格助词综合测试 II	笔试	学习者对所有格助词的掌握程度
11	授受动词测试	笔试	学习者对授受动词活用及应用的掌握程度
12	被动态测试	E-Prime 实验 + 笔试	学习者对被动态活用及应用的掌握程度
13	使役态测试	E-Prime 实验 + 笔试	学习者对使役态活用及应用的掌握程度
14	可能态测试	E-Prime 实验 + 笔试	学习者对可能态活用及应用的掌握程度
15	敬语体系测试	笔试	学习者对敬语体系应用的掌握程度

　　第三部分按照"理论指导实践"的原则，具体说明本研究中量具设计的原则、方式和应用。本研究中使用的主要量具为语法测试题库和 E-Prime 行为实验，辅助量具为问卷调查和个人访谈，主要内容如下。

　　（1）语法测试题库的建设。① 明确理论支撑。参照卢福波（2010）提出的对外汉语语法教学基本原则中的实用原则、针对原则、类比原则和解释原则。② 实现初级核心语法项目的确定与教材内容的对标。将我国日语语法教学中的初级核心语法项目认定为助动词"です""ます"的活用、形容词活用、动词活用、格助词的使用、被动·使役·可能语态的活用变化及应用、授受动词的应用、敬语体系七项。③ 确立测试内容的理论框架：助动词"です""ます"、形容词和动词的活用规则体现了"组装型"与"集成型"教学思维的差异；形容词、动词的词类名称、用言活用形的名称体现了"意义型"与"形态型"术语命名方式的差异；格助词的教学内容体现了"模块化"与"零散化"教学逻辑的差异；动词各活用形式与活用规则体现了"简体为本"与"敬体优先"教学理念的差异。而在被动·使役·可能语态的活用变化及应用、授受动词的应用和敬语体系上，两套语法体系没有显著差异。本研究以助动词"です""ます"的活用、形容词活用、动词活用、格助词的使用为依据，从证实的角度论证两套语法体系的差异对学习者语法习得效果的影响；以被动·使役·可能语态的活用变化及应用、授受动词的应用、敬语体系为依据，从证伪的角度尝试论证在其他实验条件不变的情况下，语法体系如无差异，则学习者的习得效果也没有显著差异。

（2）E-Prime 实验的设计与实施。① 明确理论支撑。参照曾祥炎（2014）简要说明 E-Prime 实验设计的基本原则：结构化原则、模式化原则和流程化原则。E-Prime 实验程序设计的结构有：指导语、注视点、刺激界面、探测线索、探测界面、反馈界面、刺激间隔、实验缓冲、结语界面、掩蔽界面；E-Prime 实验控制的要素有：呈现时间、呈现方式、呈现形式、反应方式和数据收集；E-Prime 实验的过程分为全过程、核心实验过程；E-Prime 实验的类型分为单一实验、复合实验；E-Prime 实验的模式分为单一模式、并联模式、串联模式、相嵌模式、平衡模式。② 以简明班的动词"て形"活用规则实验为例，说明本研究中实施的E-Prime 行为实验的概貌：本实验属于全过程实验，包括指导语、核心实验过程和结束语三个组成部分。从实验类型来看属于复合实验，整个实验由四个分实验（独立的核心实验过程）组成，分别是动词类型判断、动词活用规则正误判断、动词活用变形、句子翻译。从实验模式来看属于并联模式，实验设计由四个储存不同实验材料及相关控制的 List 和四个 CEP 组成，四个过程上下组成并联关系。实验流程为：总指导语（实验一指导语）→实验一练习→练习结束提示→实验一实验→实验一结束休息 //→实验二指导语→实验二练习→练习结束提示→实验二实验→实验二结束休息 //→实验三指导语→实验三实验→实验三结束休息 //→实验四指导语→实验四实验→总结束语。③ 本研究中 E-Prime 实验的组织与实施：实验前准备实验环境、调试目标机器、培训受试（讲解实验步骤、指导上机操作）；实验中为避免团体实验带来的受试间干扰及作弊等问题，采用个体实验的方式，即受试单独进入实验室内进行实验；实验后检查是否及时收集和备份了所有受试的所有测试数据，给予受试相应的报酬，处理原始数据。

（3）调查问卷和个人访谈。在笔试和 E-Prime 行为实验之外实施调查问卷是为了更好地收集参与者反馈，提高研究结果的解释性效度：在不干扰实验的前提下有效还原学习者的认知过程，有助于研究者进一步了解潜藏在行为背后的认知因素。本研究中个人访谈以在某些测试中出现特殊表现的学习者为对象实施。

第二部分　文献回顾

　　第二部分的两章回顾与本研究相关的文献。第三章梳理、归纳与学校语法、日语教学语法两套语法体系的差异及其各自存在的问题相关的国内外研究，旨在提供研究背景，分析两套语法体系的差异于教学过程中的具体体现。第四章总结国内外与语法习得效果评价标准相关的研究，并在此基础上评析关于日语学习者核心语法项目习得效果的相关研究，进而在此基础上建构本研究的理论框架。

第三章 学校语法体系与日语教学语法体系的差异及其各自存在的问题研究

本章梳理、整合与学校语法体系和日语教学语法体系的学术主张、差异、存在的问题相关的国内外研究，分为三个部分。第一部分从词汇和语法两个层面分别概述学校语法和日语教学语法的学术主张，并在此基础上进一步从词类划分、动词活用体系等角度回顾关于两套语法体系差异的理论研究。第二部分描述我国学者和日本学者基于理论语法视角提出的学校语法和日语教学语法存在的局限性。第三部分总结前两部分的内容，并阐明相关文献对本研究理论框架构建的启发。

一 学校语法体系与日语教学语法体系的差异

我国的日语教学自新中国成立后起步，到 20 世纪 80 年代伴随着改革开放蓬勃发展。据统计，目前开设日语本科专业的高等院校达 500 所以上，如果加上职业技术学院、中专、社会培训机构等，那么这个数字还将翻上几番。在日语基础阶段的教学中，以日本传统的学校语法为中心的语法体系长期以来一直占据正统的地位。该体系历史悠久、系统完备、影响范围大，但并非十全十美，在教学和科研过程中也暴露出一些问题，因此不少学者开始尝试构建不同于此的语法体系，其中比较有影响力的是日语教科研语法体系和日语教学语法体系。日语教科研语法体系由于与现行学校语法体系差异过大，我国现行教材基本没有采用，而日语教学语法体系起源于日本的对外日语教学，在教学、实践中有一定的合理性，因此部分或主体引进这种语法体系的教材逐渐多了起来，近年来甚至呈现出在数量上超过使用学校语法体系教材的趋势。

彭广陆（2009）指出，学校语法和日语教学语法存在许多差异，二者在理论上的分歧主要表现在词类的划分和活用体系的认定上，而最根本的分歧在于判断"词"这个最基本的语法单位的标准上。因此，本书将从词类的划分和活用体系的认定两个方面着手，分别说明学校语法体系和日语教学语法体系的主张，并在此基础上回顾比较二者之间区别的相关研究。

（一）学校语法的主张

学校语法的三个基本语言单位是"句子"、"句节"和"单词"。句子是一个表达完整意义的语言单位，单词是一种语言中可以独立运用的最小的音义结合单位，而句节位于二者之间，是学校语法"独创"的语言单位。在不影响句意的理解和句子自然度的前提下，从语音上将句子能够切分开的地方全部切分开，这些切开的语言片段就是句节。例如，在"山路を登りながら、こう考えた。"这句话中共有7个单词，分别是"山路""を""登り""ながら""こう""考え""た"，而这7个单词组成4个句节："山路を""登りながら""こう""考えた"。（永山勇，1970）也就是说，一句话由一个以上的句节构成，而一个句节由一个以上的单词构成。

1. 学校语法的词类划分

词类指的是根据在句中所起的作用和活用的方法来分类的词

汇群。前文说明了"句节"这个概念在学校语法中的重要性。如图 1 所示，学校语法的词类划分首先就以是否可以独立成为句节为标准将单词分为"独立词"（自立语）和"附属词"（付属语）。独立词指的是可以单独成为句节的词，如"春""降る""雨"，而附属词指的是无法单独成为句节、必须和独立词一起使用的词，如"の""れる""た"等。接下来，再以能否活用将独立词和附属词分别二分。在独立词的范畴下，能够活用的词统称为用言。用言不仅能够活用，还能单独做谓语，具体包括词尾为ウ段假名的动词、词尾为イ的形容词以及词尾为ダ的形容动词。不能活用的独立词中，能够做主语的名词称为体言，不能做主语的有副词、连体词、接续词和感叹词。它们之间的区别在于：副词和连体词可以做修饰语，副词修饰用言，连体词修饰体言；接续词和感叹词不能做修饰语，但接续词与副词、连体词一样，在句中必须与其他词共同使用，表示接续的语义，而感叹词则无须与其他词共同使用，可以单独出现在句中。附属词的分类要比独立词简单，能够活用的为助动词，不能活用的为助词。总而言之，学校语法将词分为动词、形容词、形容动词、名词、副词、连体词、接续词、感叹词、助动词和助词十大类。

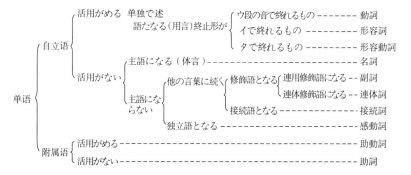

图 3-1　学校语法的词类划分

资料来源：永山勇『国文法の基礎』洛陽社、1970。

动词是表示事物动作和存在的词，根据活用规则可以分为五段动词、上一段动词、下一段动词、カ行变格活用动词和サ行变格活用动词。五段动词指的是词尾在ア、イ、ウ、エ、オ五个段上活用的动词。只在一个段上活用的动词则被称为一段动词，其中只在イ段活用的是上一段动词，只在エ段活用的是下一段动词。这三类动词的活用发生在同段不同行上，而カ行变格活用动词和サ行变格活用动词的活用则发生在同行不同段上，カ行变格活用动词的活用发生在カ行的イ、ウ、エ三个段上，サ行变格活用动词的活用发生在サ行的ア、イ、ウ、エ四个段上。

形容词和形容动词从语义上看，都是用来描述事物性质和状态的词，二者的不同之处在于活用规则。在学校语法中，之所以叫形容动词是因为它具有和动词ラ行变格活用相似的"なり""たり"两种活用形式，并非因为它具有动词的性质。

名词是表示事物名称的词，可分为固有名词、普通名词、数词和代名词四个类别。固有名词主要指地名、人名等某一事物专用的名词；普通名词指同一类事物通用的名词；数词表示数量（基数词）和顺序（序数词）；代名词为代替正式名称的词，包括人称代名词和指示代名词两类。

副词的主要语法功能是修饰用言（动词、形容词和形容动词），根据其修饰内容的不同，可分为详细描述动词作用状态的状态副词、修饰其他副词或特殊名词（场所、方向、时间、数量等）的程度副词以及不修饰陈述句的实际意义而对其陈述类型进行限定的陈述副词。

连体词是用来修饰体言（名词）的词，与副词一样，虽为独立词却不能活用，也无法做主语。学校语法并没有对连体词进行更细致的分类，只从形式上将其归纳为"～の""～が""～る""～な""～た/だ"等类型。

接续词指的是连接句节或者句子的词，以语义为基准可分为表示对等关系的接续词和表示条件关系的接续词，其中前者可分为并列、选择和添加类接续词，后者可分为顺接接续词和逆接接续词。

感叹词一般用来表示感叹、呼唤、应答等语法功能，可单独成句。

助动词主要接在用言之后，起到添加语法意义的作用，是学校语法中一个十分重要的词类。学校语法分别从语义、活用方式和接续方式三个角度对助动词做了详细的分类。从语义上来看，助动词可以分为使动（“せる”“させる”）、被动（“れる”“られる”）、可能（“れる”“られる”）、自发（“れる”“られる”）、尊敬（“れる”“られる”“せる”“させる”）、客气（“ます”）、否定（“ない”“ぬ”）、推量（“う”“よう”“らしい”“まい”）、否定推量（“まい”）、过去（“た”“だ”）、完了（“た”“だ”）、希望（“たい”“たがる”）、断定（“だ”“です”）、比况（“ようだ”）、传闻（“そうだ”）、样态（“そうだ”）十六种。从活用方式来看，助动词可以分为动词型活用（四段型、ナ变型、ラ变型、下二段型、下一段型）、形容词型活用、形容动词型活用、特殊型活用和无变化型五类。从接续方式来看，助动词可以分为用言接续形和体言接续形两类，前者接在动词词干、未然形、连用形、终止形、连体形和已然形等用言之后，后者主要接在体言及助词之后。

助词与独立词共同构成句节，表示句节和句节之间的语法关系，或为其添加一定的语法意义。助词按照语法功能不同分为格助词、接续助词、副助词、系助词、终助词、间投助词六类。格助词接在体言（包括活用词的连体形及助词）之后，表示其与其他词之间的语法关系（主格、连体格、连用格等）。学校语法中共有九个格助词：“が”“の”“を”“に”“へ”“と”“より”“から”“で”。接续助词接在用言或活用连语之后，用于句子或句节的连接，从语义上可分为表示假定条件和确定条件的条件接续助词，以及表示同时关系和顺接关系的并列叙述类接续助词。系助词接在用言之后，对其活用形起到一定程度的限制作用。副助词和副词具有相似的语法功能，主要用于修饰用言。终助词位于句末，主要表示感叹、咏叹、愿望、禁止、疑问、反问等语气。间投助词相对来说可以自由地接在体言、用言之后，通常位于句末或句节之后，用于调整语势和语调，增加情态。

2. 学校语法的活用体系

大多数用言及语气表达方式都要根据其在句子中的作用或与其他形式组合的需要而变化形式来表达相应的意思，这种形式的变化叫作活用，其变化后的形式叫作活用形。学校语法的活用形一共有六种：未然形、连用形、终止形、连体形、假定形和命令形。未然形（如"読ま / 読も"）最主要的用法是连接助动词"ない""ぬ（ん）"表示否定，连接助动词"う""よう"表示意志。连用形（如"読み / 読ん"）最主要的用法是连接其他用言（如"歩き出す"），同时也用于表示中顿（如"本を読み、字を習う"）、相应动词的名词形式（如"考えを話す"）、连接助动词"ます""たい""そうだ"和助词"て""ても""た""たり""ながら""に"等。终止形（如"読む"）最主要的用法是表示句子的终结，同时也可以与助动词"そうだ""らしい""まい"和助词"けれども""と""が""から""やら""とも""なり""ぞ""よ"等一起使用。连体形（"読む"）最主要的用法是连接体言（如"雨が降る日"），同时也可连接助动词"ようだ"和助词"の""のに""ので""ぐらい""ばかり""だけ""ほど""まで""かしら"等。假定形（如"読め"）主要与助词"ば"连用，表示假定条件等语义。命令形（如"読め"）从形式上看与假定形相同，但不与任何助词连用，表示命令的语义。由此可见，学校语法体系中活用形的命名方式具有以下两个特征：① 活用形的名称与内容并非一一对应。例如，未然形和连用形都有两种形式；终止形最主要的用法是表示句子的终结，但也可以

位于句中，与其他助动词、助词共同使用，等等。② 活用形的名称来源于该活用形最具代表性的用法，也可以说是语义，而并非基于形式。例如，表示否定的形式被称为"未然形"，即"没有成为事实"之义；表示命令的形式被称为"命令形"，等等。

学校语法的活用体系将词分为词干与词尾两部分，而活用通常只发生在词尾部分，词干部分不发生变化。当然，也有极少数动词（如"来る""為す"）没有词干和词尾之分。表 3-1 以基本形为轴心，从左往右按照未然形、连用形、终止形、连体形、假定形和命令形的顺序依次罗列出各类型动词词尾的活用形式。

表 3-1　学校语法动词活用表

	基本形	词干	未然形	连用形	终止形	连体形	假定形	命令形
五段动词	書く	か	か こ	き い	く	く	け	け
	読む	よ	ま も	み ん	む	む	め	め
上一段动词	落ちる	お	ち	ち	ちる	ちる	ちれ	ちろ ちよ
	見る	○	み	み	みる	みる	みれ	みろ みよ
下一段动词	答える	こた	え	え	える	える	えれ	えろ えよ
	出る	○	で	で	でる	でる	でれ	でろ でよ
カ变动词	来る	○	こ	き	くる	くる	くれ	こい
サ变动词	する	○	さ / し / せ	し	する	する	すれ	せよ しろ

　　资料来源：永山勇『国文法の基礎』洛陽社、1970。

（二）日语教学语法的主张

与学校语法不同，我们很难通过某一部语法书全面、系统地了解日语教学语法的主要内容，也暂时没有一部公认的语法书被认为是它的代表，就连正式出版的教材、教参等使用的术语也不尽相同，对该体系的把握也不完全一致，看不出是一个统一的体系（彭广陆，2011b）。本书以相对具有代表性和广泛接受度的寺村秀夫（1981、1984）和庵功雄等（2000）为参照，说明日语教学语法在词类划分和活用体系认定方面的主张。

1. 日语教学语法的词类划分

日语教学语法的词类划分与学校语法无本质不同，但为了使日语学习者更容易掌握而做出了相应的改变。日语教学语法将日语词汇分为以下九类：动词、名词、イ形容词、ナ形容词、副词、接续词、助词（格助词、并列助词、提示助词和终助词）、感叹词和连体词，但感叹词和连体词所包含的词语非常有限，其词类名称一般不太使用。

动词是指其词典形为ウ段结尾，且接续"～ます""～て/で""～ない"时形式有所变化（活用）的词。根据活用规则不同，动词可以分为三种类型：一类动词，相当于学校语法的五段动词，特点是活用时不变部分的词干以子音结束，也被称为子音词干动词或强变化动词；二类动词，相当于学校语法的一段动词，词干以母音的 -i 或者 -e 结束，也被称为母音词干动词或弱变化动词；三类动词是活用不规则的动词，相当于学校语法中的カ变/サ变动词，有时也被称作动名词。

名词是表示人或事物名称的词，特点是没有活用形式，后面可以接续格助词。

形容词修饰名词时，以イ结尾的形容词被称为イ形容词，以ナ结尾的形容词被称为ナ形容词。这两种形式和动词一样都有活用变化，只不过ナ形容词的词典形没有特定形式。

副词是修饰动词、形容词、其他副词的词，其作用是表示动作、状态情况或程度以及说话人的心情，没有活用形式。副词根据语义不同可以分为三类：表示动作及状态情况的状态副词；表示量或程度的程度副词；表示说话人心情的先导副词。

接续词是没有活用形式的词，既可以连接名词或名词短语，也可以连接短句或句子。

助词接在名词、动词或其他词后，没有活用形式，也不能单独使用。助词有以下四种类型：① 表示名词和谓词之间关系的格助词（复合格助词从作用上看也是格助词的一种）；② 放在名词和名词之间表示并列关系的并列助词；③ 表示说话人对听话人 /事物态度的位于句尾的终助词；④ 通过与格助词叠加使用或置换来表示说话人心情的提示助词。

2. 日语教学语法的活用体系

如前文所述，日语教学语法的活用体系很难通过某一部语法书全面、系统地了解，也暂时找不到一部公认的代表作。但是，一般认为其活用体系受寺村秀夫的影响比较大（野田尚史，2005）。下面从活用形的名称和活用表两个方面概述日语教学语法的活用体系。

日语教学语法中活用形的名称一共有 12 种：否定形（如"書かない"）、意志形（如"書こう"）、被动形（如"書かれる"）、使役形（如"書かせる"）、词典形（如"書く"）、可能形（如"書ける"）、命令形（如"書け"）、"ます形"（如"書きます"）、"て形"（如"書いて"）、"た形"（如"書いた"）、"たり・たら形"（如"書いたり・書いたら"）、"ば形"（"書けば"）。从这里我们可以看出，日语教学语法活用形名称的命名方式具有两大特点：第一，以活用形的词尾形态来命名，例如"ます形""て形"、"た形""たり・たら形""ば形"皆是如此；第二，把时态和语态等大部分的表达方式都当作活用形来看待，并直接以时态和语态的名称来命名，除词典形之外，否定形、意志形、被动形、使役形、可能形、命令形遵循的都是这个规则。

日语教学语法的活用体系表由两张表组成，一张是单纯的动词活用表（见表 3-2），另一张是加入了时态与文体的动词·形容词活用表（见表 3-3）。第一张动词活用表的构成十分简单，左边是活用形的名称，右边是对应的词例，并没有记录活用规则。第二张动词·形容词活用表略显复杂，涵盖了极性（肯定、否定）、时态（过去时、非过去时）和语体（客气形和普通形）。

表 3-2　日语教学语法体系动词活用表

活用形	词例
否定形	書かない
意志形	書こう
被动形	書かれる
使役形	書かせる
ます形	書きます
て形	書いて
た形	書いた
たり・たら形	書いたり・書いたら
词典形	書く
ば形	書けば
可能形	書ける
命令形	書け

资料来源：庵功雄・高梨信乃・中西久実子・山田敏弘編著『初級を教える人のための日本語文法ハンドブック』スリーエーネットワーク、2000。

表 3-3　日语教学语法体系动词·形容词活用表

词类	时态	肯定		否定	
		客气形	普通形	客气形	普通形
动词	非过去	書きます	書く	書きません	書かない
过去	过去	書きました	書いた	書きませんでした	書かなかった

续表

词类	时态	肯定		否定	
		客气形	普通形	客气形	普通形
一类 形容词	非过去	青いです	青い	青くないです	青くない
	过去	青かったです	青かった	青くなかったです	青くなかった
二类 形容词	非过去	元気です	元気だ	元気ではあり ません	元気ではない
	过去	元気でした	元気だった	元気ではあり ませんでした	元気ではなか った

資料来源：庵功雄・高梨信乃・中西久実子・山田敏弘編著『初級を教える人のための日本語文法ハンドブック』スリーエーネットワーク、2000。

（三）从理论语法角度看两套语法体系的差异

从理论语法的角度来看，学校语法和日语教学语法最重要的差异体现在词类的划分和活用体系的认定上，本书同样从词类的划分和活用体系两个方面梳理总结两套语法体系之间的差异。

1. 词类划分层面的差异

学校语法和日语教学语法在词类划分上存在巨大分歧，其根源在于判断"词"这一语法概念的标准不同。下面我们在国内外相关文献的基础上阐述两套语法体系在词的判定标准和词类范畴上的差异。

（1）词的判定标准的差异

学校语法重视语言形式，这里的语言形式实际上就是语音形式。（橋本進吉，1948；益岡隆志、田洼行则，1992；村木新次郎，2008）因此，在划分不同的语法单位时，学校语法主要是从语音形式出发，而较少地考虑意义。据桥本进吉（1948）记载，这么做的原因在于他认为以往以山田孝雄和松下大三郎为代表的语法理论都过于偏重语义，对语法形式的研究不足，他希望能够进行有益的补充和修正。于是，桥本根据语音形式对句子尽可能

地进行切分，把不能再细分的语法单位统统看作词。这种划分方
法直接导致他所认定的许多词在句中不能单独使用，即不能充当
语法成分，因此他在句子与词之间又设定了"句节"这样一级语
法单位。如此自然切割出来的句节，无论从意义上还是发音上，
抑或是从自然断句上都符合日本人的语言习惯，句节成为学校语
法的基本立足点，也是其词类划分的首要依据。（徐一平，2003）
也就是说，在学校语法的框架中，日语中的体言和用言这些实词
在大多数情况下都是不能独立使用的，体言必须和助词、用言必
须和助动词或接续助词搭配才能在句中独立使用。正因为如此，
学校语法体系中的最小单位虽然是词，但它一般不能独立使用，
即不能直接充当句子成分；能够在句中独立使用的是句节，而不
是词，词被降格为专门用来构成句节的语法单位——能够独立成
为句节的词是"独立词"，表示词汇意义；不能够独立成为句节、
只能依附于独立词、与之共同构成句节的词是"附属词"，表示
语法意义。一言以蔽之，学校语法框架中的语法单位是"语素—
词—句节—句子"。

　　也许因为学校语法中的"句节"这一概念与把词看作构成
句子的最基本的语法单位、把实词看作词汇和语法统一体的普通
语言学常识相悖，日语教学语法不再设立"句节"这一级语法单
位，词就是能够在句中独立使用的最小单位，即日语教学语法框
架中的语法单位是"语素—词（词组／短语）—句子"，与普通
语言学相同。此外，不再以"句节"为标准将词分为只表示词汇
意义的独立词和只表示语法意义的附属词，但考虑到日语"黏着
语"的性质，依然保留了助词这个词类，即承认日语的名词在句
中的使用是不独立、不自由的。但日语教学语法不像教科研语法
那样——不承认所有的助词；认为名词也像形容词和动词那样有
形态变化；"格助词"（格助詞）不复存在，转而定义为"格助辞"
（「格助辞」），成为表示名词格关系的构形后缀或名词的格尾。因

此，有学者认为日语教学语法的主张介于学校语法与教科研语法两个"极端"之间。（彭广陆，2011b）

（2）词类划分的差异

如前文所述，学校语法的词类划分兼具系统性与完整性，分为动词、形容词、形容动词、名词、副词、连体词、接续词、感叹词、助动词和助词十大类，且每个大类还可根据语义、活用方式、接续方式等标准下分为若干小类：动词根据活用规则可以分为五段动词、上一段动词、下一段动词、カ行变格活用动词和サ行变格活用动词；名词分为固有名词、普通名词、数词和代名词四个类别；副词根据其修饰内容的不同分为状态副词、程度副词和陈述副词；助动词可以分别从语义、活用方式和接续方式三个角度进行下位分类，其中基于语义角度的分类多达十六种；接续词可分为表示对等关系的接续词和表示条件关系的接续词；助词按照语法功能不同分为格助词、接续助词、副助词、系助词、终助词、间投助词六类。

与此相对，日语教学语法将日语词汇主要分为动词（一类动词、二类动词、三类动词）、名词、イ形容词、ナ形容词、副词、接续词、助词（格助词、并列助词、提示助词和终助词）七个大类，虽然依然承认感叹词和连体词两个词类，但因其所包含的词语非常有限，这两个词类名称一般不太使用。由此可见，日语教学语法的词类划分要比学校语法简单不少，不仅取消了助动词等词类，还大大缩减了名词、接续词、助词的下位分类，具体差异及变动原因如下。

第一，"助动词"的取消。日语教学语法承认"助词"的存在，基本不承认"助动词"的存在。例如，"桜の花が咲いた"这个句子，学校语法认为由"桜""の""花""が""咲い""た"六个词组成，而日语教学语法则认为由"桜""の""花""が""咲いた"五个词组成，即不承认"た"

这个助动词的存在，而将其认定为动词"咲く"的活用形，这导致日语教学语法的活用形比学校语法更多。日语教学语法取消助动词最主要的原因在于其不具备独立性，不具有成为词的资格。与英语的助动词不同，日语的助动词是日语的用言为了在句中使用时能够表示不同的语法意义或语法功能而采取的语法手段，也可以看作一种形态上的表现形式，它本身不具有独立性，不能单独构成句子成分——在它与它所接续的动词之间不能插入其他的词，因此它不具备成为词的资格，准确地说，它的性质是构形后缀或词尾。反言之，如果承认助动词作为词类存在的合理性，那么也就否认了日语用言的独立性，即在大多数情况下，用言必须与助动词（或接续助词）组合起来才能表示特定的语法意义和语法功能。同时，这种做法把作为词汇单位和语法单位的词（这里主要指用言）本应具有的词汇功能和语法功能这两个要素完全割裂，它意味着用言在大多数情况下仅能表示词汇意义，无法表示语义，也不具备语法功能。不少学者认为这种做法既不符合普通语言学的基本原理，也有悖于语言事实。（彭广陆，2007）

第二，"形容动词"的认定。日语教学语法取消了"形容动词"这个分类，将学校语法中的"形容词"称为"イ形容词"，将"形容动词"称为"ナ形容词"[①]，二者都属于"形容词"的下位分类。如果以语法功能的标准来看待的话，学校语法中的形容动词与形容词实际上并无本质上的差异，它们都是用来描述事物的性质和状态的，二者的差别只在于活用方式的不同。因此，学校语法将形容词和形容动词作为不同的词类处理显然是不合理的。（铃木重幸，1996；彭广陆，1998）也正因为如此，日语教学语法体系中取消了形容动词这个词类，只把它当作形容词的一

---

① 此说法目前尚无统一定论，各个学说之间存在差异。有部分学说将"イ形容词"称为"一类形容词"，将"ナ形容词"称为"二类形容词"。

个下位分类。后来，有学习者提出用汉语称呼"イ形容词"和"ナ形容词"不是太方便，提议将其改成一类形容词和二类形容词，正好与动词的分类相呼应。

此外，"形容动词"这个名称也容易让人产生误解。（彭广陆，2002）从构词来看，"形容动词"这个名称指的应该是带有形容词性质的动词，就像"动名词"一样，表示带有动词性质的名词。但事实上，就语法功能而论，现代日语中的形容动词的性质就是形容词，其不具备动词的基本特征，之所以称为形容动词是因为它具有和动词ラ行变格活用相似的"なり""たり"两种活用形式。

第三，"格助词"及"复合格助词"的认定。学校语法和口语教学语法都承认"格助词"的存在，认为它是助词的一个下位分类，但对于格助词范畴中的词，两套语法体系有不同的认定方式。学校语法认为格助词一共有九个，分别是"が""の""を""に""へ""と""より""から""で"；日语教学语法中格助词也是九个，但与学校语法不同的是，日语教学语法将学校语法中的副助词"まで"认定为格助词和提示助词，而将学校语法中的格助词"の"认定为"连体助词"。

① 我们先来看"まで"，学校语法将其认定为"副助词"，表示动作的着落点或时间、场所和事件的终点。日语教学语法取消了"副助词"，改设"提示助词"这一词类，将"まで"根据语义一分为二："3 時まで待つ"和"東京まで行く"中的"まで"是格助词，因为它是事件成立必不可少的句子成分；"妻まで彼に背いた""イナゴや芋の蔓まで食べた"中的"まで"则是提示助词，因为其前接名词和后接谓词之间已经存在一定的格关系，而此时的"まで"不仅包含了这种格关系，还突出了情态性评价。（寺村秀夫，1981）由此我们也可以进一步看出日语教学语法重视语义功能的特征。

②日语教学语法将"の"移出格助词范畴，并同样根据语义将其一分为二：一种是"连体助词"，另一种是"准体助词"。连体助词"の"的语法功能是连接不同的名词，表示它们之间错综复杂的关系，例如：表示所属关系的"学校の建物"，表示人际关系的"田中さんのお兄さん"，表示整体与局部关系的"冷蔵庫のドア"，表示位置基准的"銀行の隣"，表示同格关系的"局長の上岡"，等等。准体助词"の"的语法功能是代替前面已经出现过的名词，避免重复使用同一名词，如"この本はアンナさんのです""魚は生が一番だ。一度冷凍したのはおいしくない"中的"の"放在名词、动词之后，代替了"本""魚"等名词，有效地避免了重复。日语教学语法这么做的原因有以下两点：其一，其他格助词一般前接名词，后接形容词、动词等谓语，而"の"除了代替"が"在从句中做主语之外，连接的基本都是名词；其二，格助词一般不能彼此重叠使用，但大多可以后续"の"，如"両親からの手紙""図書館での勉強"等。（寺村秀夫，1991；庵功雄等，2000）日语教学语法体系的相关学者认为这些方面都显示出"の"的"格格不入"和"与众不同"。

③日语教学语法将"に対して""について""をもって"等词视为"复合格助词"，而不再是学校语法所认定的两个独立的助词。（彭广陆，2006）。从形式上来看，复合格助词大多来自"格助词+动词活用形"的形式，其中"に"、"を"和动词"て形"的组合占大多数，还有如"のおかげで"等"の+名词+其他格助词"的形式。从语法功能上看，这些复合格助词有时可以代替格助词表示名词与谓语之间的关系，但它们能够使"で"格等具有多种语义的格助词的意思表达得更加明确，还能表示出一些格助词不能表达或者难以表达的意思。（森田良行、松木正恵，1989）

第四，"连体词"的取消和"指示词"的新设。日语教学语法中一般不承认"连体词"的存在，并将"指示词"设定为一个独立的词类。（益冈隆志、田窪行则，1992；彭广陆，2002）学校语法中，连体词是用来修饰体言的词，与副词一样，虽为独立词却不能活用，也无法做主语。学校语法并没有对连体词进行更细致的分类，只从形式上将其归纳为"～の""～が""～る""～な""～た/だ"等类型。日语教学语法取消了这个词类，将其中的"～の"称为"连接名词和名词的助词"，将"我が国"的"～が"看作一个单词，将"～る""～な""～た/だ"等认定为动词的活用形。

此外，学校语法将"この""その""あの""どの"等视为连体词"～の"下位的一种表现形式，认为其是不可分割的，不能看作两个词。日语教学语法则将"こ""そ""あ"这些指示的部分单独提取出来，设定了"指示词"这个词类。日语教学语法认为，日语指示词的形式是"コソア＋句中表示功能的要素"，如"これ""それ""あれ"就是以"こ/そ/あ＋指物形式"构成的，其中在现场指示和语境指示上与指示词的使用方法有关的主要是"こ/そ/あ"的部分："こ"指说话人身边的事物或近处的事物；"そ"指听话人身边的事物或远处的事物；"あ"指离说话人不远不近的其他事物。根据在句中的用法，日语教学语法将指示词划分为以下类型（见表3-4）。

表3-4 指示词的类型

		指示词			疑问词
		コ	ソ	ア	
修饰名词		この	その	あの	どの
属性		こんな	そんな	あんな	どんな
代词	事物	これ（ら）	それ（ら）	あれ（ら）	どれ
	人	こいつ	そいつ	あいつ	どいつ
	场所	ここ	そこ	あそこ	どこ

续表

	指示词			疑问词
	コ	ソ	ア	
方向	こちら / こっち	そちら / そっち	あちら / あっち	どちら / どっち
副词	こう	そう	ああ	どう

资料来源：庵功雄・高梨信乃・中西久実子・山田敏弘編著『初級を教える人のための日本語文法ハンドブック』スリーエーネットワーク、2000。

2. 活用体系层面的差异

相关研究主要从活用形的名称、活用表的设定依据和排列方式三个角度出发，探讨学校语法和日语教学语法在动词活用表上的差异。

首先，活用形的名称不同。（宫島達夫，1972；原沢伊都夫，2010）如表 3-5 所示，日语教学语法在活用形认定上的最大特征就是遵循"一种形式一个名称"的原则。学校语法在本质上重视与日本古典语法活用形式的对应（永野賢，1986），因此出现一名多形或一形多名的现象，如词形相同的"書く"既是终止形也是连体形，而"書いて"的"書い"和"書きます"的"書き"都被称为连用形。在活用形名称的命名方式上，日语教学语法取消了"未然形""连体形""连用形"等学校语法中源于接续方式的名称，将其改为基于语义的"否定形""意志形"等。从名称的种类上看，日语教学语法取消了学校语法中"助动词"这一词类，这对活用体系产生了不小的影响：其一，学校语法中活用形相同、后续不同助动词的形式（如"書いて""書いた""書いたり・書いたら"）在日语教学语法中被视为不同的活用形——"て形""た形""たり・たら形"；其二，日语教学语法将动词的语态也纳入活用形的范畴，产生了"被动形""使役形""可能形"等活用形。

表 3-5　学校语法与日语教学语法活用形名称对照表

日语教学语法	学校语法	词例
否定形	未然形 + 助动词ない	書かない
意志形	未然形 + 助动词う / よう	書こう
被动形	未然形 + 助动词れる / られる	書かれる
使役形	未然形 + 助动词せる / させる	書かせる
ます形	连用形 + 助动词ます	書きます
て形	连用形 + 接续助词て	書いて
た形	连用形 + 助动词た	書いた
たり・たら形	连用形 + 助动词たり及其活用形	書いたり・書いたら
词典形	终止形、连体形	書く
ば形	假定形 + 接续助词ば	書けば
可能形	五段动词：可能动词 一段动词：未然形 + 助动词られる	書ける 食べられる
命令形	命令形	書け

其次，动词活用表的设定依据不同。学校语法的动词活用表可以看作一个大系统，下面包含动词类型、词构成、活用形三个子系统，而这三个子系统紧密围绕"活用"这一大系统的主题，彼此之间也存在交互关系。（工藤浩，1993）其中，动词类型的划分依据是动词词尾活用的范围和位置，例如：五段动词指的是词尾在ア、イ、ウ、エ、オ五个段活用的动词；只在イ段活用的是上一段动词；只在エ段活用的是下一段动词等，这亦是活用规则的一个体现。词构成明确区分了动词进行活用的部位——词干部分是活用中不变化的部分，发生变化的是动词的词尾。活用形的设定依据以动词的断续功能为主，如"终止形""连体形""连用形"；以特定的语法意义为辅，如"假定形""命令形"，在一定程度上兼顾了形式和意义。而其中的"形式"，也就是所谓

的"断续功能"指的是句子结句与否，未结句时后面接续的是体言还是用言，这些对活用形都是有要求的。换言之，"断续功能"对日语的活用形是规定性的，它形成了日语语法的一个特点，这也是我们强调"连体"和"连用"之于日语语法的重要性的原因之一。（彭广陆，2002）

与此相对，日语教学语法的活用表一共有两张。第一张活用表的主要设定依据是活用形。与学校语法不同，日语教学语法并未在活用表中体现动词的类型和构词，而是以一类动词为例，将重点放在活用形的总结上。活用形的设定依据为：①特定语法意义，如否定形和命令形；②动词的态，如被动形、使动形和可能形；③动词词尾的形态，如"ます形""て形""た形""たり・たら形""ば形"；④动词呈现的场所，如"词典形"。第二张活用表的设定依据是时态（过去/非过去）、极性（肯定/否定）和语体（客气形/普通形），这也是日语教学语法和学校语法最大的不同之处。学校语法的活用表中其实也涉及相关的活用形，但是未能像日语教学语法一样，将其整合成一个系统，体现出对实用性和交际功能的重视。

最后，排列方式不同。学校语法的活用形排列以"基本形"为轴心的特征十分突出，其余活用形只是根据语音的特点（五十音图顺序）"扁平"地排列在一起。有学者认为虽然这样做有便于记忆之利，但无法看出其体系性和内部结构，也未能突出一些重要的活用形的特殊地位。（彭广陆，2003）日语教学语法第一张活用表看不出排列的优先顺序，似乎是在学校语法活用表的基础上"修修补补"制作而成，既没有按照重要性，也没有按照语义、功能等分类排序，未能体现出系统性；第二张活用表则按照从左往右的顺序编制，左边根据"时"区分，右边先根据"极性"一分为二，再根据"语体"细分。（肖书文，2005）

二　学校语法体系与日语教学语法体系各自存在的问题

学校语法体系与日语教学语法体系各有所长，在日语母语教育与对外日语教育中发挥着重要的作用。但不可否认，二者同样存在着局限性，自问世以来均受到日本、中国学者的批判。学者们批判的角度虽有所不同，但都普遍认为两套语法体系存在的问题集中于词类划分与动词活用体系的制定上。本节将从这两个角度简要回顾两套语法体系的问题点。

（一）学校语法体系存在的问题

学校语法中广受争议的内容主要集中在句节的合理性、部分词类语法地位的合理性、动词活用表的合理性三个方面。（鈴木重幸，1972；鈴木康之，1991；彭广陆，2003；徐一平，2003；高橋太郎，2005；彭广陆，2007；等等）

第一，句节的合理性问题。学校语法中"句节"这一级语法单位的设置是以日语的语音特点和日语母语者的语感为依据的。桥本进吉（1948）认为，这样自然切割出来的句节，无论从意义上还是从发音上，抑或是从自然断句上都符合日语母语者的语言习惯，让其中任何一个人进行语音切割都不会出现个人偏差，具有客观、简明、形式化强等特点，因此成为学校语法的基本立足点。但很多学者却对"句节"的合理性提出了强烈的质疑。徐一平（2003）指出，真正要研究语法、解析语法结构，是绝不能忽视句子的意义的，但桥本语法不具备解析句子结构的系统性，即使像"赤い花が咲いた"这样一个简单的句子，按照句节理论也会出现句节"赤い"修饰句节"花が"这样的矛盾。尽管后来桥本提出了"连句节"的概念，但仍旧不能解释复杂多变的句子结构。

第二，助动词、形容动词等词类语法地位的认定问题。先来看助动词，日语是"黏着语"，在表示概念意义的词之后，要附加表示语法关系的词才能成句，这是日语的语言性质决定的。学校语法的奠基人之一大槻文彦将日语语法与西方语法作比较时，发现日语中的谓语词尾变化十分复杂，即存在"活用中还能产生新的活用"这一现象，于是便将这种附着于动词之后、本身就具有词尾变化的成分单独列为一类词，取名为"助动词"。但是，山田孝雄、松下大三郎、彭广陆等均认为从理论上来讲，不能承认助动词，因为大槻所说的"助动词"并非"可以单独表示任何思想内容"的词类，而只是构成动词活用词形变化一部分的"复合词尾"。（橋本新吉，1948；彭广陆，2003）再来看形容动词，语法功能上形容动词与形容词基本是一样的，都是表示事物的性质和状态，二者的区别在于活用形式不同：形容词以"い"结尾，词干不能单独使用，可以直接修饰名词；形容动词不以"い"结尾，修饰名词或动词时要加上"な"或"に"，作谓语时要以"だ"结尾。语法功能应是词类划分最重要的判定依据，将两个语法功能基本相同、仅活用形式不同的词划分为两个独立的词类有些不妥。

第三，动词活用表的制定问题。彭广陆（2003）在国内外相关研究的基础上将学校语法动词活用表的问题点做了如下归纳：① 标准不统一。六个活用形当中包含了性质不同、层次不同的存在，如有些活用形是词、有些却只是词素。② 所包含的词形不全面。该活用表中，如"よみます""よみました""よみませんでした"等许多本应被视为活用的形式却没有被包含进来。③ 排列方式不合理，缺乏语法范畴的观点。学校语法活用形的排列方式只是根据语音的特点平面地将活用形排列在一起，无法看出其体系性和内部结构。④ 似简实繁。该活用表中活用形的数量不多，看似简单易学，实则不然，因为要真正掌握该表中的活用形的使用方法，必须记住大量的与之相关的助动词的活用方式。⑤ 名实不符。该活用表的活用形名实不符，如"终止形"不应仅有"よむ"这一种形态，从所谓"断续"的功能（即该活用形是否可以使句子结束）来看，"终止形"还应该包括"よまない""よんだ""よんでいる""よもう"等形态，因为它们都具有终止（即结句）的功能。⑥ 没有准确地区分词干和词尾。学校语法的活用表是使用假名书写的，如果按照普通语言学的常识，把有形态变化的词的形态（活用形）中不发生变化的部分称为"词干"，把发生变化的部分称为"词尾"的话，那么将无法把所谓五段动词的词干和词尾准确地区分开来。⑦ 动词活用种类的名称令人费解。学校语法的"五段动词""上一段动词""下一段动词"等称谓在该语法体系的框架中自然不无其理据（它是根据词尾的第一个音节属于哪段的音来命名的）。但是，一旦改变了对词干和词尾（尤其是后者）的认定，这种理据也就站不住脚了。

（二）日语教学语法体系存在的问题

村木新次郎（1983）、谷口秀治（1999）、彭广陆（2011b）将日语教学语法的问题点归纳为助词语法地位的合理性、复合格助词词类认定的合理性、动词活用体系的合理性三个方面。

第一，助词语法地位的合理性问题。铃木康之（1991）、朱新华（1994）、铃木重幸（2008）等倡导教科研语法体系的学者指出，承认助词就意味着日语的名词在句中使用时仍然是不独立的、不自由的，因为它在使用时大多数情况后面要带所谓的格助词，但如果像教科研语法那样认定格标记是构成名词词形的后缀（即构形后缀），这个问题就迎刃而解了，逻辑上的重大缺陷也可以弥补了。日语教学语法取消了"助动词"这一词类，将其视为动词的活用形，这是很大的进步。但从仍旧承认"助词"这一点也可以看出，日语教学语法脱胎于学校语法，却并未能彻底摆脱学校语法的羁绊。

第二，复合格助词的认定问题。日语教学语法将"について""をもって""として"等认定为复合格助词，看起来更加实用，但将其认定为一个词类存在许多不合理之处。例如，复合格助词与日语母语者的语感相左，日语母语者通常并不认为复合格助词是一个词，而认为其中的格助词"に""を""と"是前接名词的黏着成分，这一点从语音上可以明显区分出来，复合格助词中格助词部分的声调与前接名词融为一体，但后面的附加成分"ついて""もって""して"则拥有独立的声调，并且这类附加成分存在敬体与简体的对立，因此村木新次郎（1983、2010）认为它们是动词语义虚化而来的，即语法化的产物，主张将其认定为后置词。彭广陆（2006）进一步指出，日语教学语法并没有将"への""での""との"这些复合程度远远高于上述所谓"复合格助词"的语法形式纳入其范畴之内，而是将它们视为两个独立的格助词，这种认定方式缺乏理据和逻辑性。

第三，动词活用体系的合理性问题。日语教学语法的动词活用表在排列方式、设定依据、命名方式上存在以下局限性。

① 从设定依据来看，日语教学语法的动词活用表未能体现日语的特点及语法范畴的观念。一方面，日语教学语法体系未能从断续功能上把握活用形体系。"断续功能"指的是日语中句子结句与否、未结句时后面接的是体言还是用言对活用形都是有要求的，它是日语语法的一个特点，但是在日语教学语法体系中看不出这样的思路。另一方面，因为缺乏语法范畴的观念，日语教学语法体系对活用形的范围把握得不够全面，未能将"読まず""読むまい"等明显应该看作活用形的形态归入活用表中，而将"読ませる""読まれる"等并非活用形的形态纳入了活用表中。倡导教科研语法体系的学者认为，"読ませる""読まれる"是由"読む"（主动态动词）派生出来的动词，即语态动词，

确切地说是使役态动词和被动态动词的基本形，它们都可以像主动态动词一样拥有各自的活用形。

② 排列方式不合理。从活用表的整体排列方式来看，日语教学语法的活用表只是按照学校语法活用表的顺序机械地排列，缺乏语法范畴的观念，学习者无法了解活用形之间的关系。并且，两张活用表之间的联系不够紧密，第二张活用表的设定理据不明确。具体来看，学校语法的动词活用表将简体的活用形排在左侧，将敬体的活用形置于其右侧，表明敬体的形式是由简体的形式派生而来的。而日语教学语法的动词活用表则与之相反，敬体在左，在教学中也是先教敬体，后教简体，由敬体反推简体。这种做法反映出一种敬体优先主义，且既不科学——不符合日语形态派生的客观规律，也不合理——会额外增加学生的记忆负担。（谷口秀治，1999）

③ 命名方式不合理。日语教学语法体系根据活用形的形态（语音形式）命名的称谓（如"ます形""て形""た形"）有其直观、实用的一面，但无法直接反映出该活用形所表示的核心语法意义或语法功能。此外，日语中的动词基本形既可以位于句末，也可以位于名词之前做连体修饰语，二者之间的语法功能和语法意义并不相同，将其统称为"词典形"掩盖了语法现象的实质，是形式主义的一个表现。

三　本章小结

学校语法体系和日语教学语法体系对我国日语语法教学的影响深远，目前各个高校使用的日语语法教材、教参、词典等都是以这两套语法体系为理论框架编写的。这两套语法体系存在许多差异，二者在理论上的分歧主要表现在词类的划分和活用体系的认定上，而最根本的分歧在于判断"词"这个最基本的语法单位的标准上。本章从词类的划分和动词的活用体系两个方面着手，回顾了学校语法和日语教学语法的主要学术主张，并在此基础上把梳、整理了两套语法体系的对比分析研究和局限性研究。

国内外学者对学校语法体系和日语教学语法体系理论层面局限性的探讨是本书的研究契机和缘起。如前文所述，这两套语法体系从功能上看属于教学语法，学校语法体系主要应用于日本中小学的"国语"课，授课对象是日语母语者，日语教学语法体系主要应用于对外日语教学，授课对象是二语学习者。但因这两套语法体系皆脱胎于理论语法——桥本进吉语法理论和寺村秀夫语法理论，学者们倾向于从理论语法的视角探讨二者之间的差异及它们各自存在的局限性，对其教学效果和在语法教学过程中对学习者产生的影响关注较少。

诚然，马克思主义强调"用理论指导实践，用实践检验真理"，如果其中任何一套语法体系在理论上能自洽严谨、没有瑕疵，那么我们可以认为使用该套语法体系来教学完全是科学合理的。可是，如前文所述，即使仅从理论语法的角度来看，这两套语法体系也并非十全十美。学校语法的问题在于：在词与句子之间增加"句节"一级语法单位违背了语言学的基本原则；助动词、形容动词等词类的语法地位不合理；动词活用表的制定标准不统一、缺乏语法范畴的观念、活用形名实不符、没有准确区分词干和词尾等。日语教学语法中助词等部分词类的划分同样有悖于普通语言学词类划分的基本原则，其动词活用表也存在排列方式不科学、称谓不尽合理、缺乏系统性、敬体优先主义等诸多问题。既然这两套语法体系都存在理论上的局限性，我们不妨从学习者的立场出发，看看这些前人提出的问题点和局限性究竟会对我国日语学习者的语法习得产生何种影响。例如，学校语法动词活用表未能明确区分词干和词尾的问题是否会阻碍学习者的动词活用规则习得？日语教学语法中不合理的词类划分原则是否会影响学习者对助词的习得？等等。

此外，两套各自存在理论局限性的语法体系被广泛用于我国日语语法教学中，对教材、教师、学习者的影响广泛且深远，想要"釜底抽薪"、彻底摒弃现有的语法体系，重新构建一套全新的语法体系并非易事。因此，对比分析现有两套语法体系中的哪一套语法体系，或者哪一套语法体系中的哪一个部分更加适合中国日语学习者就变得尤为重要，既能够达到"用实践检验真理"的目的，也可以为今后构建新的日语教学语法体系提供参考和借鉴。

前人从理论语法角度对学校语法体系和日语教学语法体系的对比研究是本书构建理论框架的重要切入点，也为本书进一步实施测试、开展行为实验等实证研究奠定了深厚的理论基础。具体而言，相关文献主要从词类划分和动词活用形两个层面对比分析了两套语法体系的差异，这些差异非常全面，但也呈现出一定的零散性。本书着眼于学习者的认知性学习过程，将这些零散的差异归纳为以下四个方面。

第一，"组装型"与"集成型"教学思维的差异。学校语法体系和日语教学语法体系在词类判定标准的依据上以及对"助动词"语法地位的认定上的差异导致了二者教学思路的不同。学校语法注重语言形式，其词类划分具有系统性与完整性，不仅将词分为动词、形容词、形容动词、助动词等十大类，而且将每个大类根据语义、活用方式、接续方式等标准又下分为若干小类。这一做法促使学校语法在讲解一个语法现象时，侧重对该语法现象的形式结构——各个组成部分及其相关性进行充分解释与说明。而日语教学语法注重语义功能及实用性，不仅取消了助动词等词类，还大大缩减了名词、接续词、助词的下位分类，其教学思路侧重解释语法现象作为一个整体时的接续方式与意义，并不对其语法（形式）结构多做分析。

从认知性学习的视角来看，这是陈述性知识和程序性知识的差异。日语教学语法的教学思路旨在直接传授学习者动态的程序性知识，而学校语法则旨在优先传授学习者静态的陈述性知识。认知性的语言学习主要体现在两个方面：一是懂得原理，包括类属、定义、规则、构成、区别和适用条件等；二是会根据原理运用，即语言的输出与表意以及语境的合适性与得体性。语法的规则性要求语法的学习尽可能地通过动态的概括与区别，来认知建构目的语的程序并进行程序组合，实施高频而有效地调用，达到运算的自动化。（蒋祖康，1999）

　　第二，"意义型"与"形态型"术语命名方式的差异。在术语的命名方式上，学校语法和日语教学语法的侧重点与其教学思路正好相反：学校语法注重概念的语法功能和语义，而日语教学语法却更加注重概念的形式。从词类名称来看，学校语法根据活用规则将动词分为五段动词（词尾在ア、イ、ウ、エ、オ五个段活用）、一段动词（只在イ段或エ段一个段活用）、カ变动词和サ变动词。与此相对，日语教学语法则简单地用一类动词（五段动词）、二类动词（一段动词）、三类动词（カ变/サ变动词）的数字顺序进行机械命名。从活用形的名称来看，学校语法活用形的命名依据以动词的断续功能（日语语法的特点）为主，如"终止形""连体形""连用形"；以特定的语法意义为辅，如"假定形""命令形"。与此相对，日语教学语法活用形的命名依据以动词词尾形态为主，如"ます形""て形""た形""たり・たら形""ば形"，以特定语法意义——"假定形"和"命令形"（这一点与学校语法相同）与语法功能（动词的态）——"被动形"、"使役形"和"可能形"为辅。

　　从认知性学习的视角来看，两种不同的命名方式可能导致学习者产生不同的记忆类型。学校语法的术语命名方式帮助学习者构建"语义记忆"，它属于长时记忆的一种，语义记忆中高速的提取过程和有序组织的信息是我们能够连续而迅速地处理各种各样信息的重要原因。（Tulving，1993）日语教学语法的术语命名方式更倾向于促成学习者的"短时记忆"，它的基本单位是组块，组块是对一种信息的组织再编码（分类）。

第三，"模块化"与"零散化"教学逻辑的差异。学校语法对语法现象的讲解具有系统性和层次性，呈现模块化的特征。例如，学校语法对助词的讲解便呈现一个三层结构的网络模型。第一层：说明助词的性质、类型和用法，再将助词的用法细分为格助词、接续助词、系助词等六个二阶分类；第二层：于每个二阶分类同样按照接续功能、类别、具体内容的顺序逐一讲解；第三层：讲解某个具体内容时，如主格助词"が"，按照接续方式、语义的顺序进行阐述，特别是讲解语义时，基本按照从原型义到派生义的顺序逐一罗列语义，并在最后论述该格助词与其他易混淆格助词的语义用法之间的异同。相对而言，日语教学语法在讲解格助词时多将其与动词组合在一起，以句型的方式处理，如"ＸがＹをＶ""ＸにＹがＶ""ＸがＹをＺからＶ"，等等。

从认知性学习的视角来看，两套语法体系不同的讲解方式代表不同的认知模型。语义记忆的认知模型假设：精细的认知结构表征着语义信息在记忆中的组织方式。学校语法的讲解方式呈现网络模型的特征，在记忆中知识是相互独立的单位所连接而成的网络，而日语教学语法的讲解方式呈现"集合—理论"模型的特征，概念在记忆中由信息的集合来表征。

第四，"简体为本"与"敬体优先"教学理念的差异。这一点源于学校语法和日语教学语法动词活用表排列方式的差异。学校语法的动词活用表将简体的活用形排在左侧，将敬体的活用形置于其右侧，表明敬体的形式是由简体的形式派生而来的。而日语教学语法的动词活用表则与之相反，敬体在左，在教学中也是先教敬体，后教简体，由敬体反推简体。谷口秀治（1999）认为日语教学语法体系的做法反映出一种敬体优先主义的理念。

其实，简体为本主义也好，敬体优先主义也罢，从认知性学习的视角来看，这种差异的源头是对动词活用"原型"理解的差异。原型匹配的模式识别方式认为：人类的长时记忆中储存着某种抽象的模式作为原型，于是，一个模型就可以对照原型进行检验，如果发现相似之处，则该模式得到识别。认知语言学认为，一个语言现象的原型必须具有形式上最直观、使用频率最高、历史最悠久三个特征（Lakoff，1987；Tyler and Evans，2003），它是最早被习得、最容易被识别也是范畴中最稳定的成员。学校语法将动词的基本形认定为动词活用的"原型"，其他活动形则是动词基本形的"派生形"；而日语教学语法则将动词的"ます形"确定为动词活用的"原型"，动词的基本形以及其他活动形式都是从"ます形""派生"而来的。

第四章 日语语法习得效果研究

本章梳理、归纳与日语语法习得效果相关的研究，分为三部分。第一部分概述语法习得效果的评价标准研究。与日语语法习得效果的评价标准和评价途径相关的研究数量较少，因此本部分主要回顾与其关联紧密的对外汉语语法教学中的语法习得评价标准研究，并结合日语语法习得效果评价标准的相关研究展开论述。第二部分总结影响学习者日语语法习得效果的因素，主要围绕初级核心语法项目——动词活用形的习得模式与习得顺序展开。这些研究虽然没有直接考察影响学习者动词活用规则习得的因素，但通过研究结论，我们能够探知习得模式、习得顺序对学习者动词活用形习得可能产生的影响。第三部分总结前两部分的内容，并阐明相关文献对本书在量具构建、测试实施方面的启发与参考。

一 语法习得效果的评价标准

要想了解我们所实施的语法教学是否科学有效，是否与教学目标、教学计划相符，有必要阶段性地对语法教学的教学效果进行科学的检测与评估。其中，语法的成绩检测是语法教学中的一个重要环节，直接关系到对学习者在所学阶段中对所学课程内容掌握情况的判断和了解，以及对学习者现阶段的学习、教师现阶段的教学评判的把握。与日语语法习得效果的评价标准和评价途径直接相关的研究数量较少，主观倾向较强，因此本部分主要回顾与其关联紧密的对外汉语语法教学中的语法习得评价标准，并结合日语语法习得效果的评价标准研究展开论述。

B. 西蒙诺夫、李君锦（1984）用识别、记忆、理解、技能和技巧、知识的活用这几个指标来描述学生的学习效果。该研究指出，教学过程分为理论学习部分与实践部分。其中，理论学习部分指的是培养学生掌握具体的知识。这里的"知识"可以用识别、记忆和理解三个层次来描述。检查学生的知识首先要评定识别程度，其次是记忆，最后才是理解。理解是理论学习这一层次的最重要的指标。实践部分指的是培养学生的技能和技巧，它的检测取决于两个指标。第一个指标是学生在标准的情况下能够把理论运用于实践，即完成典型的作业；第二个指标是知识的活用，即学生能创造性地把理论知识运用于实践，而知识的活用又是检测学习效果的最高指标。

盛炎（1990）指出语言测试有两个重要的分类，一个是分立式测试（discrete-point tests），一个是综合性测试（integrative tests）。前者指的是使用不同的语言项目分别检查学生对不同技能或知识的掌握情况，如对某个单词或某种句子结构的理解。它的理论基础是：语言是由语音、词汇、语法等不同要素组成的，也包括听、说、读、写等不同技能，这些要素和技能需要分别测试，如语言测试中的填空、完成句子等项目就是分立式测试题，含有多种选择项目的测试都是分立式测试。综合性测试旨在全面地检查学生综合运用语言的能力。两种测试方法各有利弊：分立式测试只检查学习者对孤立的语言项目的掌握，不检查其综合运用语言的能力；综合性测试也有局限性，它不能限定学习者所使用的词语和语法结构，导致学习者常常采用回避策略，不使用困难的结构和词语，但教师却很难发现这一点。因此，一个好的测试应该同时包含分立式测试和综合性测试两种测试类型。

此外，盛炎（1990）还进一步提出了检测测试本身是否科学合理的标准：可靠性、有效性和实用性。可靠性指的是测试结果的稳定性，包括学习者测试结果的一致性和教师评分结果的一致性。影响测试可靠性的因素包括测试的长度、测试的同质性、试题的区分度、学生水平的多样性、测试的环境和评分标准等。有效性指的是测试的内容应符合测试的意图，包括内容有效性、表面有效性、标准有效性、理论有效性、预示有效性和共时有效性。但是，一份测试卷不一定同时具有这六种有效性，通常的语法测试拥有内容有效性即可——检查试题的内容是否包括要考查的知识、技能和能力。例如，学习者刚刚学过了状语和补语的区别，要考查学生是否掌握了该教学内容，试题就应该出现相关的内容。实用性通常包括三方面的内容：一是判分容易；二是便于管理——省时、省力；三是经济实用——花费少。大规模的测试尤其要讲究实用性。

卢福波（2010）认为，对外汉语语法教学的核心目的是让学习者把所学的语法规则转换为自身语言知识和语言能力的组成部分之一，因此，其必然涉及学习的三个重要环节：对所学语法知识点的理解与认知、编码与记忆、熟练与创造性运用。认知学习是一种动态平衡的交互作用的结果，通过不断地激活扩散、搜索提取，语法语义的联系会越来越强地建立起来，认知也就变得越加清楚明确、越加强化深入。因此，一个语法点讲解完了，学习者能不能把它用起来，前提在于其是否真正理解了语法项的知识点，这至少要从以下四个方面加以检测：①是否掌握了该规则的表层结构；②能否根据表层结构转换生成一个实际的语句；③从意义上是否理解了整个语句及语句各个组成成分之间的关系；④语句的生成是否适合其要使用的语境。结合一个具体的语法结构来说，看是否理解了这个结构，需从两大方面检测：①能够迅速地加以分解并准确地输入、分配到记忆网络的类属系统中——"分解—输入—处理—记忆"；②能否准确无误地从记忆的网络系统中把它提取出来——"生成一个描述动作—次序命题并转换成一个生产式—适合情景和交际目的的输出"。如果理解得准确、运算得熟练，这两个过程就表现为迅速、准确、得体，显示为真正地、认知性地学习和掌握了相关知识和语言。同时，理解也有不同的层次，一种是仅仅注意理解词语或固化的结构，一种是注意理解话语篇章的意义和关系。前一种是低层次的，不容易与实际表达联系起来；后一种是高层次的，能够与实际表达相联系，并创造性地加以运用。

上文简要阐述了对外汉语语法教学中关于语法习得的评价标准和语法测试检验方法的相关研究，而涉及日语语法习得效果评价标准的研究主要有野田尚史（2001）和翟东娜（2003）。

野田尚史（2001）将语法项目的学习概括为掌握形式规则与正确使用两个层面，提出需要根据语法项目的难易度与学习阶段的不同采取不同的判定标准。翟东娜（2003）在野田的基础上进一步指出，从语言技能的角度来看，语法学习要求达到两个标准：理解层面——要求能听懂、读懂；表达层面——要求能说会写。理解层面不要求学生使用语法，只要听懂读懂即可。表达层面对语法项目的要求是做到准确使用，因此要根据学习内容的不同特点，或有意识地讲解，或无意识地操练。

二　日语语法习得效果的影响因素研究

国内外相关研究多探讨教材、教师、教学方式等语法体系外因素对学习者语法习得效果的影响。研究结果表明，网络平台与视觉化教材（平野宏子，2014）、阅读型与听力型教材（佐藤敏子，2012）等新型教学工具，教师的教学动机与态度等教学理念（Annabel，2015）、讲解型或互动型的教学方式（Kaw，2016）等都会影响学习者语法习得的效果。

　　与语法体系有关的研究主要以日语动词活用形的习得为对象，从习得模式与习得顺序两个方面还原了学习者习得动词活用形的部分过程，探讨了学习者在习得过程中采用的不同习得模式，以及遵循的不同习得顺序这些研究虽然没有直接论述影响学习者动词活用形习得的因素，但通过研究结论，我们能够探知习得模式、习得顺序对学习者动词活用形习得可能产生的影响。

（一）日语动词活用习得模式研究

　　这方面的研究主要考察学习者的动词活用形习得采用的是应用规则的规律学习模式还是依靠单纯记忆的记忆学习模式，抑或是二者皆有的双重模式。规律学习和记忆学习这两种不同的习得模式最早是在考察学习者对英语动词过去式的规则变化和不规则变化时提出来的（Pinker，1994；Pinker and Ullman，2002），研究结果表明，英语学习者在学习过去式时，采用的是规律学习和记忆学习相结合的双重习得模式。在习得"动词词根＋词缀"这样的变化规则时采用规律学习的模式，在习得特殊变化规则时则无法依靠规律，需要单独记忆，即采用记忆学习模式。在日语动词活用形习得模式的研究中，国内外学者们尝试从不同的学习阶段、母语者／非母语者、学习者的语言水平等角度切入，但笔者暂未发现以语法体系为自变量的实证研究。

　　长友和彦（1997）考察了9名母语为英语的日语学习者习得动词"て形"的过程，实验时长为6个月，每个月进行一次测试。通过分析这些学习者以口头造句和写小作文的方式产出的动词"て形"的正确率，长友得出以下结论：在学习的初级阶段，学习者基本上是在"死记硬背"各类动词的"て形"，如他们认为"読んで"是一个完整的词。随着学习阶段的推进，学习者开始慢慢习得动词"て形"的活用规律，意识到"読んで"不是一个词，而是"読む"的活用形。因此，长友认为学习者动词活用形的习得模式为单纯依靠记忆→单纯依靠规律。

Klafehn（2003）通过假词实验考察母语者与非母语者在动词活用形习得模式上的不同。Klafehn 以 50 名日语母语大学生和 50 名非日语母语大学生为受试，让受试写出"ほむ""ほく""むる""かぽ"这四个假词的否定形、过去式、意志形和假定形。实验结果显示，非日语母语者的正确率高于日语母语者（76% > 53%）。特别是像"かぽ"这样的在日语中不存在相同词尾的假词，日语母语者的活用正确率要明显低于非日语母语者。基于这一实验结果，Klafehn 得出结论：非母语者主要依靠规律、母语者主要依靠记忆来完成动词的活用。

菅谷奈津惠（2010）以 41 名非日语母语者大学生为对象（中国内蒙古学习者 39 名，韩国学习者 2 名，分别为高级、中级、初级日语学习者），在 Klafehn（2003）的假词实验的基础上追加实施了真词实验，真词为初级阶段学习者比较熟悉的动词。实验结果表明：（1）无论是真词还是假词，日语水平越高的学习者活用的正确率越高，即日语水平高的学习者不仅可以准确完成已经学习过的动词的变形，还可以顺利完成未学习过的动词的变形。（2）无论是高水平还是低水平的学习者，真词活用的正确率都比假词高，而假词中像"かぷ"这样在日语中不存在相同词尾的假词，其活用的正确率要显著低于其他假词。由此可见，在动词活用形的习得上，记忆是重要的影响因素。因此，菅谷认为日语母语者和非日语母语的学习者的动词活用形习得模式存在差异，日语母语者的动词活用形习得主要依靠记忆学习模式，而非日语母语的学习者则采用规律学习和记忆学习相结合的双重模式。此外，海外的日语学习者由于缺乏语言环境，日语的输入比不上在日本的学习者，因此会更加倾向于使用规律学习模式。

初相娟等（2012）以 Klafehn（2003）与菅谷奈津惠（2010）的实验研究为基础，在假词实验中，对假词进行了严格的挑选，去掉了像"かぷ"这样与现有动词的词尾不一致的假词；在真词实验中，将真词按照国内学习者对动词的熟悉程度分为教科书内已学动词、教科书外未学动词、流行语动词三大类。该研究对101名中国国内日语专业学习者的动词"て形"习得状况进行了调查，其结果为：教科书内已学动词＞教科书外未学动词＝流行语动词＝假词。由此得出结论，国内日语学习者的动词活用形习得采用的是规律学习和记忆学习相结合的双重模式，但规律学习模式的比重高于记忆学习模式，不过对于某些活用形式特殊的动词，学习者更多依靠记忆学习的模式。

初相娟（2013）在初相娟等（2012）的基础上将研究对象从动词的"て形"扩大到"ます形""た形""たい形""ない形"四种。该研究以中国国内某外国语大学的99名日语专业学习者为对象，调查其对教科书内已学动词、教科书外未学动词、新词（词典中未收录，但日常生活中已被较为频繁地使用的新出现的词）、假词的活用形习得状况，测试方式是给出动词的基本形，让学习者写出对应的活用形式。实验结果表明，从动词类型来看，正确率最高的是教科书内已学动词，教科书外未学动词与假词的正确率相同，正确率最低的是新词。教科书内已学动词的正确率最高显示出记忆学习模式的效果，而只能够采用规律学习模式的假词也呈现出90.46%的正确率，说明学习者同样采用了规律学习模式。此时，学习者仅仅学了4个月的日语，尚处于初学者的阶段，但教科书内已学动词的活用正确率只比假词高出1.37%，可见规律学习所占比重更大。从活用形的类型来看，正确率最高的是"ます形"，其次是"たい形"和"ない形"，最低的是"た形"。初相娟认为这与活用形的使用频率有关，即使用频率越高的活用形正确率越高。例如，"た形"和"て形"的活用规则相同，但初级阶段"て形"的使用频率更高，所以学习者的活用正确率更高。对于得出与长友和彦（1997）不同的研究结论，初相娟从以下三个角度做出了解释：（1）学习策略不同。长友的实验受试是以英语为母语的日语学习者，他们在习得动词活用形时采用和习得词汇时一样的记忆学习模式，而初相娟的实验受试是以汉语为母语的日语学习者，他们多以应试为学习目的，更倾向于在语法学习中使用规律学习模式。（2）学习环境不同。长友的受试于日本接受日语教育，在日常生活中接触"て形"的机会较多，而初相娟的受试多在课堂教学中通过反复的"替换练习"学习动词活用形。（3）实验方法不同。长友采用的是长达半年的纵向实验法，收集的是受试的笔试和口试两种形式的反馈结果，而初相娟采用的是横向实验法，主要收集受试的笔试反馈结果。

（二）日语动词活用习得顺序研究

习得顺序方面的研究主要包括以日语为母语的幼儿动词活用形产出顺序研究与日语学习者的动词活用形习得顺序研究，两个方向的研究呈现出截然不同的结果。

在对前者的研究中，小西辉夫（1960）调查了 5 名以日语为母语的幼儿的会话资料，发现幼儿的动词活用形产出顺序呈现"て形"→意志形→假定形的特征。大久保爱（1967）以母语为日语的幼儿为研究对象展开追踪调查，将这些幼儿的会话资料进行录音、分析，结果表明，幼儿最先产出的是日语动词的"て形"（1 岁 6 个月左右时），之后的一个月逐渐产出动词的基本形、"た形"和"ない形"，而"たい形"和意志形的产出要再晚一个月，大约在 1 岁 8 个月时出现。"ます形"和假定形分别在 1 岁 11 个月和 2 岁 8 个月时方才产出，相对较晚，基本结论与小西辉夫（1960）相似。针对幼儿会话中的活用形产出顺序的研究还有岩立志津夫（1981）。岩立对 1 名以日语为母语的幼儿在 2 岁 1 个月到 8 个月间的会话资料进行录音整理，对"たべる""かく""つくる""かう""こぼす"五个动词的活用、形态发展进行分析之后发现：2 岁 1 个月的资料中有动词原形，2 岁 2 个月时有"て形"，2 岁 3 个月时有"たい形""た形"，2 岁 4 个月时出现了意志形。岩立基于这一结果提出了幼儿动词活用形习得顺序的"黏着假说"——幼儿产生的动词活用、形态遵循"新动词形式＝旧动词形式＋语素"。

高梨美穂（2009）在岩立志津夫（1981）的基础上进一步针对幼儿动词活用形习得顺序的规律及影响因素展开研究。实验结果表明，岩立的假设总体上是成立的，在最初级的阶段，幼儿首先习得的是简单的、没有接尾词的动词形式，而后逐渐习得更加复杂的、带有接尾词的形式。此外，高梨证明，幼儿父母的动词活用形使用频率与幼儿活用形的产出并无显著相关，也就是说输入频率并非影响幼儿活用形产出顺序的决定性因素，幼儿具有一般认知能力，能够从外在输入的动词形式当中抽象出其共通的、核心的部分。

由以上研究可以看出，尽管产出时期存在些许差异，但研究结果一致证明了幼儿最先会说的是动词的基本形和"て形"，其他的活用形产出相对较晚，产出顺序并不是完全相同的——这可能是收集的资料、幼儿的个体差异、周围环境、幼儿自身需求表达的影响等原因造成的，但呈现出由原型向派生形发展的特征。语言习得过程中最重要的两种能力是用于理解语用意图的社会认知能力和发现语言规律的一般认知能力。（Tomasello，2003）幼儿最容易通过视觉和听觉发现语言规律，并将这种能力运用于对语言符号的理解上，因此，观察母语幼儿的动词活用形产出顺序，对我们进一步理解和研究日语学习者的动词活用形习得顺序和规律有很大的参考价值。

在对后者的研究中，Banno、Komori（1989）以 22 名在日初级日语学习者为对象，考察其在一对一访谈对话中使用动词活用形的正确率，并以该正确率作为学习者习得顺序的指标，即正确率高的活用形习得早，正确率低的活用形习得晚。实验结果表明受试的习得顺序为"たい形"→"ます形"→"ません形"→"ました形"→"て形"，没有考察动词的基本形。Banno、Komori 的这一研究结果引起了不少学者的质疑。有学者认为，以正确率作为判断学习者习得顺序的指标是不合理的，如果考虑到学习者的回避行为，正确率最高的活用形未必就是学习者最早习得的活用形。

森山新（1999）以韩国日语学习者为对象实施了一系列日语动词活用形习得顺序的研究实验。他首先调查了在韩国广泛使用的各类日语初级教科书，发现这些教科书基本都是先教动词的"ます形"再教其他形式，这一点与我国日语教学语法体系的教材相同。接着，他采用笔试与口试相结合的方法调查学习者的动词活用形使用情况。结果表明，从正确率来看，学习者大多先习得了动词的"る形"，而非"ます形"。也就是说，虽然教科书先教"ます形"，但学习者先习得的却是"る形"。因此，森山主张：教科书中最早出现的动词形式应该是"る形"而非"ます形"。在该研究中，森山的调查对象仅限于"る形"和"ます形"，并未扩展到其他活用形。

森山新（2000）同样以韩国初级日语学习者为对象，以口试的形式调查了学习者动词活用形的掌握情况，并以正确率作为判定习得顺序的指标。实验结果表明，从动词类型来看，学习者习得二类动词（一段动词）活用形的时间要早于一类动词（五段动词）。森山认为这与教授顺序、动词形态和变形规则的难易程度、母语的正迁移等因素有关。从具体的活用形来看，学习者的习得顺序为"る形"→"ない形"→"ます形"。这一习得顺序与教学过程中教师的教授顺序并不完全一致，即越早学到的动词活用形未必使用正确率越高。由此，森山认为，学习者的习得顺序虽然与教授顺序并不完全一致，但也在一定程度上受到教授顺序的影响。

森山新（2001）在前两项研究的基础上，以韩国两所大学的日语专业学习者为对象开展实验研究。他把受试分为四人一组，给每名受试分配 17 张绘有动作的卡片，要求受试使用卡片中的动词进行自由口头会话。森山将这些会话录音，然后抽取、统计、分析其中的动词活用形。在这个研究中，森山一反前人仅以正确率为判断习得顺序指标的做法，提出动词活用形的使用次数、误用率以及正确率都应该被纳入判断指标，均衡考察。最终实验结果表明，学习者动词活用形的习得顺序虽然呈现一定的个体差异，但是也具有明显的倾向性，可概括为："る形"→"ます形"→"た形"→连体形→"て形"→"ない形"→"たい形"→"ば·よう形"。

肖禅（2015）利用"湖南大学学习者中介语语料库"中 10 名学习者的 19 次作文数据，采用森山新（2011）的评价方法，首先参照学习者活用形的使用正确率确定习得顺序，再以正确率的稳定系数（90% 以上）为标准确定学习者活用形的习得阶段，最后结合习得的先后最终判断习得顺序。调查结果表明，从活用形产出数量来看，学习者使用最多的是"る形"，其次是"て形"和"ます形"，而"ば·よう形"等出现的次数非常少。从学习阶段来看，初级阶段学习者使用最多的是"ます形"，随着学习的深入，"ます形"渐渐减少，其他活用形式不断增加——这是因为学习者使用的是《综合日语》教材，而这本教材一开始导入动词时采用的是"ます形"。但是，随着学习进程的推进，学习者开始习得"て形""る形"等其他活用形式，可使用的活用形式不断多样化，"ます形"渐渐减少。而"る形"的情况正好相反，学习者在第一学年时使用"る形"的情况并不多，但总体处于增加趋势；从第二学年开始，"る形"的使用越来越多，最终攀升至第一位——这是因为随着不断学习，学习者认识到动词的

基本形并不是"ます形"而是"る形"，渐渐开始使用"る形"代替"ます形"。并且，随着语言水平的提升，学习者使用的句子结构越来越复杂，不仅需要把动词当作谓语来使用，必要时还需要作定语，因此"る形"的使用频率越来越高。如果参照前人的研究，仅从使用正确率来看习得顺序，那么学习者动词活用形的整体习得顺序应为"る形"→"ます形"→"たい形"→"よう形"→"ない形"→"て形"→"た形"→"ば形"。然而，采用森山新（2001）提出的结合正确率的稳定系数（90%以上）与习得阶段的评价方法得出的习得顺序则为"る形"/"ます形"→"たい形"→"て形"→"ない形"，与前者不完全一致。

从以上研究我们可以看出，学习者对动词"る形"和"ます形"的习得要早于其他活用形。而在"る形"和"ます形"之间，前者的习得早于后者。关于这一点，学者们认为"虽然教科书先教'ます形'，但学习者先习得的却是'る形'"，"随着不断学习，学习者认识到动词的基本形并不是'ます形'而是'る形'，渐渐开始使用'る形'代替'ます形'"，等等。另外，将日语学习者与母语幼儿的实验结果做对比分析可知，动词的基本形（也就是上述研究中提到的"る形"）是母语者和学习者习得动词活用形的认知起点。

三　本章小结

习得效果方面，相关研究多从语法习得效果的评价标准与影响语法习得效果的因素等角度展开探讨。评价标准方面，B. 西蒙诺夫、李君锦（1984）用识别、记忆、理解、技能和技巧、知识的活用；野田尚史（2001）用掌握形式规则与正确使用；翟东娜（2003）用理解——要求能听懂、读懂，表达——要求能说等指标来描述学习者的学习效果。而卢福波（2010）进一步提出了学习者是否掌握表层结构、能否生成一个实际的语句、是否理解了整个语句及语句各个组成成分之间的关系、语句的生成是否适合其正要使用的语境等指标。影响因素方面，语法体系外因素中，网络平台与视觉化教材等新型教学工具、教师的教学理念和教学方式、不同类型的教材等因素都会影响学习者的语法习得效果。语法体系内因素的研究则集中于对日语动词活用形习得顺序与习得模式的探讨。

上述研究成果提及的语法习得效果评估的标准和操作方法是本书制定语法测试量具、实施语法测试的重要遵循；关于动词活用形习得模式与习得顺序的相关研究则为本书针对动词活用形部分的实验结果探讨提供了参照。在此基础上，本研究将在以下三个方面进一步提升语法习得效果测试的有效性。

第一，提高对学习者语法习得效果评测的科学性。部分学者在日语教学实践和教材编写经验的基础上总结了其自身在基础语法教学（初级语法教学）上遇到的一系列困难和问题，也指出了学习者在语法习得过程中存在的一些问题点。但是，这些研究无一例外都是定性研究，对学习者的语法习得效果没有给出科学合理的评测方式。想要了解语法教学是否科学有效，有必要阶段性地对语法教学的教学效果进行科学的检测和评估。检测和评估可以采取定性的方法，也可以采取定量的方法。定性的方法是指利用综合归纳的手段来处理自然观察、自然调查的材料和数据，采用描述性的形式形成评价成果，偏重主观，这也是大多数相关研究采用的研究方法。定量的方法主要是通过实验和统计的方法获取数据，通过对数据的分析、演绎、推断形成评价成果，偏重客观，也是本书主要采用的测试方法。为了使检测和评估相对客观，减少主观随意性，应该采用一定的定量手段，本书将定性和定量的方法结合起来开展实验。

第二，全面探讨学习者语法习得效果的影响因素。从研究对象上来看，国内外相关研究多探讨教材、教师、教学方式等语法体系外因素对学习者语法习得效果的影响，与语法体系有关的研究则集中于日语动词活用形的习得模式与习得顺序。诚然，动词在自然语言中有提纲挈领的作用，要想学好一门语言，就必须掌握其中的动词。日语动词也是如此，它是日语学习者必须掌握的项目之一。而活用形则是动词的基础，属于日语学习者比较难掌握的项目，菊地康人（1999）也提出，在日语学习初级阶段，动词活用形的习得是日语学习者学习的核心。但不可否认的是，动词活用形的习得只是初级日语核心语法项目的一个部分，日语语法还包括助动词、形容词、助词、被动态、可能态、使役态、授受动词和敬语体系等其他语法项目。

第三，横向研究与纵向研究相结合。从研究方法上看，现有研究大多为横向研究，未能充分考虑到第二语言系统是一个动态系统，具有动态性、复杂性、变异性、非线性、初始状态敏感性、自组织和自适应等特点（Larsen Freeman，1997），无法揭示整个日语初级语法习得过程中，学习者学习过程与习得效果的发展性及变化性。也许在学习的初级阶段，由于所学的语法项目比较简单，语法体系对语法习得效果的影响并不明显，随着学习阶段的推进与深入，其影响愈发显著。又或许语法体系的影响在初级阶段更为明显，随着学习者语言水平和技能的提高，语法体系的引导性反而变得不再重要。这些尚未解决的问题也许能够从纵向追踪研究中得到答案。

第三部分　理论研究

本研究选取《新大学日语简明教程》为学校语法体系教材，《新版中日交流标准日本语（初级）》为日语教学语法体系教材，从教学语法的视角出发，归纳两套教材中的初级日语核心语法项目在教学思维、术语命名、教学逻辑、教学理念等方面的异同，为本研究开展语法测试、考察语法体系对学习者语法习得效果的影响搭建理论框架。本部分由两章组成，第五章基于证实视角，以助动词、形容词、动词的活用和格助词的使用这四个初级日语核心语法项目为研究对象，整合两套不同语法体系的教材在教学思维、术语命名、教学逻辑、教学理念上的差异，构建差异性实验的理论框架。第六章基于证伪视角，以使役态、被动态、可能态、授受动词、敬语体系为研究对象，提取两套教材的相同之处，构建验证性实验的理论框架。

第五章 教学视角下学校语法体系与日语教学语法体系的差异

本章基于证实视角，以助动词、形容词、动词的活用和格助词的使用这四个初级日语核心语法项目为研究对象，整合两套语法体系的承载教材在教学思维、教学内容、教学逻辑、教学理念上的不同，构建差异性实验的理论框架，分为六个部分：第一部分说明选取《新大学日语简明教程》为学校语法体系承载教材，《新版中日交流标准日本语（初级）》为日语教学语法体系承载教材的理由。第二部分论述"组装型"与"集成型"教学思维差异的内涵，以及其在助动词"です""ます"的活用形、形容词活用形讲解上的具现。第三部分论述"意义型"与"形态型"术语命名差异的内涵，以及其在形容词、动词词类名称及活用形名称讲解上的具现。第四部分论述"模块化"与"零散化"教学逻辑差异的内涵，以及其在格助词教学上的具现。第五部分论述"简体为本"与"敬体优先"教学理念差异的内涵，以及其在动词活用规则教学上的具现。第六部分为本章小结。

一 语法体系承载教材的选取

语法体系并非直接作用于学习者，而是通过教师与教材影响学习者的语法习得。教材、教参的语法项目以语法体系为框架编写，其中涉及的语法知识的内涵与外延、相关术语等也都以语法体系为依据。一般情况下，教师对语法知识点的讲解方式在很大程度上也是依照教材与教参。

本书从目前使用的众多教材中选取《新大学日语简明教程》（以下简称《简明》）与《新中日交流标准日本语（初级）》（以下简称《标日》）为日本学校语法与日语教学语法的代表性教材，主要原因有以下四点。

第一，两套教材质量高，适用范围广。《简明》被评为普通高等教育"十一五"国家级规划教材。所谓普通高等教育"十一五"国家级规划教材，是教育部高等教育司组织各普通高等学校、有关出版社，按照《关于申报普通高等教育"十一五"国家级教材规划选题的通知（教高司函［2006］143 号）》的要求申报，经过专家评审、推荐进入"十一五"国家级教材规划的普通高校教材。因此，这些教材代表了中国当时同类教材的最高水平，同新闻出版广电总局（组织评审）的重点出版规划是一个级别两个系列，都是国家级规划出版物。可见，《简明》的质量受到官方认可。

而《标日》于 2005 年 4 月出版，是 1988 年出版的《中日交流标准日本语》的修订本。据人民教育出版社社长黄强在《中日交流标准日本语》出版 30 周年座谈会暨研讨会上的发言可知，在中国日语自学者中，有 80% 以上的人选用《标日》作为自学教材，有 60% 以上的业余日语学校和培训机构以《标日》作为教学用书。截至 2018 年 9 月底，《标日》全品种销售已经接近 1500 万套，读者数量突破 1000 万人。可以说，这是国内使用范围最广泛的一部教材。

第二，两套教材难度相当，内容构成相似，初级语法教学进度较为一致。《简明》按照高等学校大学外语教学指导委员会日语组制定的《大学日语第二外语课程教学要求》中规定的 3 级教学要求修订;《标日》中的句型、语法项目按照"日本语能力测试"的4级～3级出题标准列项。二者难度相当，适合初级日语学习者使用。

　　第三，两套教材的结构相似，皆由单词、语法、课文、练习四个部分构成。单词部分主要将该课出现的独立词、寒暄表达、惯用短语以及量词等汇总列出。语法部分主要就该课所学的语法项目、句型作进一步的解释和说明。《简明》的语法讲解分为语法与句型两部分：语法部分讲解一般语法知识与规则，如形容词、动词的活用规则以及主谓宾等句子成分的划分等；句型部分则解释固定句型的用法意义及注意事项。《标日》的语法讲解分为"语法解释"与"表达及词语讲解"两部分。其中，"语法解释"将每个语法项目融合于句型之中进行讲解，"表达及词语讲解"则主要就课文中出现的需要注意的表达方式、词汇的用法、相关的日语语言表达特征、交际策略、日本社会、风俗习惯等进行讲解、说明。课文部分，《简明》分为篇章与对话，篇章为主，对话为辅。《标日》分为"基本课文"与"应用课文"。其中，"基本课文"分为基本课文Ⅰ和基本课文Ⅱ，基本课文Ⅰ以单句的形式突出该课所学的重点句型；基本课文Ⅱ以甲乙对话的形式再现重点句型；"应用课文"是将重点句型再现于有场景、有故事情节的对话中。练习部分，《简明》的练习题约8~10题/课（听力题1题/课），题型包括单词题、句子替换、助词/副词选择、填空、补充句子、阅读理解、翻译题等。《标日》的练习题约12题/课（听力题2~3题/课），题型以句子替换为主，还包括助词/副词选择、填空、补充句子、翻译题等。

　　第四，两套教材的初级语法教学进度也较为一致，总体遵循助动词"です"的活用→格助词的使用→形容词的活用→助动词"ます"的活用→动词的活用（"ます形"→"て形"→"た形"→"ない形"→"ば形"→意志形→命令形）→授受动词→

可能态→使役态→被动态→敬语体系的顺序。

二 "组装型"与"集成型"的教学思维差异

如第三章所述，学校语法体系与日语教学语法体系在词类判定标准依据及对"助动词"语法地位认定上的差异导致了两套语法体系教学思路的不同。学校语法注重语言形式，其词类划分具有系统性与完整性，不仅将词分为动词、形容词、形容动词、助动词等十大类，并且将每个大类根据语义、活用方式、接续方式等标准下分为若干小类。这一做法促使学校语法在讲解一个语法现象时，首先对该语法现象的形式结构——各个组成部分及其相关性进行充分的解释与说明，再讲解其作为一个整体时的语法意义与功能。而日语教学语法注重语义功能及实用性，不仅取消了助动词等词类，还大大缩减了名词、接续词、助词的下位分类，其教学思路侧重解释语法现象作为一个整体时的接续方式与意义，并不对其语法（形式）结构多做分析。总而言之，日本学校语法注重语言形式，对句子成分进行尽可能切分的特点导致其教学实践中"组装型"思维的诞生；日语教学语法对语言整体意义与功能的偏重则推动了"集成型"思维的诞生。

二者的差异主要体现在对初级日语核心语法项目中助动词"です""ます"的活用形和形容词活用形的讲解上。

我们先来看采用学校语法体系的《简明》是如何讲解助动词"です"的活用规则（见表 5-1）及用法（见表 5-2）的。

表 5-1 《简明》对"です"活用规则的归纳[①]

活用形基本形	未然形	连用形	终止形	连体形	假定形	命令形
です	でしょう	でした	です	（です）	×	×
主要后续词及用法	う	た	结句、か	ので	×	×

① 摘自《简明》第 25 页。

表 5-2 《简明》对"です"各活用形用法的说明 ①

意义及用法	形式
现在、将来肯定。对现在或将来的情况作肯定判断。	～は～です
过去肯定。对过去的情况进行肯定的判断。	～は～でした
现在、将来否定。对现在或将来的情况进行否定判断。	～は～ではありません
过去否定。对过去的情况进行否定判断。	～は～ではありませんでした
现在、将来推测。对现在或将来的情况进行推测性判断。	～は～でしょう

与此相对，采用日语教学语法体系的《标日》没有以表格的形式归纳助动词"です"的活用规则，而是将其以句型的方式进行讲解。例如：

　　"名＋名です"相当于汉语的"～是～"。"～は"是主语部分，"～です"是谓语部分，助词"は"用于提示主题。
　　"名＋名ではありません"相当于汉语的"～不是～"。"名＋名ですか"相当于汉语的"～是～吗?"。助词"か"接在句尾表示疑问。

我们可以将这两套不同语法体系的教材在助动词"です"活用形教学思路上的差异归纳如下。

第一，采用日本学校语法的《简明》明确表示"です"是一个助动词，"でしょう""でした"等形式是基本形"です"的变体，从一开始就给学习者构建了一个较为完整的活用体系框架。然后，在教授敬体判断句时，才将"～は～でした""～は～ではありません""～は～ではありませんでした"等

---

① 根据《简明》第25页内容整理。

作为句型讲解其具体的意义及用法。而采用日语教学语法的《标日》则没有将助动词视为一个词类，直接以"でした""ではありません""ですか"等句型的方式讲解"です"的用法，学习者一开始并没有意识到三者与"です"之间的关系，仅把它们视为句型的一个组成部分。

第二，从意义及用法的解释来看，《简明》采用的说法带有时制、极性等语法概念，如"过去—现在—将来""肯定—否定—推测"等。学习者在学习的过程中可以结合活用规则表对"です"的形式与意义有更充分的理解。例如，表示对现在、将来的肯定意义时使用"～は～です"——基本形；表示时制不变、极性相反的，现在、将来的肯定意义时使用"～は～ではありません"；表示极性不变、时制相对的过去肯定意义时使用"～は～でした"——连用形；表示极性相反、时制相对的过去否定意义时使用"～は～ではありませんでした"；等等。总而言之，在这一学习过程中，学习者通过不断地重复组合和聚合的思维过程完成对"です"各活用形形式及意义的理解与记忆。而《标日》在讲解与"です"有关的各种句型的意义及用法时，没有涉及任何时制、极性等方面的语法概念，基本上采用套用汉语翻译的方式，如直接对应"是""不是""是……吗"等。

综上所述，《简明》对助动词"です"这一语法项目的讲解是较为系统和规范的，它严格地按照学校语法体系的框架与内容缜密地整理、说明了相关语法概念及具体的语法内容。但从另一个角度来看，对于初学者而言，这些知识的记忆与理解需要花费大量的时间和精力，也不可避免地在一定程度上增加了难度。与此相对，《标日》首先遵循日语教学语法体系的词类划分标准，没有将助动词"です"视为一个词类，而是统一以句型的方式讲解其各种意义及用法，当中也未涉及任何语法概念。这样一来，学习者需要记忆和理解的内容数量较少、形式也较为简单，并且实用性强，可以直接将学习到的语法知识立刻运用到日常交际会话当中。此外，《标日》在讲解时，直接使用汉语译文解释语法项目的具体意义，这一点对于中国的日语学习者来说是很有利的，可以在很大程度上降低学习者的理解难度，减轻学习者的记忆负担。

接下来，我们再来看《简明》和《标日》在助动词"ます"的活用规则及用法讲解上的差异。《简明》对"ます"的活用规则及用法的归纳如表5-3、表5-4所示。

表5-3 《简明》对"ます"活用规则的归纳 [①]

活用形	未然形	连用形	终止形	连体形	假定形	命令形
	ませ① ましょ②	まし	ます	（ます）	（ますれ）	ませ まし
主要后续词及用法	①ん ②う	た	结句、か、ね、が	ので	ば	

表5-4 《简明》对"ます"各活用形用法的说明 [②]

未然形	ませ后接否定助动词ん表示否定；ませ后不接否定助动词ない；ません后再接でした表示过去否定
	ましょ后接推量助动词う表示劝诱、祈使、意志等
连用形	まし后接过去完成助动词た表示动作在过去发生或动作已经结束
终止形	表示经常性、反复性的行为、动作，或表示将要发生的行为、动作、说话人的意志
连体形	很少使用
假定形	很少使用
命令形	只能与少数敬语动词一起构成最高敬语

---

① 摘自《简明》第71页。
② 根据《简明》第71~72页内容整理。

《标日》对"ます"活用规则的归纳如表5-5，对各活用形用法的说明为：

肯定地叙述现在的习惯性动作、状态及未来的动作、状态时用"～ます"，其否定形式为"～ません"。

肯定地叙述过去的动作时"～ます"要变成"～ました"，其否定形式是"～ませんでした"。

这四种都是礼貌的表达形式。

表5-5 《标日》对"ます"活用规则的归纳 ①

～ます	～ません	～ました	～ませんでした
働きます	働きません	働きました	働きませんでした
休みます	休みません	休みました	休みませんでした
起きます	起きません	起きました	起きませんでした
寝ます	寝ません	寝ました	寝ませんでした
あります	ありません	ありました	ありませんでした

从表5-3至表5-5可以看出，《标日》对助动词"ます"的讲解与"です"有很大的不同。虽然《标日》依然没有承认助动词的存在，但在讲解活用规则时，并不像"です"部分一样以句型的方式进行讲解，而是以表格的形式单独将"ます"的各种活用形式罗列了出来。此外，在具体地讲解"ます"的意义及用法时，因为受动词本身意义的影响，这里不再套用汉语翻译，而是像《简明》一样，使用"肯定""现在""否定""过去""动作""状态"等带有时制、极性等语法概念的说法。

但是，二者在"组装型"/"集成型"教学思维上的差异依

---

① 摘自《标日》第69页。

旧十分显著。一方面，表 11 中《标日》以"働きます""休み
ます""起きます""寝ます""あります"为词例讲解"ます"
的活用规则。在这部分讲解内容中，"ます""ません""まし
た""ませんでした"这四个形式是表示不同语法意义的独立存
在的个体，它们之间的关系并没有被明示。并且，这四个形式都
被视作一个整体，一个整体代表一个语法意义。另一方面，《简
明》对"ます"未然形的讲解是：

> ませ后接否定助动词ん表示否定；
> ませ后不接否定助动词ない；
> ません后再接でした表示过去否定；
> ましょ后接推量助动词う表示劝诱、祈使、意志等。

对连用形的讲解是：

> まし后接过去完成助动词た表示动作在过去发生或动作
> 已经结束。

从这些内容中我们可以看出《简明》对该语法项目的讲解有
以下三点特征。

（1）解释了未然形"ません"与连用形"ました"的"来
历"——"ませ后接否定助动词ん""まし后接过去完成助动
词た"。

（2）说明了"ません""ました"与"ませんでした"之间的
关系——"ませ后接否定助动词ん表示否定……ません后再接で
した表示过去否定"。

（3）阐明了活用形每个组成部分的意义——"ませ后接否定
助动词ん表示否定""ましょ后接推量助动词う表示劝诱、祈使、

意志等""まし后接<u>过去完成助动词</u>た表示动作在<u>过去发生或动作已经结束</u>"。

从学习者的角度来看：一方面，接受学校语法体系（《简明》）教育的学习者输入的知识体系更加系统化，各概念之间逻辑清晰、条理分明；接受日语教学语法体系（《标日》）教育的学习者输入的知识则是相对独立、零散的，各概念之间未形成完整的体系。另一方面，学校语法的学习者语言输入的加工负担要大于日语教学语法的学习者。因为同是在初学阶段建立某一相同的语言形式与意义之间的联系，前者需要学习、记忆的知识更多，也更加琐碎；后者需要学习、记忆的知识更少，也更加简单。

最后，我们来看看《简明》和《标日》在形容词的活用规则及用法讲解上的差异。采用学校语法的《简明》将形容词分为形容词与形容动词两大类：描写事物的性质、状态，词尾为"い"的词是形容词；同样描写事物的性质、状态，以"だ""です""である"为词尾的词是形容动词。采用日语教学语法的《标日》则将形容词分为一类形容词与二类形容词。其中，《简明》的形容词就是《标日》的一类形容词，《简明》的形容动词就是《标日》的二类形容词。

先来看形容动词。《简明》中写道："形容动词有'だ''です''である'这三个不同的词尾，它们相互间的区别与判断句相同，即用词尾'だ'构成简体描写句，用词尾'です'构成敬体描写句，用词尾'である'构成文章体描写句。"

《简明》对形容动词活用规则及用法的总结如表5-6、表5-7所示。

表 5-6 《简明》对形容动词活用规则的归纳 [①]

例词	词干	词尾活用					
		未然形	连用形	终止形	连体形	假定形	命令形
幸せだ	幸せ	だろ	だっ① で②③ に④	だ	な	なら	×
下手です	下手	でしょ	でし①	です	×	×	×
后续词和 主要用法		う	①た ②中顿 ③ない ④状语	结句、か	体言	ば	×

表 5-7 《简明》对形容动词各活用形用法的说明 [②]

未然形	词尾だろ、でしょ后接う表示推测
连用形	① 词尾だっ、でし后接过去完成助动词た表示过去肯定判断
	② 词尾で、であり表示中顿
	③ 词尾で后接ない或ありません表示否定，其间可加は、も等提示助词
	④ 词尾に做状语
终止形	用来结束句子或后接终助词か、ね等
连体形	词尾为な，修饰体言，做定语
假定形	词尾なら后接接续助词ば或不接，表示假定条件

《标日》则以三个句型来讲解二类形容词（形容动词）：

"名＋二类形です/でした"——二类形容词做谓语时要在后面加"です"，过去形式是"でした"。

"名＋二类形ではありません/ではありませんでし

---

① 摘自《简明》第56页，考虑到实验变量控制问题，此处在教学时未教授文章体"である"的活用规则，故表12略有删减，表13同。
② 根据《简明》第56页~57页内容整理。

た"——二类形容词做谓语时的否定形式是"二类形容词＋
ではありません"，过去形式的否定形式是"ではありま
せんでした"。

"名＋二类形な＋名です"——二类形容词修饰名词时，
用"二类形容词＋な＋名词"的形式。

由上述内容可知，《简明》与《标日》在讲解形容动词（二
类形容词）时的差异具体体现在以下三点。

第一，是否区分词干和词尾。以"幸せだ"与"下手です"
为例，《简明》在讲解时明确指出"幸せ"和"下手"为形容动
词的词干部分，"だ"和"です"为词尾部分，承担活用的"责
任"。而从《标日》的相关描述来看，二类形容词（形容动词）
与"です"似乎分别是独立的存在，"です"并不是"下手"等
二类形容词的词尾部分，"下手"本身就是一个完整的二类形容
词（形容动词）。

第二，是否明确部分与整体之间的关系。与讲解助动词"ま
す"时一样，《简明》在讲解形容动词的词尾"だ"和"です"
的活动规则时，清楚地说明了活用形每个部分的具体意义，以及
其与活用形整体的关系。例如，在"词尾だっ、でし后接过去完
成助动词た表示过去肯定判断""词尾で后接ない或ありません
表示否定"的表述中，"た"为表示"过去完成"的助动词，用
上"た"后，活用形"だった""でした"整体表示对过去的肯
定判断。同样，"ない"和"ありません"都表示否定，而用上
它们的活用形"ではない""ではありません"整体也都表示否
定的语义。可见，部分与整体之间的关系清楚明了、简单易懂。
而《标日》的讲解强调的依旧是实用性，即掌握形式与意义的
最短距离的"直线对应"即可。例如，"です"的过去形式就是
"でした"，否定形式就是"ではありません"，而"でした""で

はありません"这些形式从何而来，其中哪个部分表示过去、哪个部分表示否定都不需要学习者进一步了解和掌握。

　　第三，讲解范式是否具有一致性与连贯性。《简明》在讲解助动词"です"的活用规则时，也许考虑到学习者才刚刚结束语音语调部分的学习，对句子成分等语法概念的内涵和外延把握得还不是太清楚，因此没有对助动词等做太多介绍。但是，从形容动词的活用规则开始，到之后的形容词的活用规则、助动词"ます"的活用规则，甚至是动词活用规则等，《简明》都采用了同样的讲解范式，"过去完成助动词'た'""推量助动词'う'""否定助动词'ない'"等概念的出现频次很高。Schmidt、Frota（1986）通过分析Schmidt学习葡萄牙语的谈话录音转写材料、课堂笔记及日记等发现，关注度高和输入频率高的语言材料在语言输出中出现的几率也高。那么，这样高频的输入次数是否会对学习者的短时或长时记忆产生影响？对学习者的联想机制又会起到什么样的作用呢？

　　从难度上来看，与助动词"です"、"ます"和形容动词的活用规则相比，形容词的活用规则变化较多、难度较大。下面我们来看看《简明》和《标日》在讲解形容词的活用规则及用法时的差异。

表 5-8　《简明》对形容词活用规则的归纳 [①]

例词	词干	词尾活用					
		未然形	连用形	终止形	连体形	假定形	命令形
寒い	寒	かろ	かっ①く②	い	い	けれ	×
后续词和主要用法		う	①た（过去）②状语中顿ない、て	结句、か	体言	ば	×

---

① 摘自《简明》第63页。

表 5-9 《简明》对形容词各活用形用法的说明 [①]

未然形	词尾かろ后接う表示对现在或将来的事物性质的推测
连用形	① 词尾かっ后接过去完成助动词た，表示对过去的事物的肯定判断
	② 词尾く做状语或表示中顿，也可后接补助形容词ない表示否定
终止形	结束句子做谓语，描写现在或将来的情况，可后续です构成敬体
连体形	修饰体言，做定语
假定形	后续接续助词ば，表示假定条件

《标日》对形容词活用规则及用法的说明为：

　　"名 + 一类形です"——做谓语时要在后面加"です"；做谓语时的否定形式是将词尾的"い"变成"くないです"或"くありません"；做谓语时的过去形式是将词尾的"い"变成"かったです"；其过去形式的否定形式则是把词尾的"い"变成"くなかったです"或者"くありませんでした"。

"一类形 + 名"—— 一类形容词可直接修饰名词。

　　由上可见，学校语法的《简明》对形容词活用规则的描述基于"组装型"思维，即遵循从部分到整体的顺序，侧重对活用形各个组成部分的解释与说明，也重视阐释各个组成部分与整体之间的联系；而日语教学语法的《标日》则属于"集成型"思维，遵循整体至上的原则，侧重解释活用形作为一个整体的接续形式与意义，没有提及活用形各个组成部分的形式与意义。

　　对于学习者而言，这一差异最直观的影响在于对活用形的理解和记忆上。例如，对形容词过去否定形式（如"おいしい→おいしくなかったです"）的学习，日语教学语法（《标日》）的

----

① 根据《简明》第63~64页内容整理。

学习者只需要掌握两步：①去掉词尾的"い"，②变成"くなかったです"；而学校语法（《简明》）的学习者则需要掌握五步：①把词尾的"い"变成"く"，②加上表示否定的补助形容词"ない"，③把"ない"词尾的"い"变成"かっ"，④加上过去完成助动词"た"，⑤加上"です"构成敬体。这样一来，从理论上看，学校语法的学习者语言输入的加工负担要大于日语教学语法的学习者。

三　"意义型"与"形态型"的术语命名差异

通过语音或文字来表达或限定专业概念的约定性符号，叫作术语。（冯志伟，2011）在科学技术中，需要给一个观点或一个概念确定界限时，就得使用到术语。因此，术语一词可以看作是对概念的限定。冯志伟认为术语的选择应遵守下列几项原则：①准确性：术语要确切地反映概念的本质特征。②单义性：至少在一个学科领域内，一个术语只表述一个概念，同一个概念只用同一个术语来表达，不能有歧义。在术语工作中，应尽量避免同义术语、同音术语、多义术语的出现，如果违反了单义性原则，可能导致严重的误解。③系统性：在一个特定领域中的各个术语必须处于一个明确的层次结构中，共同构成一个协调且统一的系统。④语言的正确性：术语的结构要符合该语种的构词规则和词组构成规则。⑤简明性：术语要简明扼要、易懂易记。⑥理据性：术语的学术含义不应违反术语的结构所表现出来的理据，要尽量做到"望文生义"。中文术语是用汉字来表达的，汉字有很强的表意功能，尤其应该注意术语的理据性。⑦稳定性：术语一经定名，除非特别必要，不宜轻易改动。⑧能产性：术语确定之后，还可以由旧术语出发，通过构词法或词组构成的方法，派生出新的术语来。

术语在任何一套语法体系中都扮演着重要的角色，它能够定义概念、厘清概念之间的异同。学校语法与日语教学语法这两套语法体系在形容词、动词的类型和用言的活用形等方面采用完全不同的术语体系，命名方式的侧重点也有所不同：学校语法注重概念的语法功能和语义，术语命名多与该术语本身的主要语法功能相关，带有具体意义，学习者可以通过术语名称联想起该词的具体语法功能；而日语教学语法却更加注重概念的形式，为了让非汉字文化圈的欧美日语学习者易于接受，尽量不使用"专有名词"来命名术语，必要的时候以数字或直观的形态来代替。

形容词方面，采用学校语法体系的《简明》将表示事物的性质、状态，以"だ""です""である"为词尾的词称作形容动词；将同样描写事物的性质、状态，词尾为"い"的词称作形容词。而采用日语教学语法体系的《标日》将形容词分为两类，一类形容词是以"い"结尾的形容词，二类形容词是不以"い"结尾的形容词。

这里我们暂且不讨论形容动词等术语的合理性，仅单纯观察两套语法体系的术语使用倾向。众所周知，日语教学语法产生于 20 世纪 90 年代，一开始是为适应大幅增加的欧美日语学习者创建而成的语法体系。为降低非汉字文化圈的欧美日语学习者的理解难度，日语教学语法尽量不使用传统术语来命名语言现象，必要的时候以数字来代替。像"一类""二类"这样的命名方式其实是非常表象的，只起区分作用，其本身不带有任何具体意义。也就是说，即便把以"い"结尾的形容词称为"二类形容词"，把不以"い"结尾的形容词称为"一类形容词"也没有任何问题。而学校语法的"形容词"与"形容动词"这两个术语则不同，它们有着各自的起源与来历。"形容动词"这一术语名称与"形容词"的区分主要依据是文言中这类词的词尾结构不同。虽然它与形容词一样，描述事物的性质、状态，但其活用借用了文言动词"あり"的活用形式。也就是说，在学校语法中，将词尾为"い"的词称作"形容动词"是不可以的。

这一点也体现在动词的术语名称上。日语中动词一般由词干和词尾两部分构成。入句时，词干不变，词尾要发生形态变化。日语中的形态变化叫"活用"。学校语法中把动词按照词尾变化分为一段动词、五段动词、カ变动词和サ变动词四种。从词尾来看，一段动词的词尾都是"る"，且"る"前的一个假名在い段或え段上——在い段上的称为上一段活用动词，在え段上的称为下一段活用动词。因为词尾都在一个段（い段或え段）上完成变化，所以叫作一段动词。五段动词的"五段"，顾名思义，就是会在日语的五段（あ段、い段、う段、え段、お段）假名上变化。同理，カ变/サ变动词指的是词尾以五十音图中的カ行音、サ行音为基础进行活用变化的动词。也就是说，学校语法的动词类型术语命名都是以动词词尾在五十音图上的变化位置为依据的。日语教学语法将动词类型分为三类：一类动词、二类动词和三类动词。一类动词就是学校语法中的五段动词，二类动词是一段动词，三类动词则是カ变动词和サ变动词的总称。

如上所述，术语一词可以看作对概念的限定。因为不同的形容词类型、动词类型的活用规则不同，所以有必要对其内部进行分类，并给这些下位分类一个名称来区分。结合冯志伟（2011）提出的术语选择应当遵守的基本原则，我们可以看出，学校语法的术语命名更加符合准确性、单义性、系统性、理据性等原则。

从准确性来看，"形容动词"这个术语虽然长期以来一直受到学界的批判①，但事实上是具有一定合理性的。"形容"表示形

---

① 彭广陆（1998）等认为，"形容动词"这个称谓不无问题。从构词上讲，它应该理解为带有形容词性质的动词，然而在现代日语中，它所代表的一类词不具有动词的基本特征，因此它不可能是动词。就语法功能而论，它只能是形容词。

容动词在语义上具备与形容词一样的基本属性，也可以说是本质特征，就是"形容"一个事物——描述事物的状态、性质，而"动词"则体现了形容动词的活用规则——其活用借用了文言动词"あり"的活用形式。从单义性来看，在学校语法体系这个特定的领域中，五段动词、一段动词、カ变动词、サ变动词等都只表示一个概念，这些概念之间是互斥的关系，并且与其他领域的概念也不存在交叉性。而一类动词、一类形容词这样的命名方式在概念的明确程度上稍显逊色。从系统性来看，系统性要求在一个特定领域中的各个术语必须处于一个明确的层次结构中，共同构成一个协调且统一的系统。比起日语教学语法一类动词、二类动词、三类动词这样的命名方式，学校语法中五段动词、一段动词、カ变动词、サ变动词等术语以动词词尾在五十音图上的变化位置为依据，具有一定的完整性与系统性。从理据性来看，理据性指的是术语的学术含义不应违反术语的结构所表现出来的理据，要尽量做到"望文生义"。冯志伟（2011）特别提出："中文术语是用汉字来表达的，汉字有很强的表意功能，尤其应该注意术语的理据性。"诚然，一类动词也好，五段动词也罢，这些术语从学术含义的角度而言，并没有违反术语的结构所表现出来的理据，但从"望文生义""表意"等关键功能来看，不得不说，对于我国日语学习者而言，带有具体意义的学校语法的术语命名方式要比日语教学语法的更容易理解。

这一点在用言活用形的术语命名方式上表现得更加明显。学校语法的用言活用形术语命名与该活用形本身的主要语法功能密切相关，极具指向性意义，学习者可以通过术语名称联想起该活用形的具体语法功能（蔡妍、林璋，2019）。日语中的用言有未然形、连用形、终止形、连体形、假定形和命令形六种活用形。下面以动词活用形为例，对比分析《简明》与《标日》两套教材对活用形的说明。

《简明》对动词活用形的解释说明如下。

（1）动词终止形的词形与其基本形相同，该活用形用来做句子的谓语或后续部分的助词。动作动词的终止形表示未来或经常性、反复性的行为、动作或作用，存在动词的终止形表示现在的状态。

（2）动词连用形表示连接用言的各种形式：

　　① 后续助动词"ます""た"、接续助词"て"等；

　　② 表示中顿；

　　③ 转作名词使用；

　　④ 与其他词一起构成复合词。

（3）动词连体形表示连接体言的各种形式，词形与其基本形相同。动词连体形主要做定语，用来修饰体言，也用来后接形式体言和需要接在连体形之后的助词、助动词、惯用型等。以连体形使用的动词仍可有它自己的主语、补语、宾语、状语。

（4）动词假定形

动词假定形后接接续助词"ば"构成条件状语。

（5）动词未然形

动词未然形①后接否定助动词"ない"或"ぬ"表示否定。

（6）动词命令形

动词命令形用来表示对晚辈的命令，以动词命令形做谓语的句子一般不出现主语（主语为听话人）。

与此相对，采用日语教学语法的《标日》在教授形容词的活用形时，并未提及任何活用形的术语名称。在教授动词的活用形时，倾向于使用直观的形态来命名，如动词的"ます形""て形""ない形""た形""ば形"等，也有个别与学校语法一样的、基于术语语法意义与功能的命名方式，如意志形和命令形。

---

　　① "未然"指的是"还没有成为事实"，与"否定"意义接近。

在活用形的术语名称上，学校语法的命名方式具有更强的理据性与系统性。从理据性上看，以汉语为母语的学习者在对未然、连用、终止、连体、假定、命令等概念的理解上不存在问题，也就是说，从理论角度来看，这些术语名称能够帮助学习者记忆、理解术语本身的语法意义与语法功能。从系统上看，学校语法活用形的命名方式都是基于其自身的语法意义与功能，具有一致性。反之，日语教学语法中的"ます形""て形""ない形"等只是单纯反映活用形的形态，并不能直观地体现出其本身的意义及用法，从而达到"望文生义"的效果。此外，日语教学语法的一部分术语采用直观的形态命名法，一部分术语采用与学校语法相同的意义型命名法，在一致性与系统性上也略显不足。

但是，毋庸置疑的是，日语教学语法的术语命名具有简明性这一特征优势，易懂易记。因为其大部分术语命名都采用数字型与形态型的命名方式，所以学习者在理解上不存在任何困难，记忆起来也很简单。学校语法的每个术语名称都带有自己的具体意义，它们之间既有关联性又有区分性，理解、记忆起来应该需要花费更多的时间和精力。综上所述，在理论层面，日语教学语法使用数字或形态作为术语名称确实有直观、通俗易懂等优点，但学校语法的术语名称绑定了特定的形式与意义，使得名称不再仅仅是一个空洞的符号，而带有具体的指向和意义。究竟哪一种命名方式更加适合中国日语学习者，更有利于初级日语语法的习得呢？

四 "模块化"与"零散化"的教学逻辑差异

没有具体的词汇意义，没有活用，附在其他词后表示词与词之间的关系，或增添一定的语法意义的词叫作助词。学习助词要注意两个方面：第一，接续方式——接在什么词后面？如接用言或助词，接在什么活用形的后面？第二，表示什么语法意义。

学校语法对助词接续方式及语法意义的讲解具有系统性和层次性，呈现模块化（网络模型）的特征。第一层：说明助词的性质、类型和用法，再将助词的用法细分为格助词、接续助词、系助词等六个二阶分类；第二层：于每个二阶分类同样按照接续功能、类别、具体内容的顺序逐一讲解；第三层：讲解某个具体内容，如主格助词"が"，按照接续方式、语义的顺序进行阐述，特别是讲解语义时，基本按照从原型义到派生义的顺序逐一罗列语义，并在最后论述该格助词与其他易混淆格助词语义用法之间的异同。相对而言，日语教学语法在讲解格助词时多将其与动词组合在一起，以句型的方式处理，如"XがYをV""XにYがV""XがYをZからV"等。

这种语法体系的差异在两套教材上也体现得淋漓尽致。从词类划分来看，在助词的下位分类与用法说明上，日语教学语法不区分具体的小类，统称"助词"，重点介绍各个助词的具体语法功能。学校语法则把助词分为格助词、提示助词、接续助词、并列助词、副助词、终助词六类，分别解释各个助词的称谓及用法。

（1）格助词，主要接在体言后面，表示该体言在句中的格关系，按其表示的格关系的不同，又可分为四种。

① 主格助词"が"，与所附体言一起构成主语。

② 宾格助词"を"，与所附体言一起构成宾语。

③ 领格助词"の"，与所附体言一起构成定语。

④ 补格助词"に""で""と"等，与所附体言或用言一起构成补语。

（2）提示助词，顶替格助词或与某些格助词重叠，起提示作用。例如，提示助词"は"可顶替主格助词"が"提示主语，也可插在谓语中起明确否定对象的作用。

（3）接续助词，接在用言（包括含有修饰语的用言词组及后续助动词的用言）之后，起承上启下的作用。

（4）并列助词，接在体言或用言之后，起并列作用。

（5）副助词，接在体言、用言、副词等之后，起增添某种语法意义的作用。

（6）终助词，也叫语气助词，用于句末，表示疑问、强调、咏叹、禁止等语气。

在助词中，格助词数量多、范围广、使用频率高，在学习的初级阶段，格助词的习得可以说是至关重要的内容。（蔡妍，2020）下面以格助词为例，考察采用学校语法的《简明》和采用日语教学语法的《标日》在教学逻辑上的差异体现。

虽然《简明》对各个格助词的讲解分散于若干课中，但其总体采用的是统一的讲解模式，即"模块化"的讲解模式（见图5-1）。模块化是指解决一个复杂问题时自上而下逐层把系统划分成若干模块的过程，有多种属性，分别反映其内部特性。

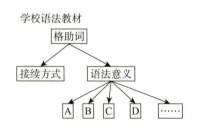

图 5-1 《简明》的"模块化"格助词讲解模式

《简明》首先将格助词定义为"接在体言或具有体言性质的词、词组后面，确定该体言在句中的句法地位（主语、宾语、补语、定语）"。而后在若干课中讲解了各个格助词的语义及用法。

（1）补格助词"に"

接续方法：体言 +"に"

语法意义：构成补语表示以下含义：

   ① 表示存在的位置；

   ② 表示行为、动作发生的时间；

   ③ 表示来去的目的；

   ④ 表示动作的目的地、着落点、作用的结果等；

   ⑤ 表示评价的标准；

   ⑥ 表示用途；

   ⑦ 表示对象。

（2）补格助词"へ"

接续方法：体言＋"へ"

语法意义：表示行为、动作的方向。

（3）补格助词"から"

接续方法：体言＋"から"

语法意义：表示时间、空间的起点。

（4）补格助词"で"

接续方法：体言＋"で"

语法意义：构成补语表示以下含义：

   ① 行为、动作发生的场所、范围；

   ② 行为、动作的手段、工具、方法等；

   ③ 行为、动作的原因、理由；

   ④ 行为、状态的材料。

（5）补格助词"まで"

接续方法：体言、用言连体形＋"まで"

语法意义：表示时间、空间的终点。

（6）补格助词"より"

接续方法：体言、用言连体形＋"より"

语法意义：表示比较的标准。

（7）宾格助词"を"

接续方法：体言＋"を"

语法意义：表示动作的对象或结果。

（8）补格助词"を"

接续方法：体言＋"を"

语法意义：表示离去的地点、移动的路线或经过的场所。

（9）补格助词"と"

接续方法：体言、用言终止形＋"と"

语法意义：

　　　　① 表示行为动作的共同者或对手；

　　　　② 表示变化的结果；

　　　　③ 表示思维、言表、称谓的内容；

　　　　④ 表示比较的对象。

（10）领格助词"の"

接续方法：体言、用言连体形＋"の"

语法意义：表示定语或表示定语从句中的主语。

由上可见，《简明》对于每个格助词的讲解都遵循了"格助词的定位→接续方式→语法意义"的模式。具体来看，以格助词"に"的讲解为例。

首先，《简明》将其定位为补格助词，这其中有两层含义。第一，"に"虽然是附属词，无法单独用于句子之中，但是作为助词，它是一个独立的存在，而非名词的词尾。如要划分"部屋にいる"这个短语的成分，应该是名词"部屋"＋补格助词"に"＋动词"いる"，而不是名词性成分"部屋に"＋动词"いる"。这样的描述能够让学习者清楚地意识到格助词的重要地位。第二，补格助词（而非宾格助词或领格助词）的"补"是补语的意思，补语是述补结构中补充说明述语的结果、程度、趋向、可能、状态、数量、目的等的成分，补语与述语之间是补充与被补充、说明与被说明的关系。也就是说，"名词＋に"在句子中的作用是对述语的补充，而不是宾语或定语，进一步明确了"に"

的语法功能。

其次，说明补格助词"に"的接续方式为"体言＋に"，而后随着学习阶段的推进和学习内容的深入，格助词的接续方式除了"体言"之外，也出现了"用言连体形、用言终止形"等更加具体的说法。但无论如何，接续方式的说明阐明了格助词在句中的位置及其扮演的角色，这一点能够提醒学习者在例句或课文等文本内容的阅读中需要注意格助词的选择和使用。

最后，《简明》基本在同一课中罗列出了格助词的多个意义及用法，有利于学习者理解、记忆与辨析。格助词多义的掌握一直是初级阶段日语学习的重点和难点。（蔡妍，2020）如"で"和"と"，《简明》把这两个格助词在初级阶段必须掌握的四个用法放在同一课中讲解，让学习者在对格助词多义功能及其用法有个概观的基础上，可以更好地对比分析各个用法之间的差异与联系。"に"的情况有些特殊，一共有8个语法义，《简明》分两课讲解。在第7课先讲解"存在的位置""行为动作发生的时间""来去的目的""动作的目的地、着落点和作用的结果"这四个用法；在第31课讲解"评价的标准""用途"及"对象"三个用法。从难易度来看，在第7课讲解的四个用法难度小、使用频率高，是比较常见的用法。而在第31课讲解的三个用法难度较大、使用频率相对较低。从语义之间的关联度来看，在前四个用法中，一个与时间相关，另外三个都与地点相关：一个是存在的位置，即存在的地点；一个是动作的目的地和着落点，也是地点；最后一个是来去的目的，这一点看起来与地点无关，实则不然。因为此处学习的是"目的地＋へ＋目的＋に"这个用法，这里的"目的"是前往某个地点的目的。如果说前面的用法描述的是具象化的空间 [①]，后三个用法则可以看作抽象的空间。

---

① 地点是空间，而时间是空间的隐喻。

其中，"评价的标准"（"薬に強い"）表示"在……方面……（评价性表达）"；"用途"（"紙を切るのに使う"）表示"被用在……方面"；"对象"（"家具の位置にも注意します"）表示"在……方面……（动词）"。从认知语言学的角度来看，前四个用法更接近"に"的原型义，后三个用法则更接近边缘义。认知语义学认为，对于学习者来说，越接近原型义的用法越容易掌握，越边缘的用法掌握的难度越大。可见《简明》对格助词多义的说明与讲解遵循了一定的认知规则，具有较强的系统性与合理性。

与《简明》采用的"模块化"讲解模式相比，《标日》采用的是"零散化"的讲解模式，不突出助词的地位与作用，而是以句型的方式直接将助词在句中的搭配（句型）教给学习者（见图5-2）。在这里，《标日》依旧遵循以实用性为最高指标的原则，即常见的、高频的用法先教，少见的、低频的用法后教或不教，各个助词的各种用法散落于若干课中。

日语教学语法教材

名词[1]+助词+动词→语法意义A

名词[2]+助词+动词→语法意义B

名词[3]+助词+动词→语法意义C

⋮

图5-2 《标日》的"零散化"助词讲解模式

例如，《标日》在第1课中就教授了助词"の"的用法，但在此之前并未说明助词的定义、功能等。《标日》对各个助词的用法说明如下。

（1）名 の　　名［从属机构、国家］［属性］

助词"の"连接名词和名词，表示前面的名词是后面名词从属的机构、国家或属性。

（2）名 と 名［并列］

助词"と"加在两个名词之间表示并列，意思相当于汉语的"和"。

（3）名［时间］に 动

表示动作发生的时间时，要在具体的时间词语后面加上助词"に"。

（4）名［时间］から 名［时间］まで 动

表示某动作发生在某个期间。

（5）名［场所］へ 动

使用"行きます""帰ります"等表示移动的动词时，移动行为的目的地用助词"へ"表示。

（6）名［场所］から 动

使用移动动词时，移动的起点用助词"から"表示。这里的"から"与第5课学过的表示时间起点的"から"（即上文的第4点）是同一助词。

（7）名（人）と 动

表示共同做某事的对象。

（8）名［交通工具］で 动

表示交通手段。

（9）名［场所］から 名［场所］まで 动

表示移动的范围时，范围的起点用"から"，范围的终点用"まで"。

（10）名 を 动

表示动作的对象。

（11）名［场所］で 动

表示动作的场所。需要注意，存在的场所和动作进行的场所在汉语里都用"在"来表示，但在日语里前者为"に"，后者为"で"。

（12）名 工具 で 动

表示除了交通工具以外的其他手段以及原材料。

（13）名 人 に 会います

"会います"相当于汉语的"见"。所见到的对象用助词"に"表示。

（14）名1 は 名2 より 一类形 / 二类形 です

比较"名词1"和"名词2"，"名词1"比"名词2"更具有该句中形容词所表示的性质。

（15）名 场所 へ 动 に 行きます / きます

表示移动行为的目的。句型中的名词为表示场所的名词，表示移动行为的目的地，动词表示移动行为的目的。

（16）名 数量 ＋ で

用于不称重量而以个数的方式售物。

（17）名 场所 を 动 ［经过］［离开］

表示经过的场所或离开的场所。

（18）名 附着点 に 动

表示人或物体的附着点，即人或物体停留在交通工具或椅子上等时的附着点。

（19）名 目的地 に 动

移动行为的目的地既可以用"へ"表示，也可以用"に"表示。

（20）名 で ［原因、理由］

助词"で"加在名词后面还可以表示原因、理由。

（21）名 に ［用途］［基准］

"～に"也可以用来表示用途和基准。表示用途时，其前面是具体说明用途的名词，后面一般是"使います"等动词。

（22）动（基本形）のに ［用途］［基准］

也可以表示用途和基准。其后面一般也是接"使います"等动词和表示评价的形容词。

总体来看,《简明》与《标日》这两套教材教授的格助词的用法数量不相上下,内容也基本一致,只是讲解的模式完全不同。《简明》"模块化"的讲解方式更加立体,更加具有系统性。它以十个格助词为总体框架,以接续方式与语法意义两大模块为中心,分 5 课讲解格助词的具体用法。在语法意义方面,尽可能将联系紧密的语法意义放在同一课讲解,并按照难易度、使用频率、典型性等标准安排多义的讲解顺序,便于学习者联想与辨析。

而《标日》"零散化"的讲解方式则显得更加平面,更加零碎。它将十个格助词的用法分解成 22 个句型,分散于 13 个课时中讲解。首先,采用句型的讲解方式,一方面削弱了助词的地位与重要性,使得学习者倾向于将助词视为一个普通的句子成分,而不是一个独立的体系;但另一方面,学习者可以用最直观的方式了解助词是如何在句子层面运作的,它应该跟什么性质的名词和动词搭配以及这样的搭配表达什么样的语义。其次,《标日》在讲解格助词的多义性时,似乎并未遵循特定的原则或标准,且对各义项的讲解时间跨度较大。例如,《标日》将格助词"で"的语法意义归纳为:表示动作的场所、交通工具、方式、原因和理由。其中,表示动作的场所与交通工具的"で"出现在第 6 课和第 7 课,表示方式的"で"出现在第 13 课,而表示原因和理由的"で"出现在第 27 课。格助词"に"的语法意义为:表示时间、事物存在的场所、对象、附着点、目的地、用途和基准。其中,表示时间的"に"出现在第 5 课,表示事物存在场所的"に"出现在第 7 课,表示对象的"に"出现在第 8 课,表示附着点和目的地的"に"同时出现在第 15 课,而表示用途和基准的"に"则同时出现在第 36 课。格助词的多义性及其之间的辨析是初级阶段日语学习的重点与难点,《标日》这样的做法是否不利于学习者充分认识格助词的多义性，影响学习者对多义辨析的掌握是个值得进一步探讨的问题。

综上所述，在教授格助词时，学校语法体系的《简明》采用"模块化"的讲解模式，围绕格助词本身讲解其接续方式及语法意义，具有一定的系统性与集中性。这种方式一方面能够帮助学习者树立完整的体系概念，让学习者对格助词的语义结构及多义辨析有充分的了解；另一方面，在初级阶段短时间内教授大量的格助词及其多种用法，有可能影响学习者的记忆和理解，加大其记忆负担，最终产生混淆。日语教学语法体系的《标日》采用"零散化"的讲解模式，模糊格助词作为助词体系一员的焦点，将其结合前接名词与后接述语的性质，放置于句型中讲解，并将格助词的多义分散于若干课中逐一讲解，具有一定的直观性，但也呈现分散性的特征。这种方式一方面能够让初级阶段的学习者以最直观的方式了解格助词在句中的具体呈现方式，以及其与前后句子成分的搭配，使得学习者可以在最短时间内"现学现卖"；但是相对的，模糊格助词本身的做法很可能会削弱学习者的注意力与关注度，且分散多义的讲解方式也可能对学习者格助词多义辨析的理解与掌握产生影响。

五 "简体为本"与"敬体优先"的教学理念差异

如第三章所述，学校语法与日语教学语法在动词活用表的设定依据与排列方式上呈现出明显的不同特征（肖书文，2005；彭广陆，2007、2011a 等）。从设定依据来看，学校语法的动词活用表按照动词的断续功能分为"终止形（終止形）""连用形（連用形）"和"连体形（連体形）"；按照其使用功能分为"未然形（未然形）""假定形（仮定形）""命令形（命令形）"。日语教学语法的动词活用表则按照动词的使用功能分为"否定形（否定形）""意志形（意向形）""被动形（受身形）""使役形（使役形）""可能形（可能形）"和"命令形（命令形）"；按

照其词尾形态分为"ます形（ます形）""て形（て形）""た形（た形）""たり・たら形（たり・たら形）""ば形（ば形）"；按照其出现的场所命名为"词典形（辞書形）"。

从排列方式来看，学校语法的动词活用表按照五十音图排列，而日语教学语法左边根据"时（テンス）"区分，右边先根据"极性（認め方）"一分为二，再根据"语体（丁寧さ）"细分。学校语法的动词活用表将简体的活用形排在左侧，将敬体的活用形置于右侧，表明敬体的形式是由简体的形式派生而来的。而日语教学语法的动词活用表则与之相反，敬体在左，在教学中也是先教敬体，后教简体，由敬体反推简体。这种做法反映出一种敬体优先主义（谷口秀治，1999），且既不科学——不符合日语形态派生的客观规律，也不合理——会额外增加学生的记忆负担（彭广陆，2011b）。

（一）两套教材动词活用表的差异

日语动词一般由词干和词尾两部分构成。入句时，词干不变，词尾发生形态变化。日语中的形态变化叫"活用"。《简明》根据学校语法的动词活用体系编制动词活用表，把动词按照词尾变化分为一段动词、五段动词、カ变动词和サ变动词四种。不同类型动词的活用表如下。

表 5-10　五段动词活用表[①]

词尾所属的行	例词	词干	词尾					
			未然形	连用形	终止形	连体形	假定形	命令形
か	書く	書	か① こ②	き	く	く	け	け
が	急ぐ	急	が① ご②	ぎ	ぐ	ぐ	げ	げ

_____

① 摘自《简明》第140页。

续表

词尾所属的行	例词	词干	词尾					
			未然形	连用形	终止形	连体形	假定形	命令形
さ	話す	話	さ① そ②	し	す	す	せ	せ
た	持つ	持	た① と②	ち	つ	つ	て	て
な	死ぬ	死	な① の②	に	ぬ	ぬ	ね	ね
ば	学ぶ	学	ば① ぼ②	び	ぶ	ぶ	べ	べ
ま	読む	読	ま① も②	み	む	む	め	め
ら	送る	送	ら① ろ②	り	る	る	れ	れ
わ	会う	会	わ① お②	い	う	う	え	え
主要后续或用法			①ない ②う	用言、ます、中顿、名词	结句、が、し、と、だろう等	体言	ば	命令

表 5-11　一段动词活用表 ①

例词	词干	词尾					
		未然形	连用形	终止形	连体形	假定形	命令形
起きる	お	き	き	きる	きる	きれ	きろ、きよ
見る	み	み	み	みる	みる	みれ	みろ、みよ
考える	考	え	え	える	える	えれ	えろ、えよ
出る	で	で	で	でる	でる	でれ	でろ、でよ

① 摘自《简明》第141页。

续表

例词	词干	词尾					
		未然形	连用形	终止形	连体形	假定形	命令形
主要后续或用法		よう、ない、ぬ	用言、た、ます、て、中顿、名词	结句、が、し、と、だろう等	体言	ば	命令

表 5-12　サ变动词活用表 [①]

例词	词干	词尾					
		未然形	连用形	终止形	连体形	假定形	命令形
する	○	せ① し②	し	する	する	すれ	しろ、せよ
勉强する	勉强	せ① し②	し	する	する	すれ	しろ、せよ
主要后续或用法		①ぬ ②ない、よう	中顿、た、て、ます	结句、が、し、と、だろう等	体言	ば	命令

表 5-13　カ变动词活用表 [②]

基本形	未然形	连用形	终止形	连体形	假定形	命令形
来る	こ	き	くる	くる	くれ	こい
主要后续或用法	ない、よう	用言、た、て、ます	结句、が、し、と、だろう等	体言	ば	命令

　　《标日》根据日语教学语法的动词活用体系编制动词活用表，将动词类型分为三类：一类动词、二类动词和三类动词。一类动词就是五段动词，二类动词是一段动词，三类动词则是カ变动词和サ变动词的总称。不同类型动词的活用表如下。

---

①　摘自《简明》第141页。
②　摘自《简明》第141页。

表 5-14 《标日》动词活用表 [1]

	ます形	て形	ない形	基本形	た形	命令形	意志形	ば形
一类动词	会います	会って	会わない	会う	会った	会え	会おう	会えば
	書きます	書いて	書かない	書く	書いた	書け	書こう	書けば
	指します	指して	指さない	指す	指した	指せ	指そう	指せば
	破ります	破って	破らない	破る	破った	破れ	破ろう	破れば
	並びます	並んで	並ばない	並ぶ	並んだ	並べ	並ぼう	並べば
二类动词	起きます	起きて	起きない	起きる	起きた	起きろ	起きよう	起きれば
	食べます	食べて	食べない	食べる	食べた	食べろ	食べよう	食べれば
	見ます	見て	見ない	見る	見た	見ろ	見よう	見れば
	逃げます	逃げて	逃げない	逃げる	逃げた	逃げろ	逃げよう	逃げれば
三类动词	来ます	来て	来ない	来る	来た	来い	来よう	来れば
	します	して	しない	する	した	しろ	しよう	すれば
	案内します	案内して	案内しない	案内する	案内した	案内しろ	案内しよう	案内すれば
	掃除します	掃除して	掃除しない	掃除する	掃除した	掃除しろ	掃除しよう	掃除すれば

从教学语法的视角来看，《简明》与《标日》的动词活用表差异如下。

第一，《简明》的动词活用表中明确区分了动词的词干和词尾，表明活用的部分是动词的词尾，而《标日》的动词活用表中并未提及动词的词干与词尾。并且，《简明》将活用的部分拆分为"词尾＋主要后续或用法"，在体现"组装型"思维方式的同时兼顾了活用形的语法功能——断续功能＋语义。《标日》的动词活用表则体现了"集成型"的思维方式，并未展现活用规则及活用形的语法功能，仅体现活用变化后的最终形态。

---

① 节选自《标日》第348页到367页。

第二,《简明》的动词活用体系秉持学校语法"简体为本"的理念,以动词的终止形(也叫词典形,简体)为原点教授其他活用形的活用规则,所以《简明》表中的例词都是以终止形的形式出现,生词表中的动词形式也一样。而《标日》的动词活用体系秉持日语教学语法"敬体优先"的理念,以动词的"ます形"(即学校语法中的连用形,敬体)为原点教授其他活用形的活用规则,所以《标日》表中的例词都是以"ます形"的形式出现的,生词表中的动词形式也是"ます形"。

众所周知,在口语里,日语的谓语形式根据说话人和听话人之间上下关系、亲疏关系的不同而不同。敬体是对长辈或关系不太亲密的人使用的形式,简体是对自己的同辈 / 晚辈或者关系较密切的人使用的形式。《标日》也许是考虑到学习者在初学阶段接触到的大多是关系不太亲密的人或是需要尊重的人,所以先教授能够让学习者"脱口而出""现学现卖"的敬体形——"ます形",而不是简体形。

（二）两套教材在动词活用规则教学方法上的差异

虽然两套教材的动词活用表呈现出了学校语法与日语教学语法在"组装型 / 集成型"思维方式上的差异,但是在教学方法上,两套教材并未显示出上述差异。日语教学语法体系的教材《标日》虽未提及词干和词尾的区别,但同样将活用形拆分成参与活用的部分与未参与活用的部分来讲解活用的具体规则;而学校语法体系的教材《简明》也在一定程度上简化了动词活用表,将重点放在活用规则的讲解上。在教学过程中,比起静态呈现于教材中的活用表,教师动态的教学方法（这里主要指讲解活用规则的方式）对学习者的影响明显更大。由此可见,两套教材在动词活用规则教学上的差异主要体现在动词活用的起点上。下面以本书语法测试的内容——动词的连用形（日语教学语法中的"て形"）

和未然形（日语教学语法中的"ない形"）为例，考察两套教材在动词活用规则讲解上的差异。

1. 动词的连用形（日语教学语法中的"て形"）

《简明》将动词连用形定义为"音变"："五段动词的连用形后续接续助词て和过去完成助动词た等的时候，只有サ行五段动词不发生音变（词尾仍为し），其他五段动词的连用形都发生音变。"音变共有以下三种。

① 促音变：た、ら、わ三行五段动词的词尾变成促音。

た行　待つ→待っ＋て→待って

ら行　入る→入っ＋て→入って

わ行　使う→使っ＋て→使って

② 拨音变：な、ま、ば三行五段动词的词尾变成拨音，同时，た、て要浊化。

な行　死ぬ→死ん＋て→死んで

ま行　読む→読ん＋て→読んで

ば行　遊ぶ→遊ん＋て→遊んで

③ い音变：か、が两行五段动词的词尾变成い、が行动词后所接的た、て要浊化成だ、で。（"行く"一词属于例外，其音变不是い音变，而是促音变，为"行った""行って"。）

か行　引く→引い＋て→引いて

が行　泳ぐ→泳い＋て→泳いで

《标日》中对"て"形活用规则的解释如下。

① 一类动词"て形"的变换方式是"ます形"去掉"ます"后加"て"，加"て"的时候发音会有一些变化，即"き"→"いて"，"ぎ"→"いで"，"び、み、に"→"んで"，"ち、り、い"→"って"，"し"→"して"。

② 二类动词和三类动词的"て形"都是去掉"ます"后加"て"。

表5-15 《标日》中动词"て形"的变形方式 ①

类别	ます形		去掉ます		て形
一类动词	書きます 買います	かきます かいます	かき かい	→ →	かいて かって
二类动词	食べます 見ます	たべます みます	たべ み	→ →	たべて みて
三类动词	来ます します	きます します	き し	→ →	きて して

2. 动词的未然形（日语教学语法中的"ない形"）

《简明》将动词变未然形及后续"ない"的方式归纳如下。

① 五段动词：词干＋ウ段假名词尾→词干＋ア段假名词尾＋ない

会う→会わ＋ない→会わない

表す→表さ＋ない→表さない

送る→送ら＋ない→送らない

② 一段动词：词干＋イ段/エ段假名＋る→词干＋イ段/エ段假名＋ない

借りる→借り＋ない→借りない

考える→考え＋ない→考えない

③ 变格活用动词：

する→し＋ない→しない

来る→こ＋ない→来ない

《标日》将动词"ない形"的变换方式归纳如下。

① 一类动词：把"ます形"去掉"ます"后的最后一个音变成相应的"ア段"音，后加"ない"。最后一个音为"い"时，把"い"变成"わ"，后加"ない"。

---

① 节选自《标日》第227页。

②二类动词：把"ます形"去掉"ます"后加"ない"。

③三类动词：把"来ます"变成"来ない"，把"します"变成"しない"。

表 5-16 《标日》中动词"ない形"的变形方式[①]

类别	ます形		去掉ます		ない形
一类动词	書きます 買います	かきます かいます	かき かい	→ →	かかない かわない
二类动词	食べます 見ます	たべます みます	たべ み	→ →	たべない みない
三类动词	来ます します	きます します	き し	→ →	こない しない

综上所述，在教授动词未然形时，学校语法体系教材《简明》的教授轨迹是动词终止形→动词未然形；而日语教学语法体系教材《标日》的教授轨迹是"ます形"→去"ます"→"ない形"。从学习者的角度来看，这两种教授轨迹的差异有三点。

第一，加工的程序不同。学校语法的学习者只要完成两步活用加工即可，即动词基本形→目标活用形；而日语教学语法的学习者则要完成三步加工，即动词的"ます形"→去"ます"→目标活用形。彭广陆（2011b）曾指出，日语教学语法的这种做法不合理，会额外增加学生的记忆负担。彭广陆的研究是基于经验的内省研究，从表面上看，日语教学语法三个步骤的活用加工似乎确实会增加学生的记忆负担。但深入分析，日语教学语法比学校语法多出的只是一个去"ます"的环节，即把动词"ます形"词尾的"ます"去掉——其实也就是确定词干的过程，这样一个简单的加工程序，并不需要应用特定的规则或遵循特定的活用方式，是否需要启动大脑的分析性加工，即是否真的会增加学生的

---

① 节选自《标日》第227页。

记忆负担还有待进一步考察。

第二，加工的原点不同。学校语法的学习者学习动词活用的原点是动词的终止形，而日语教学语法的学习者学习动词活用的原点是"ます形"。彭广陆（2011b）等指出，日语教学语法的这种做法并不科学，即不符合日语形态派生的客观规律。这里的"日语形态派生的客观规律"具体的定义是什么，规律从何而来，论文中并没有明确。但从学习者的角度来看，日语教学语法的学习者从一开始接触到的就是动词的"ます形"，无论在生词表里还是课文里，动词都是以"ます形"的形式出现的，也就是说，当时的学习者根本不知道还有动词的终止形这个形式的存在。对于他们来说，动词的"ます形"在这个阶段就是动词的终止形。动词活用的本质是从一个形式到另一个形式的变换，源形式究竟是哪种形式，是否符合"日语形态派生的客观规律"，这些真的会影响学习者在活用上的正确率和反应速度吗？如果会，背后又是什么原因在起作用呢？

第三，活用形教授顺序的不同。虽然《标日》是以动词"ます形"为原点来教授动词的活用，但这只是在初级阶段，并未贯穿于动词活用形教授的全过程中。《标日》的动词活用形教授顺序为"ます形"、"て形"、"ない形"、基本形、"た形"、命令形、意志形、"ば形"。在命令形之前，所有动词活用形的教授轨迹都是以"ます形"为原点，而从"た形"之后，《标日》介绍了日语的敬体形和简体形，并重点导入了动词简体形这一概念：

　　　动词本身即具有"敬体形"和"简体形"，如以前学过的"ます""ません""ました""ませんでした"这四种礼貌表达方式都属于"敬体形"，而以前所学的动词的"基本形""ない形""た形"都属于"简体形"。

表 5–17 《标日》对动词简体形的说明 ①

		敬体形式	简体形式
现在将来形式	肯定	買います	買う（基本形）
	否定	買いません	買わない（ない形）
过去形式	肯定	買いました	買った（た形）
	否定	買いませんでした	買わなかった（なかった形）

在此之后，从命令形开始，包括意志形和"ば形"的活用规则，《标日》都与《简明》一样，以动词的基本形为原点。以命令形为例，《标日》将动词命令形的变形方式归纳为：

① 一类动词：把基本形的最后一个音变成相应的"え段"上的音；

② 二类动词：把基本形的"る"变成"ろ"；

③ 三类动词：把"来る"变成"こい"，把"する"变成"しろ"。

表 5–18 《标日》中动词命令形的变形方式 ②

类别	基本形			命令形
一类动词	書く	かく	→	かけ
	買う	かう	→	かえ
二类动词	食べる	たべる	→	たべろ
	見る	みる	→	みろ
三类动词	来る	くる	→	こい
	する	する	→	しろ

与此相对，《简明》对动词活用形的教授整体以动词基本形为原点，一以贯之，不曾发生变化，其活用形教授顺序为基本形、连用形（"ます形"）、连用形（"て形"）、连用形（"た形"）、

---

① 摘自《标日》（上）第263页。

② 节选自《标日》（下）第51页。

未然形（"ない形"）、"ば形"、意志形、命令形。在"ば形"之前与《标日》一致。

六　本章小结

从第三章我们可以看出，以往的相关研究中提及的学校语法体系与日语教学语法体系的差异只是基于理论层面的探讨，并未从学习者的视角出发，充分结合中国日语语法教学实践。因此，本章从教学语法的视角出发，以相关理论研究为基础，以《简明》与《标日》这两套采用不同语法体系的代表性教材为媒介，将两套语法体系在教学思维、术语命名、教学逻辑、教学理念等方面的差异归纳如下。

"组装型"与"集成型"的教学思维差异：在教授助动词及形容词的活用规则时，学校语法侧重对语法现象各个组成部分的解释与说明，日语教学语法侧重解释其作为一个整体的接续形式与意义。学校语法的讲解是较为系统和规范的，严格地按照日本学校语法体系的框架与内容缜密地解说了相关语法概念与语法内容，逻辑严谨、关联性强。但是，对于初学者而言，这些知识的记忆与理解需要花费大量的时间和精力，也不可避免地在一定程度上增加了学习难度。日语教学语法统一以句型的方式讲解各语法项的意义及用法，未涉及任何语法概念。这样一来，学习者需要记忆和理解的内容数量较少、形式也较为简单，并且实用性强，学习者可以直接将学习到的语法知识运用到会话当中。

"意义型"与"形态型"的术语命名差异：在形容词、动词类型及活用形的命名上，学校语法的术语命名多带有具体意义，而日语教学语法则尽量不使用表义的术语命名，必要的时候多以直观的形态或数字代替。学校语法的命名方式绑定了特定的形式与意义，使得名称不再仅仅是一个空洞的符号，在理据性、系统性上更具有优势，能够帮助学习者记忆、理解术语本身的语法意义与语法功能；但术语之间既有关联性又有区分性，理解、记忆起来应该也需要花费更多的时间和精力。反之，日语教学语法的命名方式具有简明性这一特征优势，易懂易记。因为大部分术语命名采用的都是数字型与形态型的命名方式，所以学习者在理解上不存在任何困难，记忆起来也很简单。

"模块化"与"零散化"的教学逻辑差异：学校语法重视语法点的内部关联，日语教学语法重视语法点的实用性。在教授格助词时，学校语法围绕格助词本身讲解其接续方式及语法意义，并尽量将多义放在一课中讲解，具有一定的系统性与集中性。这种方式一方面能够帮助学习者树立完整的体系概念，让学习者对格助词的多义及多义之间的联系有充分的了解；另一方面，在初级阶段短时间内教授大量的格助词及其多种用法，可能影响学习者的记忆和理解，加大其记忆负担，最终产生混淆。日语教学语法模糊格助词作为助词体系一员的焦点，将其结合前接名词与后接述语的性质，放置于句型中讲解，并将格助词的多义分散于若干课中逐一讲解，具有一定的直观性与分散性。这种方式一方面能够让初级阶段的学习者以最直观的方式了解格助词在句中的具体呈现方式，以及其与前后句子成分的搭配，使得学习者可以在最短的时间内"现学现卖"，但是相对的，模糊格助词本身的做法可能会削弱学习者的注意力与关注度，且分散多义的讲解方式可能会影响学习者对格助词多义辨析的理解。

"简体为本"与"敬体优先"的教学理念差异：学校语法对动词活用形的教授以动词终止形（简体形，"る形"）为原点，日语教学语法则以"ます形"（敬体形）为原点。二者的主要差异在于加工程序与加工原点不同。加工程序上，日语教学语法比学校语法多出来的一个去"ます"的简单加工程序是否真的会如前人所言，增加学生的记忆负担？加工原点上，日语教学语法以"ます形"为原点的做法是否真的"不符合日语形态派生的客观规律"，会对学习者产生影响？因为日语教学语法的学习者从一开始接触到的就是动词的"ます形"，前期根本不知道还有动词的终止形这个形式的存在，而动词活用的本质就是一个形式到另一个形式的变换，源形式究竟是哪种形式，是否符合"日语形态派生的客观规律"，真的会影响学习者在活用上的正确率和速度吗？这些都是在接下来的实证研究部分需要进行验证的问题。

第六章 教学视角下两套语法体系教材的相同之处

本章基于证伪视角，以动词的语态——可能态、被动态和使役态、授受动词以及敬语动词三类初级日语核心语法项目为研究对象，归纳两本语法体系承载教材——《简明》和《标日》的讲解内容与方式，构建验证性实验的理论框架，共分为四个部分。第一部分归纳两套教材讲解动词可能态、被动态、使役态的内容与模式。第二部分归纳两套教材讲解授受动词的内容与模式。第三部分归纳两套教材讲解敬语体系的内容与模式。第四部分为本章小结。

一 动词语态的讲解内容与模式

语态指的是谓语动词所表示的动作与主语的关系，日语中一共有主动态、被动态、可能态、使役态和敬语五种语态。两套教材都没有对主动态做出特别的讲解，因此主动态不纳入本书的研究范围。另外，敬语虽然也是语态的一种，但与可能态、被动态和使役态三种语态相比相对特殊，体系也更加复杂，因此将于本章第三部分中单独说明。《简明》和《标日》对可能态、被动态和使役态三个初级日语核心语法项目的讲解内容与讲解模式基本一致。

1. 可能态

在可能态的讲解上两套教材采用了相同的讲解模式：语态的定义→活用规则的说明→语义的讲解。

从语态的定义来看，《标日》将"可能形式"定义为"表示能够进行某动作的形式"，《简明》将"可能态"定义为"表示句中的施事（动作实施者）能够做某种动作的动词形式"。二者的描述存在一些差异，例如《标日》没有将可能态定义成一种"语态"，只是将其称为一种"语法形式"，也没有明确指出句中主语的语义角色为"施事（动作实施者）"。尽管这一差异仍然体现出学校语法与日语教学语法注重语法形式 / 语义功能的差异，但对"可能态"这一语法项目的核心定义——"能够做某动作"并无本质差异。

从活用规则的说明来看，因为在这个学习阶段，《标日》已经完成了对动词原形的教授，所以对动词活用规则的讲解改为以动词原形为起点，而非像之前一样以"ます形"为起点，具体表现为：

> 一类动词——把基本形的最后一个音变成相应的"え"段上的音，再加"る"（書く→書ける）；二类动词——把基本形的"る"变成"られる"（食べる→食べられる）；三类动词——把"くる"变成"来られる"，把"する"变成"できる"。

《简明》将可能态的构成方式描述为：

> 五段动词未然形之后加可能助动词"れる""られる"，五段动词后接"れる"，其他动词后接"られる"。五段动词和サ变动词后接"られる"时一般还要进行约音。例如：守

る→守ら＋れる→守られる→守れる；比べる→比べ＋られ
る→比べられる；利用する→利用せ＋られる→利用せられ
る→利用される；来る→来られる。

由此可见，在可能态动词活用规则的讲解上，《标日》与
《简明》对一段动词（二类动词）和カ变动词活用规则的说明基
本相同；但在五段动词（一类动词）和サ变动词的讲解方式上存
在一定差异：《简明》比《标日》多一个约音的加工过程，如"守
る→守られる→守れる"，而《标日》以约音后的形式为目标形
式，如"守る→守れる"。虽然这里的约音看起来多出一个加工
步骤，但对于学习者可能态活用形的习得应该没有太大影响。因
为，此时学习者已经进入初级学习阶段的后期，即学习过程中的
知识编辑阶段（Anderson，1983），大脑运作方式与前期的陈述
性阶段不同，会试图将有关信息"编辑"成效率更高的信息组。
也就是说，经过前期对各类动词活用形的学习与操练，此阶段的
学习者对动词活用规则已经相当熟悉，并逐渐形成了一套相对成
熟的规则体系。从访谈结果来看，简明班87.5%的学习者表示，
在课堂上虽然了解了约音的机制，但在记忆时自动忽略了约音的
过程，将约音后的动词形式作为目标形式来看待。

从语义的讲解来看，《简明》与《标日》分别举出例子讲解
可能态的语义及其使用的语境。可能态可以表示以下几种语义：
①施事的能力（如"兄は英語が話せます"）；②客观条件的允
许（如"都会でも新しい果物が食べられます"）；③可能性或利
用特定的手段、工具、方法、环境使某一动作得以实现（如"新
幹線の電車で電話をかけられますか"）。稍有不同的是，《简明》
在同一课内讲解了三种语义，《标日》则分为两课讲解。

2. 被动态

与可能态相同，在被动态的讲解上两套教材同样采用了"语

态的定义→活用规则的说明→语义的讲解"模式。

从语态的定义来看，《标日》将被动态称为"被动形式"，并将其定义为"表示做主语的人或事物承受某种动作或影响的表达方式"；《简明》将"被动态"定义为"表示句中的主语是动作承受者（受事）的动词形式叫被动语态，以被动语态的动词作谓语的句子叫作被动句"。两套教材的语言表述存在一些差异，例如《标日》没有将被动态定义成一种"语态"，只是将其称为一种"语法形式"，没有明确定义句中主语的语义角色为"动作承受者（受事）"。但是，《标日》描述了主语的受事属性——承受某种动作或影响，可见两套教材在对被动态核心定义的表述上并无本质差异。

从活用规则的说明来看，《标日》对被动态活用规则的讲解同样以动词原形为起点，以"ない形"为例，具体内容为：

> 一类动词——把"ない形"的"ない"变成"れる"（書く→書かない→書かれる）；二类动词——把"ない形"的"ない"变成"られる"（食べる→食べない→食べられる）；三类动词——把"くる"变成"来られる"，把"する"变成"される"。

《简明》同样以动词原形为起点，以动词未然形（相当于《标日》中的"ない形"）为例描述被动态的构成方式：

> 五段动词未然形之后加被动助动词"れる"（書く→書か＋れる→書かれる）；其他动词未然形后接"られる"（食べる→食べ＋られる→食べられる；来る→来＋られる→来られる；放送する→放送せ＋られる→放送せられる→放送される）。

可见，除了在サ变动词的讲解方式上多了一个约音的环节之外，二者并无本质差异。

在被动态的语义及其使用语境的讲解上，《简明》和《标日》主要采用了主动句和被动句对照的模式讲解部分被动句的句型，并且在同一课内说明了间接被动句等其他被动态的句式及语义，具体如下。

（1）直接被动句

《标日》：部長は李さんをほめました。

　　　　李さんは部長にほめられました。

《简明》：猫は魚を食べた。

　　　　魚は猫に食べられた。

（2）主动句中的宾语部分有领属性定语时

《标日》：森さんは馬さんのカメラを壊しました。

　　　　馬さんは森さんにカメラを壊されました。

《简明》：小林さんは鈴木さんにお茶を勧める。

　　　　鈴木さんは小林さんにお茶を勧められる。

（3）间接被动句

《标日》：わたしたちは雨に降られました。

　　　　張さんは隣の人に夜遅くまで騒がれました。

《简明》：今日は、雨に降られてしまいました。

　　　　友達に来られて、勉強できなくなる。

（4）用事物来作主语的被动句

《标日》：駅前に高いビルが建てられました。

《简明》：交通規則がよく守れれば、交通事故は少なくなる。

（5）用“によって”表示施事

《标日》：この本は山田先生によって書かれました。

《简明》：多くの研究資料が彼一人によって整理された。

3. 使役态

与可能态和被动态相同，在使役态的讲解上两套教材也采用了"语态的定义→活用规则的说明→语义的讲解"模式。

从语态的定义来看，《标日》将使役态称为"使役形式"，并将其定义为"表示使役主体强制或指示动作主体进行动作的语法形式，也可以用来表示使役主体对动作主体的行为的许可或放任"；《简明》将"使役态"定义为"主语使另一施事执行动作的动词形式叫作使动语态。以使动语态的动词作谓语的句子叫作使动句"。两套教材在语言表述上的主要差异在于：《标日》对使役主体（主语）与动作主体（施事）之间的关系描述得更加详细，按照他动性的强弱指出二者之间存在"强制""指示""许可""放任"的关系。《简明》虽然没有在定义中明确指出主语与施事之间存在的关系类型，但与《标日》同样说明了使役态定义的两个核心部分：①使动句中存在主语和施事两个参与者；②主语对施事"发号施令"、产生影响。并且，学习者可以在"语义的讲解"部分通过例句掌握主语与施事之间的关系。

从活用规则的说明来看，跟被动态相同，《标日》对使役态活用的讲解同样以动词原形为起点，以"ない形"为例，具体内容为：

> 一类动词——把"ない"形的"ない"变成"せる"（書く→書かない→書かせる）；二类动词——把"ない"形的"ない"变成"させる"（食べる→食べない→食べさせる）；三类动词——把"くる"变成"来させる"，把"する"变成"させる"。

《简明》也以动词原形为起点，以动词未然形（相当于《标日》中的"ない形"）为例描述使动态的构成方式：

　　五段动词未然形之后加被动助动词"せる"（書く→書か＋せる→書かせる）；其他动词未然形后接"させる"（食べる→食べ＋させる→食べさせる；来る→来＋させる→来させる；放送する→放送せ＋させる→放送せさせる→放送させる）。

　　可见，除了在サ变动词的讲解方式上多了一个约音的环节之外，二者并无本质差异。

　　在被动态的语义及其使用语境的讲解上，虽然《标日》在定义中指出使动句中使役者和主语之间存在"强制""指示""许可""放任"的关系，但在本部分的语义讲解中并未清晰指出例句对应的是哪种关系，也没有按照他动性的强弱来排列例句，而是跟《简明》一样，采用了主动句和被动句对照的模式分别说明了谓语动词为他动词和自动词时的使动句结构，具体如下。

　　（1）谓语动词为自动词时

　　《标日》：李さんは出張します。

　　　　　　部長は李さんを出張させます。

　　《简明》：彼はここに来る。

　　　　　　僕は彼をここに来させる。

　　（2）谓语动词为他动词时

　　《标日》：森さんは歌を歌います。

　　　　　　陳さんは森さんに歌を歌わせます。

　　《简明》：学生は本を読む。

　　　　　　先生は学生に本を読ませる。

二　授受动词的讲解内容与模式

　　本部分的教学内容涵盖以下三个部分：①"やる""くれる""もらう"三个授受动词；②授受动词的敬语、谦语形式

"あげる""くださる""いただく";③ 动词连用形"て"+助
动词"やる（あげる）""くれる（くださる）""もらう（いた
だく）"。《标日》分两课讲解：于上册第 8 课讲授"あげる"和
"もらう"，于下册第 28 课讲授①中的"くれる"和②、③。《简
明》在第 20 课按①→③的顺序讲解了全部内容。

在讲解授受动词的语义及其应用语境时，两套教材采用了
相同的讲解模式，先以图示详细解释授受动词的人称限制，再按
"あげる"→"くれる"→"もらう"的顺序依次举例说明动词
的使用场景。在授受动词这一语法项目的习得中，人称限制是最
核心的内容，在这一点上《标日》和《简明》并无本质差异。

1."あげる"与"〜てあげる"

《标日》："あげます"相当于汉语的"给"，通常在物品
以"第一人称→第二人称→第三人称"或"第三人称→第三人
称"的形式移动时使用。物品用助词"を"表示，接受者用助词
"に"表示。"〜てあげます"表示说话人或说话人的一方为别人
做某事的用法。例如：私は小野さんにお土産をあげました。/
森さんはお年寄りの荷物を持ってあげました。

《简明》："やる（あげる）"是外向性的，只能用于第一人称
给第二人称或第三人称、第二人称给第三人称、第三人称（说话
人站在与此第三人称同一立场）给另一第三人称。"动词连用形
て+あげる"表示说话人一方为另一方做某事。例如：私は父に
自転車をあげました。/ 私は彼に漢字の書き方を教えてあげま
した。

2."くれる"与"〜てくれる"

《标日》："くれます"表示别人给说话人或者说话人一方的
人某物。"动词て形+くれます"表示说话人以外的主语为说话
人或说话人一方的人做某事。如整个句子为疑问形式时也可以用
于委托关系亲密的人为自己做某事。例如：馬さんは私に地図を

くれました。/ 女の人が私の財布を拾ってくれました。

《简明》："くれる（くださる）"是内向性的，用法正好与"あげる"相反，用于第二人称给第一人称，或第三人称给第一人称、第二人称或另一第三人称。"动词连用形て＋くれる"表示另一方为说话人一方做某事。例如：彼は私に今日の新聞をくれました。/ 彼女は牛乳を買ってきてくれた。

3."もらう"与"〜てもらう"

《标日》："もらいます"与"あげます"相反，表示物品以"第三人称→第二人称→第一人称"或"第三人称→第三人称"的形式移动，相当于汉语的"得到""接受"等意思。物品用"を"表示，赠送者用助词"に"表示。赠送者也可以看成是物品移动的起点，用助词"から"表示。"动词て形＋もらいます"具有"说话人请别人做某事"以及"说话人承受了由于别人的动作而带来的恩惠"两种含义。"别人"用助词"に"来表示。例如：私は小野さんに辞書をもらいました。/ 森さんは李さんに北京を案内してもらいました。

《简明》："もらう（いただく）"的意思是"收受""领受"，表示句子中的主语从由补格助词"に"或"から"构成的补语那里得到什么东西。"动词连用形て＋くれる"表示句中的主语请求或承蒙由"に"或"から"构成的补语做某事。例如：私は先生から英語の本をいただきました。/ 彼に紙をすこしもらいましょう。

三 敬语体系的讲解内容与模式

敬语体系的教学内容主要涵盖尊他语、自谦语和礼貌语（《简明》称为"恭敬语"）三个部分。总体框架上，两套教材按照尊他语→自谦语→礼貌语的顺序讲解；具体的讲解步骤上，两套教材首先明确界定了术语的概念，其次按照"敬语助动词→敬语动词→其他句型"的顺序介绍了构成敬语语态的方式，最后举例说明语义及其适用语境。总体看来，两套教材没有本质性差异，不过《标日》对适用语境着墨更多、阐释更全面。

1.敬语的定义及类型

《标日》：敬语用于对会话中涉及的人物或者听话人表示敬意。现代日语的敬语可粗略地分为以下三类：①尊他语：用抬高会话中的听话人或听话人一方的方式表示敬意；②自谦语：用压低说话人自身或说话人一方的方式表示敬意；③礼貌语：通过使用"～です""～ます"等礼貌的说法，表示对听话人的敬意。

《简明》：敬语是说话人对他人表示尊敬的语言表示形式，日语的敬语可分为尊他语、自谦语和礼貌语（恭敬语）三类：① 尊他语是指句子中的行为主体表示尊敬的语言表达形式；② 用谦让的表达方式叙述自己或自己一方的人的行为、动作，以此对他人表示尊敬；③ 采用恭敬的表达方式叙说，以此对听话人表示尊敬。

2.尊他语

定义:《标日》对尊他语的适用语境做出了较为全面解读："一般来说,尊他语用于对长辈或上级。不过，即使是长辈或上级，如果关系十分亲密也不使用。例如一般不用于自己的家人，在与其他公司的人谈话、涉及自己公司的上级时也不用。反之，即使不是长辈或上级，但与自己的关系比较疏远则需要使用。"与此相对,《简明》只对尊他语的语义功能、尊敬对象做出了限制性定义:"尊他语是指句子中的行为主体表示尊敬的语言表达形式。"

构成方式及适用语境：两套教材介绍了尊他语的三种构成方式，即敬语助动词、敬语动词、表示尊他的句型以及敬语接头词"お""ご"和接尾词"さま"。

（1）敬语助动词"（ら）れる"

《标日》：动词的被动形式也可作为尊他语的一种，但与被动句不同，这里只是单纯地将原句的动词改为"～（ら）れます"，

不改变句子成分的位置及助词等。例如：周先生は日本へ行かれ
ます。

《简明》：使用敬语助动词"（ら）れる"构成敬语态。敬语
助动词"（ら）れる"的接续方法及活用和被动助动词"（ら）れ
る"相同，但后续敬语助动词时，句子结构与一般主动句相同。
例如：おとうさまは、昨日の会議に出席されましたか。

（2）敬语动词

《标日》：在日语里，有一些动词在表示尊他的意思时有其特
殊形式。一般来说，具有这种特殊形式的动词，在表示尊他时优
先使用其特殊形式。例如：見る→ご覧になる、食べる/飲む→
召し上がる、来る・行く→いらっしゃる/おいでになる。

《简明》：使用敬语动词"いらっしゃる""おっしゃる""召
し上がる""なさる""くださる"等。例如：もう少し召し上が
ってください。/おかあさんは、今どこにいらっしゃいますか。

（3）表示尊他的句型

《标日》介绍了两种尊他句型。第一种是"お＋一类动/二类
动になります"：尊他语的另一种表达形式是"お＋动词的ます
形去掉ます＋になります"，如"お客様はもうお帰りになりま
した"。但一类动词和二类动词的"ます形"去掉"ます"以后
只有一个音节的词，如"見ます""います"等则不能用于这种
形式，并且三类动词也不能用于这种形式。第二种是"お＋一类
动/二类动ください"/"お＋三类动的汉字部分ください"：劝
说听话人做有益于听话人或有益于公共利益的事情时，可用"お
＋一类动/二类动ください"/"お＋三类动的汉字部分くださ
い"的形式，如"エスカレーターをご利用ください"。但一类
动词和二类动词的"ます形"去掉"ます"以后只有一个音节的
词以及三类动词不能用于这种形式。

《简明》介绍了三种尊他句型，比《标日》多一种。这三种

句型分别是："お＋动词连用形 / ご＋サ变动词词干＋になる"；
"お＋动词连用形 / ご＋サ变动词词干＋くださる（なさる）"；
"お＋动词连用形 / ご＋サ变动词词干＋です"。例如：詳しくご
紹介いただきまして、どうもありがとうございました。/ これ
からお帰りですか。/ 今日の新聞はお読みになりましたか。

（4）敬语接头词和接尾词

《标日》详细介绍了尊他语接头词的使用规则及其应用场景：
在使用敬语的时候，不只是动词，同一个句子里的一部分名词、
形容词有时也要使用相应的敬语形式，即在名词和形容词前加
"お""ご"，日语固有名词前一般加"お"，汉字词前一般加"ご"。
例如：一度お会いしたいんですが、明日はお忙しいでしょうか。/
家を建てられたそうですね。お若いのに、立派ですね。

《简明》内容相对简单：使用敬语接头词"お""ご"、接尾词
"さま"等。如"ここにお名前とご住所をお書きください"。

3. 自谦语

定义：《标日》将自谦语定义为："通过压低说话人自身或说
话人一方的形式表示敬意的表达方式。如跟别人谈到自己的家人
或自己公司的上级时，也使用自谦语"。《简明》的定义与《标
日》大同小异："用谦让的表达方式叙述自己或自己一方的人的行
为、动作，以此对他人表示尊敬。"

构成方式及适用语境：两套教材同样介绍了自谦语的两种构
成方式——自谦动词和表示自谦的句型。

（1）自谦动词

《标日》：和尊他语一样，一些动词的自谦语也有特殊形式。
例如：見る→拝見する、食べる / 飲む→いただく、来る・行く→
参る / 伺う。

《简明》：使用自谦"いただく""致す""申す""伺う""参
る"等。例如：私は小林と申します。どうぞよろしく。/ それ

では、一緒に参りましょう。

（2）表示自谦的句型

《标日》介绍了一种自谦句型，即"お＋一类动／二类动しま
す"。"お＋一类动词／二类动词的ます形去掉ます＋します""ご
＋三类动词的汉字部分＋します"，例如：お荷物は私がお持ち
します。／明日の午後、ご連絡します。但一类动词和二类动词
的"ます形"去掉"ます"以后只有一个音节的词，如"見ま
す""います"等则不能用于这种形式，并且三类动词，如"来
ます""します"也不能用于这种形式。

《简明》介绍了两种自谦句型，分别是："お＋动词连用
形／ご＋サ变动词词干＋する（致す）"；"动词连用形＋てあげ
る（さしあげげる）／ていただく"。例如：あまりわからなかっ
たので、先生にもう一度説明していただきました。／ご案内い
たしましょう。／お待ちしております。第二种句型《标日》也
进行了说明，只不过是放在①"自谦动词"中讲解，而非②"表
示自谦的句型"中。

4. 礼貌语

定义:《标日》将礼貌语定义为:"通过使用'～です''～ま
す'等礼貌的说法，表示对听话人的敬意"。《简明》将《标日》
中的"礼貌语"称为"恭敬语"，定义基本与《标日》相同:"用
恭敬的表达方式叙说，以此对听话人表示尊敬"。

构成方式及适用语境：两套教材同样介绍了礼貌语的两种构
成方式——助动词"～です""～ます"及其他敬体形式，敬语
动词／补助动词"ござる"。此外，《简明》还讲解了另一种构成
方式，即接头词"お""ご"，例如：私はお酒は飲みません。／
お菓子をどうぞ。

（1）助动词"～です""～ます"及其他敬体形式

《标日》：通过使用"～です""～ます"等礼貌的说法，表

示对听话人的敬意。

《简明》：在句末使用助动词"～です""～ます"及其他敬体形式。例如：この写真は、日本でとったのです。/ 学生たちは、山で木を植えています。

（2）敬语动词 / 补助动词"ござる"

《标日》："あります"更为礼貌的说法是"ございます"。"～です"更为礼貌的说法是"～でございます"。例如：社長、一つお伺いしたいことがございます。/ あのう、お客さま、おつりでございます。

《简明》：用敬语动词"ござる"或补助动词"ござる"。当"ござる"接形容词连用形时，形容词词尾要发生"う"音变。例如：資料がたくさんございますね。/ 日本の主な農作物は米でございます。/ これでよろしゅうございますか。

四　本章小结

本章基于证伪视角，以动词的语态（可能态、被动态和使役态），授受动词和敬语体系三大初级日语核心语法项目为研究对象，归纳整合《标日》和《简明》的讲解内容与模式，构建验证性实验的理论框架，以验证在其他实验条件不变的情况下，语法体系如无显著差异，则学习者的习得效果也没有差异。

在可能态、被动态和使役态的讲解上，《简明》和《标日》两套教材采用了相同的讲解模式：语态的定义→活用规则的介绍→语义的讲解。首先，两套语法教材分别从语法功能的角度定义了可能态、被动态和使役态三个概念。其次，介绍三种语态的构成方式，因为在这个学习阶段《标日》已经完成了对动词原形的教授，所以对动词活用规则的讲解改为以动词原形为起点，而非像之前一样以"ます形"为起点。虽然在术语的名称、约音等细节上有些许差异，但活用规则本身并无任何不同。最后，举出例子对不同语态的语义、使用语境等进行了讲解。

在授受动词的讲解上，《简明》和《标日》两套教材的讲解都是按照动词"あげる"→"くれる"→"もらう"的用法，延伸到动词连用形"て"+"あげる"/"くれる"/"もらう"的用法，进一步扩展到其他敬语、谦语形态用法的顺序。在讲解相关语法点的适用语境时同样从人称视角切入，采用"第一人称""第二人称""第三人称""己方""他方"等术语。并且，与格助词的讲解方式不同，在说明动词连用形"て"+"あげる"/"くれる"/"もらう"的用法时，《标日》没有采取句型式的讲解方式，而是按照接续形式→语义讲解→语境分析的模式讲解。

在敬语体系的讲解上，《简明》和《标日》两套教材都按照尊他语→自谦语→恭敬语的讲解顺序，具体的讲解内容也无本质差异。两套教材都先明确界定了敬语的定义，再按照"动＋（ら）れます"→"お＋になります"→"お＋ください"→其他特殊敬语动词的顺序讲解接续方式、语义与适用语境。

第四部分　实证研究

　　第四部分论述本研究中实证研究的相关内容，由第七章、第八章和第九章组成。第七章描述正式研究的研究对象、实验材料、调查工具及实验过程。第八章考察两套不同语法体系的教材在教学内容、教学理念等方面的差异对中国日语学习者语法习得效果的影响。第九章验证在教材内容及教学理念等相同的情况下，使用不同语法体系教材的学习者的习得效果不存在显著性差异。

第七章　正式研究阶段的实验对象与实验方法

　　本研究以两个日语零基础自然班为实验班与对照班（英语专业的二外日语学习者，共 48 名，每班 24 人[①]），实施为期两学年的教学实验。一个班使用学校语法体系教材《简明》、一个班使用日语教学语法体系教材《标日》，两个班由同一名教师授课，授课方式统一采用语法翻译法。教学实验期间采用 E-Prime 反应实验、笔试、调查问卷、访谈等研究方法对比分析不同语法体系的学习者在初级日语核心语法项目上的习得效果异同。本章由五部分组成，第一部分介绍实验对象以及选择理由，第二部分说明初级日语各核心语法项目的测试材料，第三部分阐述实验的过程及测试方法，第四部分解释数据的收集与分析，第五部分为本章小结。

一　实验对象

　　本次教学实验的受试为福建师范大学外国语学院英语专业二年级学生，共 48 人，随机分为对照班与实验班，每班 24 人。所有受试皆为日语零基础，高考英语成绩无显著性差异（独立样本

---

① 第四学期，标日班有 6 名受试不再选修日语课，受试人数变更为 18 人，简明班人数不变。

t 检验结果：P=0.904 ＞ 0.05）。之所以选择二外日语而非日语专业的学习者，是为了尽量对受试这一变量进行控制，保证受试的纯净度。

其一，一般情况下，日语专业学习者初级阶段的语法学习主要通过精读和泛读两门课程完成。精读课系统学习词汇、语法等各项语言知识，泛读课在回顾精读课教学内容的基础上加大阅读量，补充语法知识。福建师范大学日语专业学习者精读课使用的教材是《综合日语》，为教科研语法体系教材，与日语教学语法体系较为接近，而泛读课使用的教材是学校语法体系的教材《简明》。虽然精读课与泛读课的教学频率、教学重点并不一致，但如果学习者同时使用两本教材，便很可能在潜移默化中受到两套语法体系的综合影响，届时便难以判断因变量语法习得效果的差异是否只受到一个自变量即语法体系的影响，从而影响实验的信度。

其二，除了精读课和泛读课之外，学院还会面向专业日语学习者开设听力课、口语课、阅读课等其他必修、选修课程。虽然这些课程的核心教学目标并非语法教学，但对于零基础起步的学习者来说，语法教学贯穿于整个初级甚至是中级日语的学习过程。这些课程的教师在教学过程中难免融入一些语法现象的讲解和说明。考虑到目前我国大部分日语教师接受的都是学校语法的教育，在讲解语法项目时无意识中融入学校语法体系的观点也不难推测。而二外日语的教学以语法教学为主，只开设精读课，没有泛读课和听力课等课程（阅读能力的培养主要依靠课文及课后练习的阅读题；听力能力的培养则主要依靠课后练习中的听力练习），受试的语法测试成绩可免受阅读课、听力课等其他非语法教学课程的影响。并且，二外日语的学习者在学习过程中只使用一本精读教材——一个班使用学校语法体系的《简明》教材；一个班使用日语教学语法体系的《标日》教材，方便控制变量。

其三，目前，学习者的课余日语自学途径相当广阔，包括在线课程、动漫、日剧、日本网站、日本游戏等，这些来自学途径的信息很有可能影响学习者的日语水平。例如，日语教学语法体系的学习者很可能在自学时参照了学校语法体系的语法书或教参（目前市面上许多语法教材皆是按照学校语法体系来编写的），而学校语法体系的学习者则在自学时关注了教科研语法体系的公众号及语法教学视频（如"《综合日语》公众号"），等等。而二外日语的学生其专业并非日语，受试基本上将较多的时间与精力投入专业的学习中，课余自学日语的时间相对较短。笔者实施的调查问卷结果显示：87.5% 的受试每天课余的日语自学时间为 0.5~1 小时。因此，我们可以判断，来自网络等其他途径的日语信息对其产生的影响较小。

二　实验材料

在教学实验的教材方面，本书选取《简明》为对照班（简明班）的学校语法教材;《标日》为实验班（标日班）的日语教学语法教材。如第五章所述，《简明》按照高等学校大学外语教学指导委员会日语组制定的《大学日语第二外语课程教学要求》中规定的 3 级教学要求修订，为大学日语教材，被评为普通高等教育"十一五"国家级规划教材。《标日》中的句型、语法项目按照"日本语能力测试"的 4 级 ~ 3 级出题标准列项，2013 年第二版的发行量合计超过 80 万套，为国内使用范围相当广泛的一部教材。这两部教材内容难度相当，结构相似，皆由单词、语法、课文、练习四个主要部分构成，初级阶段语法教学进度较为一致，作为教学实验的教材科学、合理。

为了科学、客观、系统、有效、公正、合理地实施测试，本实验的语法测试虽然规模不大，但也建立了一定规模的测试题库。卢福波（2010）指出，建立语法测试题库和制作试卷时应该注意以下问题。

（1）根据教学大纲、教材、教学的实际情况、学习者的水平层次控制与调整试卷、题库的内容范围；题库中的试题要能够覆盖所学的全部语法知识。

（2）试题结构类型的分布要合理——包括主客观题型及其各自内部的具体试题形式。各类试题要有较好的区分度；同一小类中的试题应该达到一定的数量，并且同类试题要做到难度等值、分数等值。

（3）试题设计者对各种类型试题的难易度要做到心中有数，除了凭经验估测之外，还要通过对测试结果的难度计算得到科学数据，以此来标记试题的难度。这样，抽取试题时可以根据受试水平情况，科学、准确地进行抽取。

（4）制作试卷时，要注意试题的区分度，要使试题的难度大致呈现正态分布；测试的结果即所得分数也应该大体呈现正态分布的状态。

本次教学实验的题库严格按照上述要求编制，题库中的测试题抽取、改编自《日本语能力测试 N4：考前模拟试题集》（南开大学出版社）、《N5 汉字、词汇、语法、读解、听力：新日语能力考试考前对策》（世界图书出版公司）、《蓝宝书：新日本语能力考试 N5、N4 文法（详解＋练习）》（新世界图书事业部）等教参，试题内容包括助动词 "です" "ます"、形容词活用、动词活用（包括动词的基本形、"ます形" "て形" "た形" "ない形"①）、格助词、语态、授受动词、敬语体系等初级日语核心语法项目；试题结构类型涵盖判断题、填空题、补充句子、活用形变化等客观题型及完成句子、翻译题、作文题等

---

① 因为《标日》在教授命令形、意志形和 "ば形" 时与《简明》一样，以动词的基本形为原点，并且从时间上看，教授这三个活用形的时间与《简明》间隔较大，所以未将这三个活用形列入考察对象。

主观题型，分布合理且具有一定区别度。语法的内容基本上是约定和规则，限定性很强，因此，采用一定量的客观测试类型进行测试是非常有效的。但是，语法的学习还要让学习者将其转换为语言的能力，即根据语境的需要，选用合适的语法形式，进行得体的表达，因此，一定量的主观类型的测试题目能够帮助我们相对全面地测试出学习者语法学习的真实情况。试题由两名教师（主试及团队成员）共同编制，经两名专家（一名日本专家和一名国内专家）审核。测试题的总体信度为0.801，信度较高；总体效度为0.771，结构良好。接下来举例说明每个语法项目测试的题型、题例和出题依据。

1. 五十音图测试

（1）听写下列平假名。

例如：けらい　かんじん　じゅぎょう　ちっそく　おうべい

（2）听写下列片假名。

例如：ビデオ　コーヒー　ジュース　ピンポン　ロボット

（3）画出、标出下列词语的声调类型。

例如：レベル　じょうず　レコード　ゆうびんきょく
　　　さっぱり

（4）将下列假名写在表格中对应的罗马字下方的括号里。

　　　た　さ　ち　な　ゆ　れ　ぬ　ろ　ま　け

a （　　）	i （　　）	u （　　）	e （　　）	o （　　）
ka （　　）	ki （　　）	ku （　　）	ke （　　）	ko （　　）
sa （　　）	si （　　）	su （　　）	se （　　）	so （　　）
ta （　　）	ti （　　）	tu （　　）	te （　　）	to （　　）

na （　）	ni （　）	nu （　）	ne （　）	no （　）
ha （　）	hi （　）	hu （　）	he （　）	ho （　）
ma （　）	mi （　）	mu （　）	me （　）	mo （　）
ya （　）	i （　）	yu （　）	e （　）	yo （　）
ra （　）	ri （　）	ru （　）	re （　）	ro （　）
wa （　）	i （　）	u （　）	e （　）	o （　）

（5）请把下列平假名改写成片假名。

例如：つ→　　て→　　あ→　　い→　　し→

（6）请把下列片假名改写成平假名。

例如：タ→　　カ→　　セ→　　イ→　　ノ→

本部分皆为客观测试题，但考察的重点略有不同。第（1）~
（4）题主要考察学习者对假名的语音识别，为接下来的一系列
E-Prime 语音反应实验做准备，第（5）~（6）题主要考察学习者
对假名的文字识别，为接下来的一系列笔试做准备。本部分测试
的目的是，保证两个班的学习者在进入正式的语法学习之前，对
假名的语音及文字识别水平不存在显著性差异。

2. 助动词 "です" 活用测试

（1）请将下列 "です" 的活用形补充完整。

例如：でし（　　）　　ではあり（　　）

（2）请在表格中填上"です"相应的活用形。

	肯定	否定
现在、将来		
过去		

（3）请判断下列句子是否正确。如正确，请在括号里画〇；如错误，请划出错误的部分，并将正确的句子写在下面的横线上。

例如：① あしたは晴れでした。（　　　）

　　　　　———————————————

　　　　② 一昨日は水曜日でしたか。

　　　　　—いいえ、水曜日でした。（　　　）

　　　　———————————————

（4）请将下列句子补充完整。

例如：甲：これは何————————————

　　　　乙：それは日本語の本———————————

（5）请翻译下列句子。

例如：① 小李过去不是大学的老师。

　　　② あの大学は有名でしたか。

第（1）～（3）题为客观测试题，第（4）题和第（5）题为主观测试题。第（1）题考察学习者对助动词"です"活用形的基本掌握情况；第（2）题考察学习者对"です"活用形的形式与意义对应关系的把握，即是否掌握了"です"活用形相应的语法意义；第（3）题考察学习者是否能够根据语境判断出活用形运用的正确与否；第（4）题考察学习者是否能够根据语境的需要主动选用合适的活用形，即是否灵活掌握活用形的时态、极性等属性；第（5）题考察学习者对"です"活用形的综合运用能力。这五道题由易到难、循序渐进，主要考察"组装型"思维与

"集成型"思维差异对学习者"です"活用形习得的影响。

3. 助动词"ます"活用测试

（1）请将下列"ます"活用形补充完整。

例如：まし（　　）　　ませ（　　）　　でし（　　）

（2）请在表格中填上"ます"相应的活用形。

	肯定	否定
现在、将来		
过去		

（3）请判断下列句子是否正确。如正确，请在括号里画〇；如错误，请划出错误的部分，并将正确的句子写在下方的横线上。

例如：① 昨日は学校に行きません。（　　）

_____

②—ご飯を食べますか。

—はい、食べました。（　　）

_____

（4）请将下列句子补充完整。

例如：甲：李さんは先週、休み _____

乙：はい、休み _____

（5）请翻译下列句子。

例如：① 你昨天几点睡觉？

② 会議は 7 時に終わりますか。

对助动词"ます"活用形的测试基本与"です"相同。第（1）～（3）题为客观测试题，第（4）题和第（5）题为主观测试题。第（1）题考察学习者对助动词"ます"活用形的基本掌握情况；第（2）题考察学习者对"ます"活用形的形式与意义对应关系的把握，即是否掌握了"ます"活用形相应的语法意义；第（3）题考察学习者是否能够根据语境判断出活用形运用的正确与否；第（4）题考察学习者是否能够根据语境的需要主动选用合适的活用形，即是否灵活掌握活用形的时态、极性等属性；第（5）题考察学习者对"ます"活用形的综合运用能力。这五道题由易到难、循序渐进，主要考察"组装型"思维与"集成型"思维差异对学习者"ます"活用形习得的影响。

4. 形容词活用测试

（1）请判断下列形容词的类型（形容词／形容动词 VS 一类形容词／二类形容词）。

例如：広い　　寒い　　いい　　有名　　安全　　きれい

（2）请将下列形容词的活用形补充完整。

例如：さむい

（　　　）です　　　　　　（　　　　　）ありません／ないです

（　　　）なかったです（　　　　　）天気

（3）请按照要求说出下列形容词的活用形。

例如：かたい

现在肯定（　　　　）　　　现在否定（　　　　　）

过去肯定（　　　　）　　　过去否定（　　　　　）

（4）请翻译下列句子。

例如：① 那所大学曾经很有名气。

② あの部屋は広くないです。

测试题中选用的形容词一半为已经学习过的词，一半为尚未学习过的词，但均为真词。第（1）~（3）题为客观测试题，第（4）题为主观测试题。第（1）题考察学习者对形容词类型的掌握情况，考察目标为对术语名称的理解与把握。第（2）~（4）

题由易到难、循序渐进，考察学习者对形容词活用形的掌握——第（2）题和第（3）题考察初步掌握情况，第（4）题考察学习者于具体语境中的形容词综合应用能力。本部分实验的测试目标为"组装型"思维与"集成型"思维差异对学习者形容词活用形习得效果的影响。

5. 动词活用测试

本实验只考察学习者对动词的基本形、"ます形"、"て形"、"た形"、"ない形"五个活用形的认知与运用情况，并未将命令形、意志形和"ば形"列入考察范围，因为《标日》在教授命令形、意志形和"ば形"时与《简明》一样，以动词的终止形（简体形）为原点。并且，从时间上看，《标日》教授这三个活用形的时间与《简明》间隔较大，难以保证两个班的受试在测试时处于同一语言水平。五个活用形的测试题型与内容一样，只是简明班皆从动词的终止形、标日班皆从动词的"ます形"出发，分别考察完每个活用形之后，还有一个集合五个活用形的综合测试。下面以标日班的动词"て形"测试为例。

（1）请判断下列动词的类型（五段动词 / 一段动词 / サ变・カ变动词 VS 一类动词 / 二类动词 / 三类动词）。

　　例如：使います　　働きます　　整理します
　　　　　切ります　　乗ります　　来ます

（2）请判断下列动词活用形的变化是否正确，如正确，请按"T"键；如错误，请按"F"键。

　　例如：来ます→来て　　来ます→来って　　来ます→来ん
　　　　　する→して　　する→しって　　する→しんで
　　　　　見ます→見て　　見ます→見って　　見ます→見いて

（3）请说出下列动词的"て形"。

　　例如：来ます　　　　します　　　　　帰ります

死にます　　揉みます　　遊びます

（4）请翻译下列句子。

例如：① 小王正在游泳。

　　　② 妈妈打扫完房间出去了。

　　测试题中选用的动词一半为已经学习过的词，一半为尚未学习过的词，但均为真词。第（1）~（3）题为客观测试题，第（4）题为主观测试题。第（1）题考察学习者对动词类型的掌握情况，考察目标为对术语名称的理解与把握。第（2）~（4）题由易到难、循序渐进，考察学习者对动词活用形的掌握——第（2）题和第（3）题考察初步掌握情况，前一题利用活用形的相近性进行迷惑，检验学习者的真伪辨别力，后一题考察学习者活用形变化的正确率与速度。第（4）题考察学习者于具体语境中的动词综合应用能力，考察目标为"简体为本"与"敬体优先"的理念差异对学习者动词活用形习得效果的影响。

　　6. 格助词测试

　　格助词测试实验分两次进行，第一次在学习完一半的格助词后实施，第二次在学习完所有的格助词后实施，两次实验的内容及范围不同，但题型完全相同。

　　（1）请选择最合适的答案。

　　例如：

　　① 道＿＿遊ぶのは危険です。

　　A）へ　　　B）で　　　C）に　　　D）を

　　② ホテルの部屋から海＿＿見えました。

　　A）を　　　B）は　　　C）が　　　D）で

　　③ 銀行は午前9時から午後3時＿＿です。3時＿＿行かないと閉まってしまいますよ。

A）までに、まで　　　B）まで、までで

C）までに、まで　　　D）まで、までに

（2）请在括号中填入正确答案。

例如：

① 田中さんはいつも朝8時（　　）バス（　　）会社（　　）行きます。

② 私たちは英語（　　）勉強します。そして、日本語（　　）勉強します。

③ 昨日の夜7時（　　）（　　）10時（　　）（　　）テレビ（　　）見ていました。

（3）下列句子中的划线部分各有一个错误，请选出这个错误之处并修改。

例如：

① 買い物aに行く途中、佐藤さんbは雨cでd降られました。

② 先生は病気aの生徒bを家cにd帰られました。

③ 王さんaは上手bにピアノcがd弾かれます。

（4）请在下列空格中填入适当的助词，不需要填的地方请画"×"。

田中さんはこれから会社（　　）行きます。田中さん（　　）会社はカジュアルフライデーの制度（　　）実施しています。最近、そんな日本の会社（　　）少し増えました。金曜日（　　）背広（　　）着てはいけません。自分の好きな服を自由（　　）着て、会社（　　）行きます。この制度（　　）"カジュアルフライデー"（　　）いいます。中高年の社員は、何を着るか分からない（　　）悩んでいます。しかし、大体の社員は、楽（　　）いい（　　）言っています。

（5）请翻译下列句子。

例如：① 公车上一个人也没有。

②谁送了你这束花?

③请给我铅笔和笔记本。

(6)以「日本語の勉強」(学习日语)为题写一篇小作文。

第(1)~(4)题为客观测试题,第(5)~(6)题为主观测试题。第(1)~(2)题考察学习者对格助词语法意义的基本掌握情况;第(3)题考察格助词于句子层面的运用,利用格助词的多义性进行迷惑,检验学习者的辨别力;第(4)题考察格助词于语篇层面的运用,即学习者是否能够根据语境选用合适的格助词,并且因为格助词大多存在一词多义的现象,还能考察学习者对格助词多义的辨析。第(5)题考察学习者于具体语境中的格助词综合运用能力,第(6)题考察学习者在产出语篇时的格助词综合应用能力。考虑到学习者的"回避倾向",第(5)题和第(6)题能够发挥相辅相成的作用。这六道题由易到难、循序渐进,主要考察"模块化"与"零散化"的逻辑差异对学习者格助词习得的影响。

7.授受动词测试

(1)请选择最合适的答案。

例如:

①この手紙は後で先生に読んで_____ましょう。

A)いただき　　B)くれ　　C)ください　　D)もらい

②言葉が分からないので、友達に旅行に連れて行って_____ました。

A)あげ　　　B)くれ　　　C)やり　　　D)もらい

③公害問題について、調べているんですが、いい本を紹介して_____。

A)いただきませんか　　　B)いただけないでしょうか

　　C）願えませんか　　　　　D）もらいませんか

（2）请在横线上填入正确答案。

例如：

①A：「バレンタインデーに、僕は美智さんと花子さんにチョコレートを（1）＿＿＿＿。美智さんは、弟にもプレゼントを（2）＿＿＿＿ました。」

　　B：「そうですか。よかったですね。でも、あの2人はクラブのみんなにチョコレートをあげましたよ。」

②A：「わたしはパソコンの使い方がよく分からなかったので、田中先生に教えて（3）＿＿＿＿た。先生は、親切に説明して（4）＿＿＿＿た。」

　　B：「あなたも、前に、先生の仕事を手伝って（5）＿＿＿＿たね。」

　　A：「ああ、あのときは、先生が中国語の手紙の書き方が分からないとおっしゃったので……」

（3）请判断下列句子中的划线部分是否存在错误，如无错误请画〇，如有错误请修改，并说明修改原因。

例如：

①—この地図は本当に便利ですね。どこで買ったんですか。

　　—買ったのではなくて、ホテルの人がくれたのです。（　　）

修改：（　　　　　　　　　　　　　　　）

原因说明：（　　　　　　　　　　　　　）

②レポートを提出しなかったので、単位がくれなかった。（　　）

修改：（　　　　　　　　　　　　　　　）

原因说明：（　　　　　　　　　　　　　）

（4）请将下列汉语翻译成日语。

例如：

①社长给了我明天会议的资料。

②这是我自己做的蛋糕，请拿一块吧。

③小张把小王帮他拍的照片送给了小李。

（5）今天是小李的生日，大家为小李办了一个生日派对。请以此为背景写一段在生日派对上的对话。对话不少于8句，使用授受动词不少于5个。

第（1）~（3）题为客观测试题，第（4）题和第（5）题为主观测试题。第（1）题考察学习者对授受动词语义的基本掌握情况，以句子层面的运用为中心；第（2）题考察授受动词于语篇层面的运用，即学习者是否能够根据语境选用合适的授受动词；第（3）题的考察重点为易混淆授受动词的辨析，既有句子层面也有语篇层面的应用。第（4）题和第（5）题均为输出类题型，前者考察学习者产出句子时的授受动词综合运用能力，后者考察学习者在产出语篇时的授受动词综合运用能力，后者的自由度和难度相对更高。在授受动词的教学上，两套教材并未存在本质差异。

8.动词语态测试

本实验中的动词语态测试内容包括可能态、被动态和使役态，测试的重点在于动词活用、相应句型（格助词的使用）和适用语境。单独测试某个语态没有太大价值，三种语态一起测试可以考察学习者的辨析能力。

（1）请将下列动词变成相应的形态。

例如：

语态	使う	歩く	押す	読む	売る	食べる	勉強する	来る
可能态								
被动态								
使役态								

（2）请选择合适的答案。

例如：

① 私は変なことを言って、みんなに_____。

A）笑われました　　　　B）笑いさせました

C）笑わせました　　　　D）笑われました

② 先生は病気の生徒を家に_____。

A）帰りました　　　　　B）帰られました

C）帰っていました　　　D）帰らせました

③ あの店は客に高い品物を無理に_____。

A）売らせる　B）買わせる　C）売らされる　D）買われる

（3）请按照要求改写下列句子。

例如：

① 若い人が漫画を読む。（被动）

② 娘がピアノを習う。（使动→母が）

③ 真由美さんはまだ小さいけど、ひとりで買い物する。（可能）

（4）请翻译下列句子。

例如：

① 这首歌深受世界各国人民喜爱。

② 我的相机被哥哥摔坏了。

（5）请分别以使役态、被动态与可能态为关键词编写三段话，每段话至少使用2句使动句／被动句／可能句。要求衔接连贯、语句通顺，每段话总体不少于5句话。

　　第（1）～（3）题为客观测试题，第（4）题和第（5）题为主观测试题。前四题使用 E-Prime 行为实验同时考察受试答题的正确率和反应时，第（5）题采用笔试方式，主要考察受试的正确率。具体来看，第（1）题考察学习者对动词可能态、被动态和使役态活用规则的基本掌握情况；第（2）题于句子层面考察学习者对动词语态使用语境的掌握情况，以及不同语态之间的辨析；第（3）题主要于句子层面考察学习者对语态句型的综合掌握情况，即在语境明示的前提下，是否准确掌握了动词的活用规则、格助词的使用等。第（4）题和第（5）题均为输出类题型，前者考察学习者产出句子时对各语态的综合运用能力，后者考察学习者在产出语篇时对各语态的综合运用能力，后者的自由度和难度相对更高。在动词可能态、被动态和使役态的教学上，两套教材不存在本质差异。

9. 敬语体系测试

本实验中敬语体系测试内容包括尊他语、自谦语和礼貌语，测试的重点在于敬语动词活用、敬语相应句型及适用语境。与动词语态测试相同，单独测试尊他语或者自谦语价值不大，整个敬语体系一并测试有助于考察学习者的敬语综合运用能力及对各类型敬语句型的辨析能力。

（1）请在下列空格中填入合适的动词。

例如：

动词	尊他语	自谦语
行く・来る		
食べる・飲む		
着る・はく		

（2）请在横线上填入合适的敬语形式。

例如：

① そちらにかけて_____。（待つ）

② 地下鉄一号線で_____方は、東出口を_____ほうが便利だと思います。（帰る　利用する）

③ 韓国から_____キムです。どうぞよろしく。（来る）

④ 理由は部長に＿＿＿＿＿とおりです。（言う）

⑤ 高橋先生は今年三月で四十年＿＿＿＿＿大学を＿＿＿＿＿。（勤める　退職する）

⑥ 山田先生に＿＿＿＿＿いろいろ＿＿＿＿＿。（あう　話す）

（3）请判断下列句子是否存在错误，如无错误请画〇，如有错误请修改，并说明修改原因。

例如：

① 先生はコーヒーをいただきますか。それとも、ソフトドリンクにいたしますか。（　　）

修改：（　　　　　　　　　　　　　　　　　　　　　　）

原因说明：（　　　　　　　　　　　　　　　　　　　　）

② 再考の余地があると（私は）存じますが、部長はどう存じますか。（　　）

修改：（　　　　　　　　　　　　　　　　）

原因说明：（　　　　　　　　　　　　　　）

③ お世話になった皆様に感謝の気持ちをお伝えになりました。（　　）

修改：（　　　　　　　　　　　　　　　　）

原因说明：（　　　　　　　　　　　　　　）

④ 皆さん、部長から寸志をいただきましたよ。（　　）

修改：（　　　　　　　　　　　　　　　　）

原因说明：（　　　　　　　　　　　　　　）

（4）请将下列句子改成敬语形式。

例如：

① サインのないカードは利用できません。

② 中国へ来たら、地元の者しか知らない場所を案内します。

③ きれいな絵葉書が送られてきました。

④ 結婚おめでとうございます。どうぞ末永く幸せに。

（5）下面是一封大岛写给上司的感谢信。上司旅行回来后送给大岛一本相册作为纪念，大岛写信向上司表示感谢。请将括号内的词改成敬语形式，将这封感谢信补充完整。

前略
　　無事＿＿＿＿（帰国）とのこと、何よりと＿＿＿＿（思う）。
　　さて、お土産に＿＿＿＿（送る）写真集、どうもありがとうございました。早速＿＿＿＿（見る）ました。とても素晴らしい景色で、感動いたしました。次回、あちらに＿＿＿＿（行く）時は、是非、私も＿＿＿＿（誘う）くださいませ。
　　今度、また私の家にもゆっくり遊びに＿＿＿＿（くる）ください。楽しみに＿＿＿＿（する）。
　　これからますます暑くなりそうでございます。どうも＿＿＿＿（体）を大切に＿＿＿＿（する）。
　　まずはお礼まで。
　　　　　　　　　　　　　　　　　　　　　　　　草々
　　　　　　　　　　　　　　　　　　　　　　8月1日
　　　　　　　　　　　　　　　　　　　　　　大島光一

（6）公司的上司到年轻的部下家里做客，与部下的父亲亲切交谈。请在横线上填入合适的内容。

　　今日は息子さんのことでお宅に＿＿＿＿ました。あの、最近、欠勤が多いのが気になりまして。今年になって、25日も休みを＿＿＿＿います。私どもの会社では、長期欠勤の

場合はその理由を確認するようにして＿＿＿＿が、3カ月で
25日の休みというと、約3分の1に近い日数になります。
もし、お宅の事情や何かで欠勤＿＿＿＿のでしたら、これか
らは届けをだしてたいと思うんです。

　　本部分以主观测试题为主，考察学习者对不同层面敬语体
系相关内容的习得情况。第（1）题为词汇层面，考察学习者
对特殊敬语动词、谦语动词的掌握情况。第（2）~（4）题为
句子层面，考察学习者对尊他语、自谦语、礼貌语的表达形式
及适用语境的掌握情况，难度层层递进。在第（2）题中，学
习者只需根据语境判断应该使用的敬语类型，并将动词转变成
合适的形式即可。而在第（3）题中，学习者首先必须根据语
境判断应该使用的敬语类型，然后判断句中的敬语形式是否存
在错误，最后修改存在错误的句子成分并说明修改原因。与
第（2）题相比，已存在的敬语形式往往会对学习者起到干扰
作用，加大测试的难度。第（4）题与前两题的考核内容相似，
但难点在于未给学习者任何提示。学习者必须自行判断哪些句
子成分需要转变成敬语形式以及如何转变。例如，第②题和第
④题都存在两个需要转变的句子成分：第②题中的"来たら→
いらっしゃったら""案内します→ご案内いたします"和第
④题中的"結婚→ご結婚""幸せに→お幸せに"。第（5）题
和第（6）题从语篇层面考察学习者对尊他语、自谦语、礼貌
语的表达形式及适用语境的掌握情况。与句子层面相比，语
篇层面的难点主要在于对语境的理解和判断。学习者必须先
解读语篇的背景，厘清语篇中的说话人与听话人。另外，与
句子不同，语篇中的说话人与听话人往往随着事件的发展不
断更换，再加上日语中省略主语的倾向，给学习者判断主语

身份增加了难度。例如，"今度、また私の家にもゆっくり遊びに_____（くる）ください。楽しみに_____（する）"，前一句的主语是"上司"，后一句的主语是"我"。同时，第（6）题的难度大于第（5）题——第（5）题提示了动词，学习者只需根据上下文语境将动词改成相应的敬语形式即可，但第（6）题中，学习者需要自行思考应该使用的动词及其相应的敬语形式。在尊他语、自谦语、礼貌语的表达形式及适用语境的教学上，两套教材不存在本质性差异。

10. 调查问卷与个人访谈

本研究以语法测试题为主要测量工具，以调查问卷和个人访谈为辅助测量工具。

本次实验在形容词活用形测试和动词活用形测试中实施了《有关形容词活用体系习得的问卷调查》和《有关动词活用体系习得的问卷调查》，问卷题目根据形容词和动词的教学内容、实验内容设计，量表采用李克特五级量表。每份调查问卷共25题，配合形容词、动词活用形实验实施，进一步调查学习者的学习状况、实验状况、术语名称的掌握和"组装型"/"集成型"思维与习得效果之间的相关性等，主要包括以下四个部分。

（1）被调查者的信息及学习状况。例如："你平均每天花多长时间在日语学习上？""你觉得第9课和第10课学习的形容动词、形容词部分内容的难度如何？""你觉得形容动词与形容词的各种活用方式记忆起来是否有困难？"等等。

（2）本次实验的实施体验。例如："你觉得本次进行的形容动词/形容词活用实验难度如何？""你觉得本次活用实验每小题的测试时间长度是否合适？""你觉得没学过的单词活用是否难于已经学过的单词活用？"等等。

（3）术语名称的掌握与习得效果。例如："你认为未然形、连用形、终止形等术语名称是否有助于你的记忆与理解？""你是否理解这些术语名称的内涵？""你认为记忆这些术语名称是否加重了形容词／形容动词活用的记忆负担？""你认为记忆这些术语名称是否影响了你在实验中的反应速度？"等等。

（4）"组装型"／"集成型"思维与习得效果。例如："你认为像'でした＝でし＋た（过去）''くないです＝く＋ない（否定）＋です'这样，学习活用形每个部分的意义是否有助于你记忆和理解形容词／形容动词的活用形式？""你认为这种联想是否有助于你记忆和理解形容词／形容动词的活用形式？""你认为上述学习方式是否有助于你在实验中反应得更快？""你是否认为形容词活用形的学习存在某些规律？如无，可直接做下一题；如有，请将你发现的规律写在下方横线上（可写多条规律）。"等等。

问卷的总体信度为 0.658、总体效度为 0.701。在《有关形容词活用体系习得的问卷调查》的实施中，共发放问卷 48 份，回收问卷 48 份，有效问卷 46 份，有效回收率 95.8%。在《有关动词活用体系习得的问卷调查》的实施中，共发放问卷 48 份，回收问卷 48 份，有效问卷 48 份，有效回收率 100%。

个人访谈针对在某些测试中出现特殊（意外）表现的学习者实施，以对现象做出更加科学合理的解释。在测试或分析、解码实验数据的过程中，常常会遇到一些始料未及的偏误现象，并且，这些偏误现象的发生往往具有一定的群体性，并非个案。此时，针对在某些测试中出现特殊（意外）表现的学习者实施随机访谈，考察偏误现象背后的认知原因，以明确这些现象的出现与不同语法体系教学之间是否存在相关性。

三 实验过程与实验方法

本研究的正式实验周期为期 2 学年，共计 254 学时。其中，第一学年和第二学年上学期的日语 I、日语 II 和日语 III 为必修课，每周 4 学时。第二学年的下学期因大学日语教学大纲调整，日语 IV 由必修课转为选修课，课时和上课人数都发生了变化：课时减半，每周 2 学时；标日班有 6 名受试不再选修日语 IV，简明班受试人数不变。第二学年下学期的实验内容依然是动词语态、授受动词等教学内容相同的初级核心语法项目的测试，语法体系差异对语法习得效果影响部分的实验已于第一学年和第二学年上学期完成，故课时与受试人数的调整和变化基本不影响实验的整体结果。

两个班由同一名教师授课，授课方式统一采用语法翻译法，授课遵循相同的教学程序：教授新单词→根据教材内容讲解语法项目→请学习者朗读、翻译例句→请学习者使用该语法项造句→请学习者朗读、翻译课文→讲解课文→讲解课后练习。而不同之处在于教师严格按照不同语法体系教材的说明方式和术语概念讲解语法项目，不添加任何教材外的语法知识，尽量保证受试在学习期间不接触另一套语法体系的相关内容。例如，对"たかくなかったです"的解释，教师在标日班授课时按照教材内容教授整体的活用规则，即"い"变成"くなかったです"，而在简明班授课时则根据教材内容讲解"くなかった"每个组成部分的意义和功能，如表示否定意义的补助形容词"ない"，表示过去意义的完成助动词"た"等。

教学实验期间，主试根据教学进度与内容实施各项语法测试，时间基本安排在学习完相关语法项目所有内容后的一周。注重真实教学环境的还原，测试之前通知受试，让其做好复习工作。实施 E-Prime 实验之前对受试进行培训，让其充分了解实验设备的操作、实验注意事项等，每道测试题之前基本都设置了练习程序，尽量保证受试的实验顺畅，不影响受试的实验表现。

在实验设计方面，根据受试的学习阶段、技能水平、语法项目的内容，灵活采用笔试和 E-Prime 反应实验取得学习者在各个语法项目测试中的成绩，以对比分析其习得效果（只在测试方法相同的语法项目之间对比学习者习得效果的异同）。总体而言，题型简单、操作便捷、对反应速度有要求的语法项目采用E-Prime 行为实验；题型复杂、操作烦琐、要求学习者反复思考与修改、对正确率要求更高的语法项目采用笔试的形式。各项语法测试的实验方法及实施理据如下。

（1）五十音图测试、助动词"です""ます"活用测试采用笔试形式，要求全体受试在规定时间内完成测试卷。其中，涉及语音输入的部分，如五十音图测试中的假名、单词听写等采用播放录音的形式，以保证语音输入的准确性。在这三项语法测试中没有引入 E-Prime 行为实验的原因有以下两点：① 在这个阶段，学习者刚刚结束五十音图部分的学习，口语能力非常有限。而E-Prime 反应实验主要通过按键反应与口头答题实现，对基础口语水平有一定要求，有限的口语能力会加重受试的焦虑情绪，甚至引发受试的抵触情绪，影响实验结果。②"です""ます"的活用形式数量较少、变化规则较为简单，从教学经验与相关文献可以看出，在这两个语法项目上，对正确率的考察较为重要，反应速度的差异并不显著。

（2）形容词（包括学校语法体系中的形容词与形容动词）及动词的活用形测试全部采用 E-Prime 反应实验进行。本实验中测试的动词活用形为基本形、"ます形"、"て形"、"た形"、"ない形"这五个活用形，不包括命令形、意志形和"ば形"。这是因为，在这三个活用形的讲解上，《标日》与《简明》皆以动词的基本形为原点，不存在"简体为本"与"敬体优先"的差异。并且，从教学进度上看，《标日》教授这三个活用形的时间与《简明》相隔一个暑假，间隔时间较长，学习者的语言水平和测试时间都难以保持同步，因此未将这三个活用形列入考察对象。

因为形容词与动词的活用是初级日语学习阶段的核心内容（菊地康人，1999），学习者活用规律的正确率与反应速度都是重要的考察指标（森山新，2001）。并且，此时受试已经进行了将近一学期的学习，口语水平显著提高，基本可以流畅朗读课文，不影响实验中的口头答题表现。E-Prime 行为实验中，用按键反应收集受试形容词 / 动词类型判断、活用正误判断等正确率与反应时数据；用 SR-BOX 反应盒收集动词活用形、翻译题等语音反应与反应时数据。实验后转写语音数据，然后进行评分。第一次 E-Prime 实验前三天对受试进行集中实验解说与简单的培训。实验解说告知受试考察范围、实验时间及注意事项等，培训主要是键盘按键、麦克风等实验设备的操作。实验时，受试轮流进入语音实验室，一次一人，其余受试在等候室等候。实验室与等候室各配备一名教师，实验室的教师为主试，负责解决实验中的突发问题；等候室的教师负责监督其余受试，防止受试互相交流实验内容。实验后，收集整理受试的语音数据与反应时数据，并对全体受试统一实施问卷调查，当场回收问卷。评分之后，针对实验中出现的特殊错误现象，对相应受试做一对一访谈。

（3）格助词测试采用的是笔试形式，这主要受该语法项目的内容与测试题型的限制。一方面，格助词是体言，不像助动词、形容词、动词等用言存在形式的变化（活用形），其接续方式也很简单，都是接在名词等体言之后，因此，习得的重点在于对其语法义的掌握及多义辨析（蔡妍，2020），比起反应速度，正确率才是考察的重点。另一方面，从测试的题型来看，主要考察的是学习者在句子和语篇层面对格助词语义的正确理解，以及在翻译和作文中使用格助词的多样性和正确率，所以测试反应速度的意义不大。因为格助词的数量较多，习得跨度时间较长，所以实施了两次测试。第一次测试安排在学习了一半格助词的语义用法之后，第二次测试安排在学习完所有格助词之后。

（4）动词语态测试采用 E-Prime 实验为主、笔试为辅的形式。动词语态这一语法项目的考核重点有三项：一是动词可能态、被动态和使役态的活用规则；二是各语态的相应句型，包括格助词的使用、施事和受事的句法位置变换等；三是各语态的适用语境。其中，第一项和第二项围绕学习者活用规则及相应句型习得的正确率与反应时展开考察，采用 E-Prime 实验的方式进行，选择客观题、句子层面的主观题（翻译句子）为主要测试题型。第三项采用写小作文的方式，考察学习者对各语态适用语境的综合输出情况，这一项通常需要学习者花费较多时间思考、修改，因此使用笔试的方式更为合适。

（5）授受动词测试采用笔试形式。授受动词虽然是用言，存在形式上的变化，但其活用规律与接续方式并无难点：除"くださる"之外，授受动词的活用规则与五段动词、一段动词并无不同，也不是新语法点；接续方式为格助词"を"或连用形"て"。因此，学习者的反应速度并非考察的重点。与此相对，授受动词这一语法项目的教学核心内容为相关句型（格助词的使用）以及适用语境（人称限制）的正确性。（于康，2012）这些内容通常需要学习者花费较多的思考时间，且必须允许学习者反思与反复修改，因此使用笔试的方式更为合适。

（6）敬语体系测试采用笔试的形式，这主要受该语法项目的考核重点与测试题型的限制。敬语体系部分的考核重点是敬语形态的正确使用及对适用语境的判断，换言之，即在合适的语境下使用合适的敬语形态。敬语是初级核心语法项目的最后一项，此时学习者已经完成了约两学年的日语学习，基本达到低偏中级日语水平（部分受试通过了日语 N2 考试）。除了特殊的敬语动词之外，动词敬语态的构成方式或与被动态相同，或采用简单的固定句型，对于此时的学习者来说并非难点。而正确解读语境，特别是语篇语境中的人际关系、参与者身份地位，并在此基础上选择合适的敬语形式，完整地产出敬语形式的句子、会话、语篇才是考察的重点。因此，笔试是更为合适的测试方式。此外，完成句子、完形填空、多项填空等主观题不适合采用 E-Prime 的形式考察，其复杂的题型会影响对受试反应时的收集。

四　数据收集与分析

如前所述，本研究的主体实验采用笔试和 E-Prime 行为实验两种方式进行，采用笔试的测试只有正确率数据，采用 E-Prime 行为实验的测试有正确率与反应时两种数据，正确率是反应时的前提。

1. 正确率的评分标准

语法测试的正确率考核由两名评分员共同制定评分标准。两名评分员（非主试团队相关成员）皆有 5 年以上教龄，担任过 2 年以上基础日语阶段的语法教学工作。两名评分员负责批改本实验中的所有测试题，遵循同类试题难度等值、分数等值，试题越难、分数越高的原则。例如，动词"て形"活用测试共有四道题：第（1）题为判断动词类型（如：使います→五段动词），难度较低，每小题赋值 1 分；第（2）题为判断活用形的变化是否正确（如：来ます→来て），难度稍增，每小题赋值 1.5 分；第（3）题为说出下列动词的"て形"，要求学习者自主实现"从无到有"，难度中等，每小题赋值 2 分；第（4）题为翻译句子，不仅要求学习者完成动词"て形"的活用变化，还必须产出时体态正确的句子，每小题赋值 3 分。

客观测试题按照上述标准评分，主观测试题（如翻译题和作文题）的评分则偏重考核重点。例如，格助词测试中的作文题，满分为 15 分，大致分为 3 个等级：1~5 分——格助词的出现频次低（主要表现为句子复杂度低）、用法简单（重复使用现象较多）、错误较多；6~10 分——格助词的出现频次适中、用法较为复杂、错误较少；11~15 分——格助词的出现频次较高、用法复杂、错误少。评分员首先根据学习者作文中格助词的使用情况定档，再依据作文的内容、表达的流畅度等适当调整档内分数。

所有测试由两名评分员共同评分，受试的语法测试成绩为两次评分的均值。评分员总体一致性检验结果的 Kappa 系数值为 0.859（sig=0.000 < 0.05），具有较高一致性。

2. 反应时数据的评分标准

E-Prime 行为实验中，反应时评分方式为 3 档计分。每一道测试题的反应时总分与该题正确率总分保持一致，错误答案不计反应时得分。心理语言学实验在研究中往往将正确率与反应时分开计算，但就本研究的实验目的而言，这种做法与习得效果的考察规范不符，并不可取。试想如果一名受试在实验中说出的动词活用形是错误的，那么他的反应再快又有什么意义呢？因此，正确率是反应时的前提，在回答正确的前提下才有探讨反应速度快慢的价值。

正确答案以全体受试反应时得分的最小值、最大值与中位数为基准确定 3 档评分标准。例如，受试反应时数据的最小值为 850ms，最大值为 4356ms，中位数为 2175ms，则该题的 3 档计分划分标准为 850~2000ms 得 3 分、2000~3200ms 得 2 分、3200~4356ms 得 1 分，中位数正好落在第二档得分上，答错不计分。受试的最终语法测试成绩为答题总分 + 反应时总分。

3. 数据分析方法

运用 SPSS 21.0 分析受试语法测试的结果数据，分五步进行：①用描述统计列出各动词活用测试中各个受试的成绩；②对实验班与对照班受试的成绩数据做预处理，即进行 KS 检验，在数据不符合正态分布的情况下剔除个别极值；③用独立样本的 t 检验法检验两个班受试的语法测试成绩差异情况；④用配对样本的 t 检验法检验两个班受试在语法测试前后的成绩差异情况；

⑤用相关性分析法检验问卷调查部分题目与受试语法成绩之间的相关性。

五　本章小结

本实验的受试为福建师范大学外国语学院英语专业二年级学生，共48人，随机分为对照班与实验班，每班24人。所有受试皆为日语零基础，高考英语成绩无显著性差异（独立样本t检验结果：P=0.904 > 0.05）。之所以选择二外日语而非日语专业的学习者，是为了尽量对受试这一变量进行控制，保证受试的纯净度：其一，日语专业学习者初级阶段的语法学习主要通过精读和泛读两门课程完成。两门课程往往选用不同语法体系的教材，可能导致学习者在潜移默化中受到两套语法体系的综合影响，从而降低实验的信度；其二，二外日语的教学以语法教学为主，只开设精读课，受试的语法测试成绩可免受阅读课、听力课等其他非语法教学课程的影响；其三，二外日语学习者主要将精力放在其本专业的学习上，课余自学日语时间相对较短，受在线课程、动漫、日剧、日本网站、日本游戏等网络途径的信息影响较小。

实验材料方面，本研究选取学校语法教材《简明》为对照班的教材，日语教学语法教材《标日》为实验班的教材。这两部教材内容难度相当，结构相似，皆由单词、语法、课文、练习四个主要部分构成，初级阶段语法教学进度较为一致，作为教学实验的教材科学、合理。此外，本研究建立了一定规模的题库，测试内容包括助动词"です""ます"、形容词活用、动词活用（包括动词的基本形、"ます形"、"て形"、"た形"、"ない形"）、格助词、语态、授受动词、敬语体系等初级日语核心语法项目；试题结构类型涵盖判断题、填空题、补充句子、活用形变化等客观题型及完成句子、翻译题、作文题等主观题型，分布合理且具有一定区别度。试题由两名教师（主试及团队成员）共同编制，经两名专家（一名日本专家和一名国内专家）审核。测试题的总体信度为 0.801，信度较高；总体效度为 0.771，结构良好。

正式实验为期两学年，共计 254 学时。两个班由同一名教师授课，授课方式统一采用语法翻译法，授课遵循相同的教学程序：教授新单词→根据教材内容讲解语法项目→请学习者朗读、翻译例句→请学习者使用该语法项造句→请学习者朗读、翻译课文→讲解课文→讲解课后练习。教师严格按照不同语法体系教材的说明方式和术语概念讲解语法项目，不添加任何教材外的语法知识，尽量保证受试在学习期间不接触另一套语法体系的相关内容。

教学实验期间，根据教学进度与内容实施各项语法测试，时间基本安排在学习完相关语法项目所有内容后的一周。根据受试的学习阶段、技能水平、语法项目的内容灵活采用笔试和 E-Prime 反应实验获取学习者在各个语法项目测试中的成绩，以对比分析其习得效果。注重对真实教学环境的还原，在测试之前通知受试，让其做好复习工作。在实施 E-Prime 实验之前，对受试进行简单培训，让其充分了解实验设备的操作、实验注意事项等，每道测试题之前都有练习，尽量保证受试的实验顺畅，不影响受试的实验表现。

语法测试的正确率考核由两名评分员共同制定评分标准。两名评分员（非主试团队相关成员）皆有 5 年以上教龄，担任过 2 年以上基础日语阶段的语法教学。两名评分员负责批改本实验中的所有测试题，遵循同类试题难度等值、分数等值，试题越难、分数越高的原则。客观测试题按照标准评分，主观测试题（如翻译题和作文题）的评分则偏重考核重点。所有测试由两名评分员共同评分，受试的语法测试成绩为两次评分的均值。评分员总体一致性检验结果的 Kappa 系数值为 0.859（P=0.000 < 0.05），具有较高一致性。E-Prime 行为实验中，反应时评分方式为 3 档计

分。每道测试题的反应时总分与该题正确率总分保持一致，错误答案不计反应时得分。正确答案以全体受试反应时得分的最小值、最大值与中位数为基准确定 3 档评分标准。而受试的最终语法测试成绩为正确率总分 + 反应时总分。运用 SPSS 21.0 对数据进行 KS 检验、独立样本的 t 检验、配对样本的 t 检验、相关分析等定量分析。

第八章　差异性实验的结果分析与讨论

　　差异性实验指的是教学语法视角下两套语法体系的差异对学习者习得效果影响的实验研究，主要探讨"组装型"与"集成型"的教学思维差异、"意义型"与"形态型"的术语命名差异、"模块化"与"零散化"的教学逻辑差异、"简体为本"与"敬体优先"的教学理念差异对学习者初级日语核心语法项目的习得效果影响。本章报告各分实验的结果，并结合二语习得、心理语言学的理论解释其背后蕴含的学习者的认知因素。本章由五部分构成：第一部分以助动词活用测试、形容词活用测试检验"组装型"与"集成型"教学思维下学习者习得效果的差异；第二部分以形容词活用测试、动词活用测试以及配套的调查问卷检验"形态型"与"意义型"的术语命名差异对学习者习得效果的影响；第三部分以格助词测试检验"模块化"与"零散化"教学逻辑下学习者语法习得效果的差异；第四部分以动词活用形测试检验"简体为本"与"敬体优先"的教学理念差异对学习者习得效果的影响；第五部分为本章小结。

　　在开展正式实验之前，本研究通过两项测试确保受试的语言水平（包括英语水平和日语水平）不存在统计学上的显著性差异。实验前，本研究将48名日语零基础的受试随机分为对照班（简明班）和实验班（标日班），并对两个班受试的高考英语成绩做独立样本 t 检验，结果表明二者不存在显著性差异（P=0.904 ＞ 0.05）。实验开始一个月之后，受试完成日语五十音图的学习，即将进入正式的语法学习阶段。本研究采用录音＋听写等方法，以笔试的形式考察学习者的假名习得情况，实验结果表明，两个班的受试在五十音图的习得水平上不存在显著性差异（P=0.915 ＞ 0.05），即本研究的所有受试在进入正式语法学习之前，日语假名的语音及文字识别水平相同。

一　"组装型"与"集成型"教学思维下学习者的习得效果差异

本实验以助动词"です""ます"与形容词活用这三部分内容检验学校语法"组装型"思维与日语教学语法"集成型"思维对学习者习得效果的影响。

（一）实验结果的描述性分析

1."です""ます"活用测试结果

实验结果表明：在习得形式较为简单、难度较低的语法点——"です""ます"的活用规则时，"组装型"思维与"集成型"思维学习者的习得效果并没有显著性差异。学习者需要掌握的"です"活用形为"ではありません""でした""ではありませんでした"，"ます"活用形为"ません""ました""ませんでした"，二者的活用变化相对简单，相似度较高。

由表 8-1 可知，在"です"活用形测试中，简明班与标日班都取得了均值 98 分以上的成绩，可见两个班对这一语法项目的掌握较为全面、熟练。并且，独立样本 t 检验结果 P 值为 0.516，大于 0.05，无显著性差异，也就是说，在"です"活用形这一语法项目的习得效果上，两个班之间并不存在差异。在"ます"活用形测试中，标日班的成绩均值为 91.63，低于简明班的成绩均值96.13，但二者的独立样本t检验结果P值为0.108，大于0.05，无显著性差异，与"です"活用形测试的实验结果相同。

表8-1 "です""ます"活用测试独立样本t检验结果（N=48）

内容	受试	Mean/SD	T-value	P
です	简明班	98.13/2.16	-0.655	0.516
	标日班	98.52/1.88		
ます	简明班	96.13/4.28	1.658	0.108
	标日班	91.63/12.59		

标日班与简明班的"ます"活用测试成绩均值相差近5分，但无统计学差异，这与标日班的标准差较大有关。标准差是一组数据平均值分散程度的度量值。一个较大的标准差，代表大部分数值和其平均值之间差异较大；一个较小的标准差，代表大部分数值较接近平均值。标日班的标准差较大，表示标日班学习者成绩的个体差异较大，有些学习者的成绩比较好，有些学习者的成绩比较差，成绩的离散程度大，而后者在一定程度上拉低了成绩均值。而简明班总体来说，学习者之间的个体差异较小，可以说全体学习者都较为熟练地掌握了"ます"的活用规则。

除了成绩的离散程度之外，两个班学习者的偏误现象也呈现出一定的差异性。Corder（1967）指出，"语言偏误"往往是学习者试图对语言体系进行判断的表现，是他们对所接触到的语言材料进行归纳并试图使之规范化的表现，学习者的偏误不仅对语言教学研究有启示，而且对心理学和语言学也有重要的研究价值。本实验中的一些偏误现象，如时态偏误（将过去时写成"ます"而非"ました"）等属于两个班共有的偏误现象。但与简明班相比，标日班的偏误类型较多，一些偏误现象呈现出特殊性与群体性（占比15%~20%），具体包括以下三种类型。

　　第一，语法形式的无意义偏差。例如，将"ました"写成"ましだ"，将"ますか"写成"ますが"，将"ませんでした"写成"せんてたし""ますてした""ませんてした""ませてした"等。表示过去否定的"ませんでした"由"ます"的否定形式"ません"加上表示过去的"でした"构成，如果学习者习得了这一组合关系，按理来说不应该出现"せんてたし""ませてした""ますてした"等偏误现象。"ました"的"た"是完成助动词，"か"是表示疑问的副助词，如果学习者能够针对性地习得相应语法成分，则语调的干扰也可能随之降低。由此我们可以推断，标日班学习者对语法成分功能的理解以及对语法形式组合关系的掌握相对较弱。

　　第二，"ます"与"です"的混用。例如，受试 003 号、010 号和 018 号在完成句子中的偏误表现为：

　　　　甲：昨日、李さんは学校へ行きでしたか。（正确答案为"ましたか"）
　　　　乙：いいえ、学校へ行きではありませんでした。（正确答案为"ませんでした"）
　　　　乙：毎朝、何時に起きですか。（正确答案为"ますか"）

在翻译题中的偏误表现为：

　　　甲：小李大学毕业了吗？→李さんは大学を卒業でしだか。
　　（正确答案为"李さんは大学を卒業しましたか。"）
　　　乙：两年前就毕业了。→二年前卒業でしだ。
　　（正确答案为"二年前に卒業しました。"）

由此可见，这些学习者混淆了"ます"和"です"的语法功能。

第三，动词活动形的偏误，主要表现在将"帰ります"写成
"帰ます""帰きます""帰います""归います"等形式。在动词
"帰る"的学习上，简明班学习者学习的是动词的原型（即"帰
る"）及其转换为"ます形"的活用规则（帰る→帰ります），而
标日班学习者学习的是动词"ます形"，即"帰ります"。照常理
来看，标日班学习者更不应该出现活用形的错误，因为他们只需
把单词表里学习到的动词形式原原本本搬到测试中即可，其花费
的认知努力相对较少。而简明班的学习者则需要完成从动词原形
到"ます形"的活用变化，且"帰る"属于特殊活用动词：倒数
第二个假名为"え"段假名，形式上符合二类动词的特征，但其
必须按照一类动词的活用规则进行变化，其加工难度远远超过标
日班的学习者。因为本实验采用笔试的形式，未能收集受试的反
应时，不知道两个班的受试在反应速度上是否存在差异，但从结
果的正确率来看，简明班只有一名受试出现了"帰る"活用形式
的错误，但标日班则有20%以上的学习者出现了该偏误现象。从
偏误现象本身来看，我们可以推测出标日班学习者发生偏误的原
因在于记忆的混淆，如将送假名"り"（Ri）记成发音非常相似
的"い"（i），将日语汉字的"帰"写成汉语同义词的"归"等。

2. 形容词活用测试结果

在习得形式较为复杂、难度较高的语法点时，"组装型"思
维的教学效果优于"集成型"思维。形容词的活用方式比"で
す""ます"更复杂，变化更多样，习得难度也更高。如前所述，
学习者需要掌握的"です"活用形为"ではありません""でし
た""ではありませんでした"，"ます"活用形为"ません""ま
した""ませんでした"，二者的活用变化相对简单，相似度较
高。但是，在形容词活用形的习得上，学习者需要首先判断形容
词的类型，因为不同类型的形容词活用规则不同。如果是一类

形容词（以"おいしい"为例），学习者需要掌握"おいしいです""おいしくないです / おいしくありません""おいしかったです""おいしくなかったです / おいしくありませんでした"；如果是二类形容词（以"有名"为例），学习者需要掌握"有名です""有名ではないです / 有名ではありません""有名でした""有名ではなかったです / 有名ではありませんでした"。形容词不仅活用形式较多，活用规则较为复杂，其不同类型之间的辨析也是一个难点，甚至部分中级水平学习者依然会犯"おいしいでした"的错误（正确形式应为"おいしかったです"）。

在这里，为了精确把握受试的习得情况，我们采用 E-Prime 行为实验，在测试受试正确率的同时收集受试的反应时，也就是说我们不仅要看学习者能否正确地完成形容词的活用变化，还要看学习者完成变形的速度。实验结果如表 8-2 所示，在只考虑正确率的情况下，简明班的成绩均值[①]虽高于标日班（M：85.27 > 81.35），但这一差异并不具有统计学上的意义（P=0.133 > 0.05）。这一倾向大致与受试在"ます"活用形测试中的表现相同，即标日班的成绩均值较低，标准差较高，学习者的个体差异较大，但总体来说，两个班的成绩不具有显著性差异。

但是，在使用反应时这一指标进行检验时，两个班的成绩均值出现了显著性差异（P=0.034 < 0.05）：简明班的反应时成绩均值为 69.25，显著高于标日班的成绩均值 61.95。这一差异导致两个班的总成绩均值也存在显著性差异（P=0.044 < 0.05），简明班的总成绩均值为 154.51，显著高于标日班的总成绩均值 143.30。也就是说，在习得难度较高的语法点时，接受"组装型"语法教学的受试比接受"集成型"语法教学的受试反应更快。在这里，

---

① 此处的成绩指的是形容词活用形测试卷中第 2~6 题的成绩。因为第 1 题测试的目标是"形态型"与"意义型"的术语命名方式对习得效果的影响，与本部分的宗旨不同，故分数不计。

我们必须考虑到反应时的成绩是受正确率成绩影响的，因为答错的题目反应时的得分也为零。因此，对于简明班反应时成绩比标日班更高这一现象，我们可以做出以下推测：简明班学习者在反应时上的优势表现是正确率和反应时共同作用的结果，从数值来看，在标准差相差不大（7.23 和 10.26）的基础上，两个班正确率的均值相差较大（85.27 和 81.35），虽然不存在统计学上的显著性差异，但可以认为两个班还是存在一定差距，而这一差距使得简明班在反应时上的表现更为突出。下文提及的偏误倾向可以从侧面证明这一结论。

表 8-2　形容词活用测试独立样本 t 检验结果（N=48）

项目	受试	Mean/SD	T-value	P
总分	简明班	154.51/18.11	2.070	0.044*
	标日班	143.30/19.42		
正确率	简明班	85.27/7.23	1.532	0.133
	标日班	81.35/10.26		
反应时	简明班	69.25/12.18	2.191	0.034*
	标日班	61.95/10.85		

注：*P < 0.05。

　　在形容词活用形的习得上，标日班出现了与"です""ます"活用测试中相似的偏误类型与偏误现象。例如：语法形式的无意义偏差（将"ありません"写成"あいませ"，将"ではありません"写成"ではなりません"，将"でした"写成"てしだ"等）；语法形式的混用（将"うるさい"的过去否定形式写成"うるさなかったではありません"或"うるさくではありませんでした"等）；动词活用形的偏误（将"終わります"写成"終おります"或"終わいます"，将"働きます"写成"働きします"或"働いません"等）。此外，标日班学习者的偏误现象还呈现两个新的特征。

第一，新旧词正确率的显著性差异。测试题中的形容词一半为旧词，即学习者已经学过的词，如"寒い""すき"，一半为新词，即学习者尚未学过的词，如"うるさい""安全"，新旧词皆为真词。简明班学习者新旧词活用的正确率不存在显著性差异，正确率接近 90%，但标日班学习者旧词活用的正确率显著高于新词，表现为"うるさい→うるさいないです / うるさいあいませ（正确答案为うるさくないです）""うるさい→うるさいかったです / うるさいでした（正确答案为うるさかったです）""うるさい→うるさなかったではありません / うるさくではありませんでした（正确答案为うるさくなかったです）"等。在新旧词活用正确率上的差异体现的是两个班学习者对活用规律的记忆深度与应用能力的差异：旧词的加工大多依靠记忆学习；而新词的加工更多依靠的是规律学习。（Pinker and Ullman，2002）

第二，题型正确率的显著性差异。本部分的测试题一共有六种题型：① 形容词类型判断（如"おいしい→一类形容词？二类形容词？"）；② 形容词活用形补充〔如"さむい→（　　　）ありません / ないです"〕；③ 按要求说出形容词的完整活用形〔如"かたい→过去否定（　　　）"〕；④ 句子正误判断（如"あの花はきれくないです。→如正确，请按'T'键；如错误，请按'F'键，并说出正确的答案"）；⑤ 补充句子〔如"—あなたの車は新しいですか。—いいえ、（　　　）です"〕；⑥ 翻译句子（如"那所大学曾经很有名气"）。以题型为自变量对受试的正确率和反应时成绩做独立样本 t 检验得知，简明班学习者第（3）题的正确率与反应时成绩都超过了标日班学习者，且存在显著性差异（Ps=0.038，0.004 > 0.05）。第（3）题没有任何语境的提示，单纯考察学习者对活用形语法意义的掌握程度，如"过去"时态和"否定"极性这些语法义分别对应的是哪个活用形式。此外，

与第（4）、（5）、（6）题相比，第（3）题题量较大，且实验过程中图片替换速度快，给学习者预留的反应时间较短，对学习者的加工过程提出了更大挑战。

（二）原因探讨

从认知心理学的视角来看，我们认为学校语法"组装型"思维与日语教学语法"集成型"思维对学习者习得效果的影响，与知识类型、记忆形式及概念形成中学习者使用的策略相关。

1. 陈述性知识、程序性知识与学习的三个阶段

Anderson（1983）认为人的大脑具有统一的整体结构，语言习得机制是整体认知体系的组成部分。他提出了"思维适应性控制"（Adaptive Control of Thought，简称 ACT）语言习得模型，其核心是"语言产生体系"（productive system）。这一语言习得模型动态地描述了语言的产生过程，并认为产生规则不是人类语言所特有的，而是人类大脑各种活动所共有的。

Anderson 的理论区分了两种不同的知识类型：陈述性知识（declarative knowledge）和程序性知识（procedural knowledge）。陈述性知识是关于事实本身的知识，是被告知的，是一次性获得的，而且是被完整获得的，人们运用陈述性知识的过程是有意识的过程；与此相对，程序性知识是指怎样进行各种认知活动的知识，是通过操作或练习获得的，它的获得是个渐进的过程，即可以一部分、一部分地逐渐获得，人们运用程序性知识的过程是潜意识的过程。简言之，陈述性知识是静态的，是对事物真实存在的一种描述，一般可以用语言来表述。而程序性知识是动态的，是涉及如何行事的知识，往往无法诉诸言语。例如，"名词加 -s 构成名词复数"这条语言规则的表述属于陈述性知识，它只能是一次性被告知的，而且学习者是一次性完整地了解这一知识的；但"如何运用名词复数"则属于程序性知识，学习者只能通

过经常练习，才能在语言的实际使用过程中逐步掌握如何正确地运用名词复数规则，这也是一个从部分掌握到全面掌握的过程。从本实验来看，"组装型"思维重视陈述性知识的传授，在描述一个语法现象时，将语法现象的形式、语义、语法功能等"来龙去脉"一次性地、完整地告知学习者，学习者也能够用语言表述这一规则。例如，对一类形容词过去否定形式"おいしい→おいしくなかったです"的学习，学校语法（《简明》）的教授方法是：① 把词尾的"い"变成"く"；② 加上表示否定的补助形容词"ない"；③ 把"ない"词尾的"い"变成"かっ"；④ 加上过去完成助动词"た"；⑤ 加上"です"构成敬体。与此相对，"集成型"思维简化了陈述性知识的内容，呈现偏重程序性知识的倾向。例如，日语教学语法（《标日》）对一类形容词过去否定形式的教学方法是：① 去掉词尾的"い"；② 变成"くなかったです"。

毋庸置疑，在语言学习的过程中，对程序性知识的掌握是至关重要的，蒋祖康（1999）指出："语法的规则性要求语法的学习尽可能通过动态的概括与区别，来认知建构目的语的程序并进行程序组合，实施高频而有效地调用，达到运算的自动化。"但是，这并不意味着陈述性知识不重要，可以忽略不计，或是我们可以跳过陈述性知识，直接进入程序性知识的学习阶段。Anderson（1983）认为，陈述性知识和程序性知识是相互依存的，在使用过程中二者也是相互作用的，程序性知识是以陈述性知识为基础的，涉及陈述性知识的使用条件，程序性知识包含陈述性知识。Schmidt（1993）也指出，对输入语言"形式"（form）的清醒意识是学习者"掌握"（intake）语言的前提；语言意识有利于学习者了解自身语言系统与目标语言系统的差距，提高学习效率。

在学习任何新事物的时候，人的大脑都必须经历从陈述性知识向程序性知识发展的三个阶段：① 陈述性阶段（也称认知阶段）。在这一阶段，新的信息被看作是陈述性的事实，并以新的知识单位储存在大脑的语义网络中，大脑在学习新规则的初期（即陈述性阶段）只能完全依赖这些陈述性知识。② 知识编辑阶段（也称联络阶段）。如果仅按照第一阶段的方式来运用陈述性知识未免太过烦琐笨拙，且错误率也高，于是"聪明"的大脑试图将相关信息"编辑"成效率更高的信息组，如将两个相似的或相同的规则"合成"一个规则。这个阶段可以看作是程序性知识之——"动作次序（action-sequence）"中的子过程"组合（composition）"。"组合"是为了克服短时（工作）记忆的局限，因为人们不可能直接用陈述性知识去创造大量的产生式，"组合"有助于将几个产生式合而为一，加快执行程序的速度，达到自动化。自动化实际上是减少资源的使用。③ 产生过程的调整阶段（也称自动无意识阶段）。即使大脑在上述两个阶段中通过知识编辑产生了一个操作方案，它仍然需要对产生过程进行调整，并将其推广到其他条件下运作。这三个阶段循序渐进、环环相扣、层层深入，跨越某个阶段直接进入下个阶段的做法是不可取的。

本实验的受试是在课堂内完成学习的第二语言学习者，他们往往从教师讲授的语言规则中学习语言知识，通过操练和实际运用，这些知识逐渐演变和发展为不假思索地运用语言的能力。也就是说，在第二语言的习得过程中，教师在课堂上讲授的陈述性知识逐渐转变成学习者在实际语言运用中的程序性知识。本实验的测试阶段为学习者日语学习的初级阶段，也就是上文提及的学习过程的第一阶段——陈述性阶段，学习者会按照一般问题的解决过程或对已知行为的积累来处理这些新的陈述性知识。虽然此时学习者的这些陈述性知识还有待通过反复操练逐步程序化，也时常会出现偏误现象，但我们可以有把握地推测，"组装型"教学思维下，学校语法所提供的充分的、完整的、有意义的陈述性知识更有助于推动程序化的进程。正如桂诗春（1992）指出的那样，教师在教学中必须注意输入的质量，包括输入的频次和内容的鲜明突出性：频次指的是重复率；鲜明突出指的是提高输入的可理解度，让那些陈述性知识中模糊、不明朗的部分变得鲜明突出，以给学习者提供条件让其去抽取知识和集中注意。

我们再来看本部分问卷调查的第 24 题，此题为开放性问题："您是否认为形容词活用形的学习存在某些规律？如无，可直接做下一题；如有，请将您发现的规律写在下方横线上（可写多条规律）。"简明班中有 21 名受试（87.5%）认为存在规律，其中有 3 名受试没有报告规律的具体内容，其余受试基本上报告出了"组装型"思维规律的一部分，如 005、007、008、011、018 号受试明确报告出"形容词活用形的否定过去式是否定式与过去式的相加"（受试的报告内容在描述上略有差异，此处为笔者总结，下同）。与此相对，标日班共有 11 名受试（45.8%）认为存在规律，其中有 1 名受试没有报告规律的具体内容。但是，这些受试报告的规律基本上都是"一类形容词的活用都是将词尾的'い'变成'く'""一类形容词与二类形容词的否定过去式都有ありませんでした"等表面内容。

结合配套调查问卷可以推测，这一实验结果与上文描述的学习者掌握知识的显性程度有关，因为 R.Ellis（2005）提出以"可报告性"——受试能否用语言描述出他所掌握的知识的潜在规律——来区分显性知识和隐性知识。从结果来看，我们可以认为"组装型"思维的学习者所掌握的知识的显性程度要高于"集成型"思维的学习者。

在学习过程中，"组装型"思维的学习者首先通过例句清楚地了解语法知识的来龙去脉及其中的语法规则，如表示过去否定的"なかった形"是由表示否定的"ない"加上表示过去完成的"た"变形而成，再在此基础上进行大量的操练以增加熟练度、巩固记忆。而"集成型"思维的学习者只学习到"なかった"这个形式表示过去否定的意义，再通过大量的课后替换练习来达到"熟能生巧"的效果，但在学习初期，部分学习者甚至不知道应该在哪里断句。一系列研究证明，第二语言的学习中既有显性学习，也有隐性学习，而充分的显性学习（规则＋例子）的效果是最好的。（Doughty，1991；高海英、戴曼纯，2004；等等）本实验也得出了大致相同的结论。此外，学习对象的难度也会影响显／隐性学习的效果。实验研究表明，规则的难度与显性教学的效果之间的关系呈二次方程曲线，规则为中等难度时，显性教学的效果最好。（Peckham，2000；Schmidt，1993）对于初级阶段的学习者来说，形容词特别是一类形容词活用形的习得难度正好属于中等，但一些中级"集成型"思维的学习者仍旧会犯错。因此，在学习这一语法点时，进行充分显性学习的"组装型"思维的学习者习得效果更好。

Skehan（1998）提出在外语学习者中建立双模式系统（Dual-mode System）作为外语教学认知观的最终目的：以规则为基础的系统（Rule-based system），培养学习者的语言生成能力；以范例为基础的系统（Examplar-based system），帮助学习者积累现成的"块件"（chunks）或型式化单位（formulaic units）。由此可见，在第二语言的学习过程中，陈述性知识和程序性知识同样重要，它们在不同的学习阶段发挥着不同的作用与功能，日语教学语法一味弱化陈述性知识的教学观并不科学。

2. 记忆类型、知识表征与记忆效果

信息处理得深入与肤浅、简单与复杂、孤立与相联、有用与无用，产生的记忆效果会有很大的不同，而记忆是再编码、再解码、再输入、再提取的重要基础、前提和环节，提高记忆质量能够更好地提高学习质量。简言之，科学合理的教学方法、策略能够使学习者产生更好的记忆效果。因此，本部分从"组装型"思维和"集成型"思维的信息处理方式入手，尝试分析两套语法体系的学习者在记忆效果上可能存在的差异。

　　一般来说，记忆分为短时记忆和长时记忆。短时记忆容量非常有限，基本为 7 加减 2 个无意义音节（Miller，1956），其基本单位是组块，是一种信息的组织或编码。人们利用储存于长时记忆中的知识对进入短时记忆的信息加以组织，使之构成人们熟悉的有意义的较大的单位。组块的作用就在于减少短时记忆中的刺激单位，而增加每一单位所包含的信息，这样就可以在短时记忆的容量范围内增加信息，以促进当前工作的完成。除了组块之外，短时记忆中还存在另一种相似的操作——分组（Grouping），指的是把时间空间上接近的一些项目分为一组，如出现一长串数字时，人们常常在主观上将数字分成几组，在各组之间安排空间、时间间隔来记忆，这样可以记住更多的数字。然而，这些组合内部的各成分之间并不存在意义联系，也不会形成一个像组块那样的熟悉的单位，但它确实有助于复述行为，有利于短时记忆。（王甦、汪安圣，2006）《简明》的"组装型"思维在教授助动词及形容词活用形时，倾向于将活用形拆分成有意义的成分讲解，这一操作与短时记忆中的组块与分组非常相似，我们可以认为它在很大程度上有助于促进学习者短时记忆的精确程度。因此，《简明》的学习者很少出现语法形式上的偏误现象，但《标日》的学习者则出现较多的该类偏误现象，如将"ませんでした"写成"せんてたし""ますてした""ませんてした""ませてした"等，将"うるさい"的过去否定形式"うるさくなかったです / うるさくありませんでした"写成"うるさなかったではありません""うるさくではありませんでした"，等等。

　　与短时记忆相比，长时记忆是一个词典性的信息库，它会把当前的信息保存下来供将来使用，或将过去储存的信息提取出来供现在使用。它有着巨大的容量，可以长期保存信息。记忆就是由短时记忆和长时记忆构成的一个系统，信息由短时记忆进入长时记忆，短时记忆既是缓冲器又是处理器，但对于语言的学习来说，更为重要的是实现短时记忆到长时记忆的转换。王甦、汪安圣（2006）提及了认知心理语言学界构建的"记忆信息三级处理模型"，认为信息从短时记忆转入长时记忆是通过复述实现的，并且，简单的复述即机械地复诵识记并不足以使短时记忆转为长时记忆，只有通过精细复述（又称整合性复述）——将复述材料加以组织、联系和深层加工、整合才能实现。从这个视角来看，学校语法的"组装型"思维有助于学习者对语言材料（这里指语言现象）进行组织、联系与深层加工。

从配套实施的调查问卷中，我们也可以得出相同的结论。问卷的第四部分从学习者的感知、认知角度考察两种不同的思维模式与习得效果之间的关系。该部分的题目包括：

（22）你认为像"でした＝でし＋た（过去）""くないです＝く＋ない（否定）＋です"这样，学习活用形每个部分的意义是否有助于你记忆和理解形容词／形容动词的活用形式？

（23）你认为上述学习方式（22题）是否有助于你在实验中反应得更快？

问卷第22题与第23题的内容只涉及简明班的受试，因此只有简明班的受试答题。将此部分内容与受试的形容词活用测试成绩做相关性分析，结果如表8-3、表8-4所示。两道题的得分均值都接近4——比较有帮助，且与受试的成绩之间存在强相关性（Rs=0.688、0.831，P＜0.01）。也就说，从学习者自身的感受来看，他们也认为"组装型"的思维方式有助于形容词／形容动词活用形的记忆，提升了他们在实验反应中的正确率与速度。

表 8-3　描述性统计量（N=24）

项目	均值	标准差
Q22	3.79	0.977
Q23	3.71	0.955
成绩	154.51	18.11

表 8-4　思维方式与成绩的相关性（N=24）

	Q22	Q23
成绩 Pearson 相关性	0.688**	0.831**
显著性（双侧）	0.000	0.000

注：** 在 0.01 水平（双侧）上显著相关。

也有研究者从知识表征的角度探讨记忆效果的差异。陈开顺（2001）探讨了语篇记忆的三种形式——表层表征（surface representation）、命题表征（propositional representation）和情景表征（situational representation）的记忆效果。表层表征指对原话形式的记忆，命题表征指脱离原来措辞的意义的记忆，情景表征指根据话语内容构建的事物状态模式。

Fletcher、Chrysler（1990）曾将表层表征、命题表征和情景表征放在同一个实验中研究，发现人们可以区分这三个层次的心理表征，还揭示了三种记忆的遗忘情况。在实验中，研究人员按不同的时间间隔对记忆进行了测试，共测试四次。第一次是理解后立即测试，结果是虽然三种表征的差距不大，但记忆储存最多的是命题表征，其次是情景表征，最低的是表层表征。第二次是在理解后 40 分钟时测试，结果发现情景表征不但从第二位上升至第一位，而且比自身的起点还高。第三次是两天之后的测试，结果是情景表征虽然略有下降，但仍然保持了第一的优势；命题表征继续下降，但仍处于第二；表层表征继续下降，位居第三。

第四次测试是在四天之后，结果是情景仍然位居第一，而且与自身相比有所上升；命题表征继续下降，位居第二；表层表征已经下降到零。由此我们得知：大多数表层形式很快就会忘记；包括推理获得的命题在内的命题表征能够较好地保留；语篇情景表征以空间、事件、因果等概念为基础，能够长期储存在记忆之中。

对于这一实验结果，陈开顺的解释是，表层表征在记忆中保存的时间很短，过了句子之后，表层形式就会被清除，保留的只是意义。在通常情况下，人们从话语中提取意义，并把意义以命题的形式储存在记忆之中。而记忆中的命题结构包括推理产生的命题，在理解过程中的推理是对没有明确表明的内容进行理解，找出隐含的关联，其重点在于关联性。推理的条件是无论推理所需的信息是来自明确的陈述，还是来自一般知识，这种信息必须容易激活，如果容易激活，推理就会产生较强的自动性。情景表征是人们在理解命题意义时根据语篇的描写构建出的情景心理模式，但与命题表征没有泾渭分明的界限。

本书讨论的"组装型"思维与"集成型"思维发生在学习者对用言活用形（类似于短语，接近句子成分）的记忆上，并不是发生在语篇层面，但其与语篇层面的记忆形式有很多相似之处。"组装型"思维的学习者先明确了解活用形每个部分的意义，再在此基础上推理出整个活用形的意义，进一步将活用形的形式与意义结合，这种记忆方式类似于命题表征。例如，对形容词"おいしい"的过去完成形式"おいしくなかった"的记忆，学校语法（《简明》）的学习者的记忆过程是：① 把词尾的"い"变成"く"。② 加上表示否定的补助形容词"ない"，到这一步，该词完成了向否定形式的变化，而"ない"本身的性质也属于形容词，所以接下来就是将形容词完成向过去形式的变化。③ 把"ない"词尾的"い"变成"かっ"。④ 加上过去完成助动词"た"，完成向过去形式的变化。其中，否定的补助形容词"ない"与过去完成助动词"た"在之前的语法项目中都已经学习过了。而相对的，"集成型"思维的学习者一次性习得活用形的整体形式及其对应意义，教材不对活用形内部成分的语义做任何说明，学习者直接"打包"记住这个形式及其对应的语法意义，这种记忆方式类似于表层表征。例如，同样对形容词"おいしい"的过去完成形式"おいしくなかった"的记忆，日语教学语法（《标日》）的学习者的记忆过程是：① 把词尾的"い"变成"く"，这一点与学校语法的学习者相同；② 加上"なかった"表示过去否定，这"打包"了学校语法学习者第②～④步的所有加工过程。形容词活用测试是在学习者习得了全部形容词活用形内容的一周之后实施的。记忆形式为命题表征的学习者，其形容词活用形的习得效果要比记忆形式为表层表征的学习者更好，主要体现在活用形变化的反应时大体一致的前提下，其正确率更高，记忆效果更好。

大学日语的学习者大多是成年人或接近成年，他们都具有一定的知识和能力背景，如母语的语言知识系统、人类对客观世界和客观事物共性认识的基础、逻辑思维能力、较系统的知识结构、分析问题和解决问题的能力、语言中蕴含的理解能力，等等。（卢福波，2010）有这些知识和能力背景的加持，"组装型"思维的教学方式能够帮助学习者通过一定的推理来获得命题，从而加深他们对语法点的理解和融会贯通，加强记忆功能。需要记忆的东西越复杂，难度越高，这一效果就越明显。这一结果也与Tarone（1982）的主张相近。Tarone认为，当学习者将注意力集中在语言表达上时，"有控制的处理过程"开始发挥作用，学习者此时的语言行为会受到一定干扰，至少速度会缓慢下来，但由于学习者将较多的时间花在有控制的处理过程中，其语言质量会得到改善。Tarone强调，在学习的初级阶段，学习者的语言技能尚未达到"自动处理"的阶段，他们需要有足够的时间来运行

"有控制的处理过程"，否则其语言行为水平就会下降。

3. 概念形成的保守性聚焦策略

Pawley、Syder（1983）指出，在外语学习时，"以旧带新"是至关重要的技巧。例如，语言一般有两个方面，即结构和词汇。如果两个方面都是未知的，学习者就会难以理解。最好是用已知的结构来学习未知的词，或用已知的词来学习未知的结构。

在观察受试对问卷调查第24题的回答时，我们发现了一个有趣的现象。该题为开放性问题："您是否认为形容词活用形的学习存在某些规律？如无，可直接做下一题；如有，请您将发现的规律写在下方横线上（可写多条规律）。"简明班有21名受试（87.5%）报告出了规律，其中13名受试（54.2%）报告了"形容动词的活用形与名词＋'です'的活用形相同"这一规律，而标日班没有一名受试报告这种规律。前者的这种情况叫作联想学习，联想学习与其他学习过程一起发生作用，联想机制起作用的部分就是输入中显性的、被注意到的部分。（Robinson，2005）这一方面从侧面证实了"组装型"思维有助于学习者掌握显性知识的观点，另一方面也显现出"组装型"思维对学习过程中联想机制的影响。这里的联想机制，也就是 Pawley、Syder 提及的"以旧带新"。

这一点在认知心理学中也能找到理论依据。认知心理学认为，思维是通过判断、抽象、推理、想象和问题解决这些心理特征之间复杂的相互作用，来实现信息转换，从而形成新的心理表征的过程。其中，概念形成（concept formation）或概念学习是第一步。概念学习指的是辨识出一组物体或观点的共同属性的过程，在大多数学科的形成期都发挥着至关重要的作用。在化学中，概念形成是通过将各化学元素整理进周期表中实现的，在艺术中是通过将不同时期的艺术家进行分类实现的。那么，在语法学习的过程中，概念形成则是通过助动词、助词等词类划分，以及时、体、态等语法功能分类来实现的。长久以来，实验心理学有一个共识：人们有时通过提出并检验假设来解决问题和形成概念。Bruner 等（1956）将"假设—检验"模式应用于概念学习，发现受试在概念形成的过程中会使用同时性扫描（simultaneous scanning）、继时性扫描（successive scanning）、保守性聚焦（conservative focusing）、赌胜性聚焦（focus gambling）等策略。这些策略中，保守性聚焦是最有效的。在使用保守性聚焦策略时，受试会事先提出一个假设，选择一个正例作为焦点，然后对假设进行一系列的更改（每次仅改变一个特征），记住每次更改后哪个带来正的结果，哪个带来负的结果。

　　学校语法的"组装型"思维按照词类和语法功能描述、解释语法现象的各个组成部分，如形容词活用形中表示过去完成的助动词"た"，表示否定的补助形容词"ない"，作状语或表示中顿的词尾"く"，表示假定的接续助词"ば"等。这些都是正例，可以认知为概念形成过程中的一个焦点。在接下来的核心语法项目——动词活用形的学习中，学习者会接触到许多类似甚至是相同的概念，如动词的过去否定形式中同样有表示否定的补助形容词"ない"和表示过去完成的助动词"た"两个成分，此时，他们可以采用保守性聚焦的策略进行新的概念学习。一方面，在现阶段语法形式的学习中，学习者可能需要花费较多的认知努力，但从长远来看，采用保守性聚焦"以旧带新"的策略可以减轻学习者的记忆负担，因为他们在学习新概念时，不需要记住其所有的性质特征，只要在当前假设的基础上进行有关属性的修正与整合即可。另一方面，"组装型"思维可以被理解成是一个循序渐进式，抑或是"累进制"的学习过程，在初级学习阶段掌握基础词类划分及其语义、语法功能的相关概念，在中高级阶段句式、体系的学习过程中则可以调用这些基础概念，减少高难度概念形成作业的复杂性和抽象性。

第二语言学习是一个高层次的整合过程，这种整合既要有具象的形式特征，又要有抽象的逻辑认知理据，因此语法教学中所采用的教学方法应该尽可能地为学习者建立新知识与原有知识的结合创造条件，使学习者不断产生新的理解，形成更好的认知分化，实现新语言的主动建构。邵瑞珍（1997）也指出："建立良好的认知结构以及掌握有效的认知策略并使之熟练化，是提高操作空间效率的有效途径。因此，教师向学生传授有组织的、高度结构化的信息，并教给他们高效的认知策略均可间接地促进学生工作记忆能力乃至认知能力的发展。"从这个角度来看，"组装型"思维方式传授的是相对有组织、结构化的信息，信息之间也存在一定的逻辑认知理据，能够帮助学习者建立知识之间的联系，促使其不断产生新的理解，形成更好的认知。

二 "意义型"与"形态型"术语命名下学习者的习得效果差异

本研究首先使用形容词与动词活用测试中第 1 题的成绩考察不同的术语命名方式对学习者形容词和动词类型判断的习得效果的影响。其次，使用配套调查问卷考察不同术语命名方式对学习者形容词和动词活用形习得效果的影响。

（一）描述性统计结果分析

形容词测试的第（1）题是："请判断下列形容词的类型（形容词／形容动词 VS 一类形容词／二类形容词）：'広い''寒い''いい''有名''安全''きれい'等"。动词测试的第（1）题是："请判断下列动词的类型（五段动词／一段动词／サ变・カ变动词 VS 一类动词／二类动词／三类动词）：'使います''働きます''整理します'等"。通过这两题我们想考察的是，究竟是一类、二

类这样直观的数字命名方式更能帮助学习者辨析形容词或动词的类型，还是像五段、一段这样带有具体意义的命名方式更有助于学习者的类型判断。

对两个班这两题的成绩做独立样本 t 检验，结果表明，二者不具有显著性差异（Ps=0.842、0.477 > 0.05），也就是说，在判断形容词和动词的类型上，两个班的受试表现一致。无论学习者学习的是一类动词、二类动词这样的"形态型"术语名称，还是五段动词、一段动词这样的"意义型"术语名称，都可以准确地判断出形容词和动词的类型。

接着，我们用配套调查问卷考察不同术语命名方式对学习者形容词、动词活用形习得效果的影响。调查问卷第三部分"术语名称的掌握与习得效果"包括：

（17）你认为这些术语名称是否有助于你记忆与理解形容词和动词活用形？

（18）你认为记忆这些术语名称是否加重了形容词和动词活用规则的记忆负担？

（19）如果不学习这些术语名称，你认为是否能够把形容词和动词的活用规则记得更好？

（20）你认为记忆这些术语名称是否影响了你在实验中的反应速度？

（21）如果不学习这些术语名称，你认为自己是否能够在实验中反应得更快？

这里的术语指的是"ます形"、"た形"、"て形"、连体形、连用形、未然形等术语名称（调查问卷中做出了明示）。从表8-5可以看出，学习者在这五道题上的给分基本都在3以下。李克特五级量表中，3代表一般水平，也就是说，在术语名称是否有助于理解、记忆，是否有助于加快反应速度这些问题上，学习者给出的答案都偏向否定——不太有帮助。在上述五题中，较为有趣的是第 18 题的答案，学习者给出的评分是 3.08 分，即这些术语名称并没有特别加重学习者的记忆负担。这可能存在两种情况：第一，学习者尝试去记忆这些术语，并通过术语来掌握用言的各种连用形，但在这一过程中并没有觉得术语名称的记忆是负担；第二，学习者根本没有尝试去记忆这些术语，"选择性"地忽略了它们。结合其他题的答案，我们倾向于认为第二种情况可能性更大，因为学习者认为记忆这些术语名称对他们更好地掌握形容词和动词的活用形并无太大助益。

表 8-5　描述性统计量（N=48）

项目	均值	标准差
Q17	2.46	0.717
Q18	3.08	0.929
Q19	2.92	0.881
Q20	2.63	0.970
Q21	2.92	0.974
成绩	9.34	0.868

　　上述题目是对学习者主观感受的考察，接下来对上述题目的答案与学习者的语法测试成绩进行相关性检验得知，无论是形容词的活用测试还是动词的活用测试，术语的命名方式与测试成绩之间均不存在显著的相关性（见表 8-6）。也就是说，在初学阶段，术语名称对学习者的习得效果并没有显著影响。

表 8-6　术语命名与成绩的相关性（N=48）

	Q17	Q18	Q19	Q20	Q21
成绩 Pearson 相关性	0.093	0.018	0.322	0.155	0.120
显著性（双侧）	0.665	0.934	0.125	0.470	0.577

（二）原因探讨

这一结果与我们之前的理论假设不太相符。两套语法体系的术语命名方式存在明显的差异，但是学习者的习得效果却不存在显著性差异，并且学习者对术语的作用并没有明确的认知，认为术语对概念的习得几乎没有助益。造成这一结果的原因可能有以下三点。

第一，初级学习阶段，专业术语与语法知识的实际应用之间关系并不密切，即术语对学习者语法知识实际运用的指导效果并不明显。例如，对于学习者来说，形容词的类型判断标准非常简单，以"い"结尾的形容词是一类形容词／形容词，不以"い"结尾的形容词是二类形容词／形容动词，无论学习者有没有理解这个名称，想要知道"おいしい"是哪类形容词，只要掌握以"い"结尾的形容词的活用规则即可。再如，简明班的受试即使不明白"连体形"是什么意思，他只要把"おいしい"直接修饰名词这个语法规则记下来就可以了，所以学习者才会认为这些术语名称对活用规则记忆的帮助并不大。

第二，值得关注的一点是，在第18题和第19题中，对于这些术语名称是否加重了记忆负担的提问，学习者给出的答案依然是偏向否定的，这从侧面说明了另一个问题。标日班的学习者认为术语名称没有加重记忆负担，这一点非常容易理解，因为"形态型"的术语命名方式不需要花费额外的精力去记忆和理解。但从表8-5中的标准差可以看出，受试的给分离散程度并不大，也就是说，简明班的学习者也认为术语名称并没有加重记忆负担。

彭广陆（2003）等认为，学校语法体系的术语存在"名实不符""名称费解"等问题。所谓"名实不符"指的是，例如"终止形"不仅仅是"よむ"这一种形态，从所谓"断续"的功能（即该活用形是否可以使句子结束）来看，"终止形"还应该包括

"よまない""よんだ""よんでいる""よもう"等形态，因为它们都具有终止（即结句）的功能。"名称费解"则指，学校语法的"五段动词""上一段动词""下一段动词"等称谓在该语法体系的框架中虽有一定理据（它是根据词尾的第一个音节属于哪段的音来命名的），可一旦改变了对词干和词尾（尤其是后者）的认定，这种理据也就站不住脚了。尽管理论上存在诸多类似指摘，但事实上，学校语法体系（简明班）的学习者本身似乎并没有受到术语名称的影响。他们在相关语法测试中的成绩与日语教学语法体系的学习者没有显著差异，从调查问卷的结果来看，他们也不认为对术语名称的记忆加重了记忆负担，进而影响活用形习得的正确率与反应的速度。

可能存在两个影响因素：① 简明班学习者的母语都是汉语，他们与非汉文化圈的欧美日语学习者不同，对于表示尚未发生的（否定、推测）等概念的未然形、连接用言的连用形以及连接体言的连体形等"名副其实"的术语命名方式并不需要花费额外的精力去理解和记忆。② 对于学习者而言，他们需要掌握的是活用的规则和活用形的语法意义，而术语只是通向这一目的地的"桥梁"，只要顺利到达了目的地，那么自然可以"过河拆桥"了。McLaughlin（1987a，1987b）提 出 信 息 处 理 模 型（Information Processing Model），主要内容包括信息处理的制约和信息结构的重新构建。McLaughlin 的模型把语言习得看成语言信息的处理过程，语言的学习者则是语言信息的处理者。学习者的语言信息处理既受语言任务的制约，也受学习者信息处理能力的制约。也就是说，在处理语言信息的过程中，学习者事实上无法关注语言输入中的所有信息，只能选择性地关注和处理部分信息。换言之，语言输入中的某些信息实际上是被学习者忽略的。McLaughlin 认为，为了最大限度地利用自己的信息处理能力，学习者往往需要将自己处理信息的能力程序化，也就是从"有控制的处理过程"

向"自动处理过程"发展。而在这两个阶段中，"有控制的处理过程"受学习者意识控制，因此在很大程度上受其信息处理能力的制约。本实验中受试所处的日语学习初级阶段正是 McLaughlin 所说的"有控制的处理过程"，在这一阶段，学习者全力关注新的信息，并尽量逐一处理这些信息。例如，形容词、动词的类型及各种活用形等内容本来就是初级阶段的学习难点，学习者光是记忆不同的活用规则已经需要花费大量的时间和精力，对于"贡献较小"的活用形名称等术语，自然选择性地忽略，以达到处理效率最大化。

　　第三，实验结果与学习者所处的学习阶段有关，测试题型与实验手段也存在一定的局限性。本实验的受试处于日语学习的初级阶段，在这个阶段，语法教学主要还是围绕语法的认知与操练两方面展开，并不要求学习者构建系统性的语法知识体系。虽然教师在教学时严格按照语法体系的内容，将术语名称融入到活用规则的教学中，但由于学习者处于初级阶段，单是记忆活用规则已经花费了大量的精力，能够分配到术语上的注意力并不多，所以术语对习得的指导效果并不显著。但随着学习阶段的深入以及学习者语言水平、语法意识的不断提高，术语名称等语法概念在语法学习的过程中也许会扮演越来越重要的角色，在以中级、高级水平的学习者为对象的研究中也许能得到不一样的结果。

　　在测试术语名称的差异对习得效果的影响时，本实验只使用了形容词活用测试和动词活用测试中的第一题，即形容词类型判断和动词类型判断的题型，虽然实验后实施了相关问卷调查作为辅助测量手段，但是也许测试的题型还是不够充分。之前也曾考虑过让受试识别或填写形容词、动词的相应活用形来检测受试对活用形名称的掌握情况，例如："食べます"的未然形是（　　）；"食べよう"是动词的（　　）形。但是无论针对哪个层级的教学，日语语法教学都不是讲语法理论的语法体系，教学的侧重点永远是如何运用语法规则、限制条件指导学习者的日语学习和使用，也就是说，对于学习者来说，最重要的不是掌握语法体系的知识，而是能够说日语，会用日语，语法体系知识最终的落脚点始终是在促进学习者日语水平的提高与日语能力的提升上。因此，单独考察学习者是否能够识别出这些活用形的名称是没有意义的，学习者能够通过掌握这些术语名称，最终学会判断形容词和动词的不同类型，习得不同类型的形容词和动词的活用规则就可以了。

从实验手段来看，本次实验采用 E-Prime 行为实验方法，能够准确地考察学习者完成测试题的正确率和反应时，但最终只能观察到测试结果，无法把握学习者在测试中的认知加工过程。虽然在实验过程中同步实施了调查问卷，在一定程度上加深了对学习者术语的掌握情况及术语对活用形习得影响的了解，但不排除学习者未能真正意识到术语所发挥的作用。如何使用 ERP 等心理学实验工具进一步深入观察、分析学习者在学习、测试过程中的认知加工是接下来的课题。值得注意的一点是，本实验中，简明班的学习者只学习学校语法的术语，标日班的学习者只学习日语教学语法的术语，二者在学习过程中都未接触过另一语法体系的术语。在教学过程中，并未出现学习者报告术语名称存在识别、记忆困难的情况。但是，本校的专业日语学习者在精读课使用《综合日语》教材，学习日语教学语法体系的术语，在泛读课使用《简明》教材，学习学校语法体系的术语。通过随访得知，不少日语专业学习者报告学校语法体系的术语名称难懂、难记，日语教学语法体系的术语名称更加简洁明了。

三 "模块化"与"零散化"教学逻辑下学习者的习得效果差异

本实验以格助词习得测试考察在学校语法"模块化"与日

语教学语法"零散化"的教学逻辑下，学习者格助词习得效果的差异。

（一）描述性统计结果分析

因为实验涉及的格助词及其语法意义数量较多，所以格助词习得测试分两次实施。第一次在习得一半格助词及其语法意义时实施，第二次在习得完所有格助词及其语法意义时实施。

1. 总体成绩差异

实验结果显示，在习得的格助词数量较少、用法较为单一时，"模块化"与"零散化"的教学逻辑对习得效果的影响没有显著性差异。如表 8-7 所示，第一次格助词测试中，简明班的成绩均值为 75.00，低于标日班的 78.63，但二者独立样本 t 检验结果 P 值为 0.252，大于 0.05，无显著性差异。但是，在习得的助词数量较多、用法较复杂的情况下，"模块化"的教学效果优于"零散化"的教学效果。在第二次格助词测试中，简明班的成绩均值为 83.04，高于标日班的 81.43，二者独立样本 t 检验结果 P 值为 0.026，小于 0.05，呈显著性差异。分别对简明班与标日班两次格助词测试的成绩做配对样本 t 检验，结果显示，标日班前后两次成绩无显著性差异（P=0.527 > 0.05），而简明班前后两次成绩呈显著性差异（P=0.000 < 0.05），第二次测试成绩均值 83.04 显著高于第一次测试成绩均值 75.00。

表 8-7　助词测试独立样本 t 检验结果（N=47）

实验次数	受试	Mean/SD	T-value	P
第一次	简明班	75.00/9.69	-1.161	0.252
	标日班	78.63/11.83		
第二次	简明班	83.04/2.05	2.306	0.026*
	标日班	81.43/2.69		

注：*P < 0.05。

2. 作文表现差异

作文是考察学习者日语综合能力特别是产出能力的重要测试方式，下面以两次格助词测试中的作文表现为研究对象，考察学习者的格助词综合应用能力。第一次作文的题目是《冬休み》（寒假），第二次作文的题目是《日本語の勉強》（日语的学习），两次均为命题作文，写作时间为 20 分钟。下面从简明班与标日班的作文中，随机抽取高分档、中等分数档、低分档作文各一篇①，观察两个班的学习者在格助词综合应用上的差异。

简明班高分档作文（14 分 /15 分满分）：

《冬休み》

二月の初めから三月の初めまで、私の大学は休みました。飛行機で家に帰りました。春節間は、旅行する人が多いから、旅行に行ってなかった。だから、冬休み間、私はずっと家にいました。母は料理が得意で、毎日おいしい料理を作ります。先生は私たちに宿題を出しました。だから、毎日宿題を書きます。

私は雪が好きです。でも、今年の冬休みは、雪が降りませんでした。本当に残念でした。私の誕生日は冬休み間にある。友達たちと店でポットを食べました。冬休み、本を読んだり料理を作ったり、いろいろなことをした。本当に楽しい時間だった。

《日本語の勉強》

今まで、一年間ぐらい、日本語を勉強しています。今でもはっきり覚えていますが、当時の私、日本語の勉強に困りました。「日本語は大変むずかしいですよ。私はどうしてもいい成

---

① 引用受试作文原文，其中语法错误不予修正。

績が取れない」と思っていました。当時、私は、日本語が読めないし、日本語で文章が書けないし、なかなかはずかしい。

　後、私が自分で短い文章を読んで、先生にほめられました。「孫さん、最近はずっと進めつつあっていますよ。頑張ってください！」と言われた。うれしさで胸がいっぱいでした。それで、もう一生懸命に日本語を勉強した。とても時間がかかりました。今、日本語の本文が読めて、日本語で宿題をされた。努力からこそ、成績がだんだん上がりつつあっています。

　今、「日本語の勉強がそんなにむずかしいこと」と覚えません。日本語の勉強は、いつまでも珍しい思い出として残るでしょう。これから、頑張っていこうと思っています。いつか、日本に行ったら、日本語で日本人と話せたら、どんなにいいだろう。

标日班高分档作文（13 分 /15 分满分）：

《冬休み》

　今度の冬休みはいつもいい天気だったです。だから、家族と友達と 2 回山に登りました。山の眺めは本当にすばらしかったです。それで、私たちはとても楽しかったです。そして、家に暇の時、東野圭吾の本を 2 冊読みました。それと、私は母に故郷の料理の作り方を習いました。そして、弟に英語を教えました。お正月は家族団らんの日ですから、家族に付き添っていました。とても暖かくて楽しい冬休みでした。

《日本語の勉強》

　今まで、私は 1 年間日本語を勉強しました。心から日本語を好きですから、ずっと一生懸命に勉強しています。最初には、日本語の勉強が簡単ですが、だんだん難しくなります。し

かし、私はいつも単語に間違えています。でも、失敗は成功の
もとです。それから、私は単語を暗記するために、徹夜で勉強
しているとか、課文を繰り返すとか、いろいろ努力をします。
だから、今、私は日本語の文章を多分理解できます。日本の映
画や番組を見ているときも、俳優の話の意味を通げるので、本
当に気持ちが楽しいです。それに、先生が褒められました。私
は大学を卒業する後で、自分で東京へ旅行に行こうと思ついま
す。もとたくさん日本語を勉強するなら、今後ぺらぺら日本語
で話すつもりです。

简明班中等分数档作文（11 分 /15 分满分）：

《冬休み》

私の冬休みはちょっとつまらなかったです。家は市から
遠いです。だから、デパートは少ないですよ。町はとても静が
でしたね。冬の故郷は福州より寒かったです。四季でいちばん
嫌いな季節は冬ですから、あまり出ませんでした。そこで、い
つも友達の家や私の家で緑茶を飲みました。友達に学校の生活
を話しました。でも、友達は大学を卒業しました。たくさんの
時、一緒に話せないです。時々、友達とバーベキュー屋へ焼き
鳥と唐揚げを食べに行きました。冬休みはとても速かったで
す。それとも、私はちょっと惜しかったです。

《日本語の勉強》

私は、日本の文化が好きだから、日本語を勉強していま
す。週ににかい教室で先生に日本語を教えられます。私たちの
先生は厳しいながら、日本語をよくお教えいたします。

日本語が、とてもむずかしいです。私は、簡単な会話しか

できません、言葉を覚えにくいです。日本語の勉強のために、私はポケットに辞書を入れて、たまに辞書をよみます。

　私は日本語で日本の友たちに手紙を書くとか、日本へ旅行に行くとかするようにする。かならず日本語を勉強します。

标日班中等分数档作文（11 分 /15 分满分）：

《冬休み》

　この冬休みの中で、私は家へ帰りました。そして、家族においしいお土産をあげました。母は大好きでした。2 月 8 日、弟と自動車でデパートにものを買いに行きました。そこで果物や野菜など、いろいろがありました。元宵節の日に、母と弟と公園に一緒に遊びに行きました。ここで、とてもにぎやかでした。でも、人が本当に多いでしたから、私たちは少し歩って、家へ帰りました。でも、気持ちがいいでした。

《日本語の勉強》

　私は日本の漫画が大好きです。私の趣味は日本文化の資料が調べることです。その文化を分った後で、日本語を勉強しろと思っています。

　去年、私は日本語の课を勉強してつもりでした。日本語は難しいです。日本語を読みにくいですから、練習できように、私は友達と日本語で話します。先生は私に日本語の番剧をみさせました。昨日、私は日本語で手紙を書いてみました。私は先生にほめられました。

　大学の卒業後で、日本へ行ってつもりです。旅行のために、私は日本語を丁寧に勉強します。私は日本の友達が欲しいです。

简明班低分档作文（7 分 /15 分满分）：

《冬休み》

　　冬はあまり寒かったです。毎日図書館へ英語と日本語を勉強しに行きました。本屋で本を 5 冊買いました。友達に会って歌いました。そして、友達に本を 1 冊あげました。弟にお誕生日のプレゼントをあげました。チョコレートを作りました。ははと公園でボートに乗りました。

《日本語の勉強》

　　現在、私は日本語を勉強している。一年間、私は日本語の勉強がありがたいものですと思う。私は日本語が苦手です。易しいあいさつの言葉は使うことができない。私の思いでは悪いです。言葉を勉強しているとき、言葉の意味を忘れ易しい。私は言葉の漢字と仮名がよく間違える。

标日班低分档作文（6 分 /15 分满分）：

《冬休み》

　　この冬みは、雪がたくさん降ったのです。それで、この都市ははくがなりました。非常に美しいですね。家にありましただめに、英語を勉強します。家の近くで店が多いです。弟と私はよく店へ行きまして、間食を買りました。家のそばで、店は夜 2 時に閉めました。母が家にありませんでしたから、自分の飯を支度ほかはない。

《日本語の勉強》

　　私は学生です。私は英語を勉強しました。昨年、私は日本

語を勉強しました。私は好しく日本語です。私は練習しなけれ
ば、上手になりません。私は友達が日本語が上手です。彼は日
本語を勉強しやすいです。私は日本語を勉強しにくいです。日
本語が難しいです。来年日本に行ったために、日本語を勉強し
ます。日本語を勉強る思っています。私は日本語を勉強した
ら、英語を勉強します。

　　从以上十二篇作文可见，两个班的受试在格助词的使用正确
率上基本相同。这一点充分体现了学习者的回避现象，即学习者
在产出时会尽量选择自己有把握的内容，而回避自己不太有自信
的内容。这也从侧面反映出，以受试作文中语法项目的使用正确
率为主要判断指标的实验研究存在局限性。两个班的差异主要体
现在以下两个方面。

　　第一，格助词的多样性。从受试的作文中我们可以看出，简
明班学习者作文中格助词的多样性要明显高于标日班。在高、中
分档的作文中，简明班的学习者使用了"今まで"——表示时间
终点的"まで"，"当時の私、日本語の勉強に困りました"——
表示原因的"に"，"うれしさで胸がいっぱいでした"——表示
原因的"で"，"四季でいちばん嫌いな季節は冬ですから"——
表示范围的"で"，"週ににかい教室で先生に日本語を教えら
れます"——表示基准的"に"等用法，"家は市から遠いで
す"——表示起点的"から"，等等。而标日班的学习者使用的
格助词基本为宾格助词"を"、表示目的地的"に"、表示手段的
"で"等格助词的一般用法（简明班的学习者同样使用了这些用
法），没有体现出特殊的多样性。

　　第二，格助词的难度，特别是多个格助词的组合。简明班的
学习者能够根据语境需要使用较为复杂的格助词的组合搭配，例
如"時々、友達とバーベキュー屋へ焼き鳥と唐揚げを食べに行

きました"（有时，我会和朋友一起去烧烤店吃烤鸡肉串和炸鸡块），"当時、私は、日本語が読めないし、日本語で文章が書けないし、なかなかはずかしい"（当时的我既不会读日语，也不能用日语写文章，非常不好意思），"いつか、日本に行ったら、日本語で日本人と話せたら、どんなにいいだろう"（如果有一天我能到日本去，用日语跟日本人说话，那该有多好啊），"私は、簡単な会話しかできません、言葉を覚えにくいです。日本語の勉強のために、私はポケットに辞書を入れて、たまに辞書をよみます"（我只会说一些简单的会话，很难记住单词。为了学习日语，我把字典放在口袋里，偶尔读字典），"私は日本語で日本の友たちに手紙を書くとか、日本へ旅行に行くとかするようにする"（我想用日语给日本的朋友写信，去日本旅游），等等。这些语句除去个别动词时态上的语法错误外，总体流畅通顺，意义表述到位，格助词的搭配使用既正确又在一定程度上避免了重复。而在标日班学习者的作文中，除了高分档作文中使用了"私は大学を卒業する後で、自分で東京へ旅行に行こうと思っいます"（我大学毕业后想去东京旅行）以外，大多使用的都是简单句，并且格助词搭配的复杂度、语句的流畅度也较为逊色。

（二）原因探讨

如前文所述，两套采用不同语法体系的教材在格助词教学中关注的重点是不同的。虽然教学内容并无太大差异，但采用学校语法的《简明》将教学的重点放在格助词上，围绕每个格助词展开讲解其接续方法与语法意义；而采用日语教学语法的《标日》虽然没有明确表示格助词为名词的后缀，但模糊了它作为一种功能词存在的焦点，转而将重点放在格助词于具体语境中的使用。总而言之，可以说前者的格助词习得是立体的、系统的，而后者是相对平面的、零散的。（见图8-1）

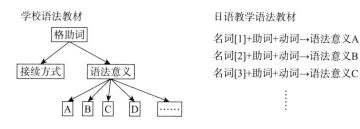

图 8-1　两套语法体系的格助词习得模型对比

　　两种习得模型的不同也许是导致学习者习得效果差异的主要原因。当习得的格助词数量较少、用法较为单一时，两种习得模型的效果没有显著性差异。也就是说，无论学习者是"自下而上"地通过语境习得格助词的具体用法，还是"自上而下"地从格助词的语义开始学习，学习者的习得效果没有太大差异。我们甚至可以推测，在这个阶段，具体语境的习得要比相对抽象的格助词习得更有助于学习者的记忆与掌握。因为此时学习者习得的格助词的数量和用法较少，适用的语境较为单一，需要多义辨析的情况也不常见，所以学习者可以直接将测试题的语境与习得的语境进行配对，从而获得正确的答案。

　　然而，当格助词的数量增多、用法变得繁杂时，从具体语境中一一习得开始显得零散，语境的多样性与变化性使得之前的配对操作变得困难，而对格助词作为一种功能词的模糊处理也降低了学习者对格助词本身的注意力。而学校语法的教学方式在此时开始显现其内在的相关性与逻辑性，对格助词本身的强调与重视也得到了学习者更多的注意力分配。综合以上分析，我们发现影响格助词习得的因素与认知心理学中知识表征的模型、注意力分配两个方面有关。

　　1. 语义记忆中的层次网络模型

　　认知心理学将长时记忆分为情景记忆和语义记忆。情景记忆以个人经历为参照，以时间空间为框架，而语义记忆则以一般知识为参照，有形式结构，如语法结构。与情景记忆相比，语义记忆变化较少，不易受到干扰，比较稳定，也易于提取。并且，情景记忆储存特定时间的个人事件，其推理能力小，而语义记忆储存一般知识，其推理能力更大。因此，语义记忆与人的认知活动和智能有着更为密切的关系。（王甦、汪安圣，2006）由上文分析可知，《标日》中格助词的讲解方式与情景记忆模式相似，它将每个格助词的语义置于特定的、具体的句式中讲解，相当于情景记忆中储存的特定时间中的个人事件；而《简明》则与语义记忆更为接近，它将格助词定位为助词的下位概念，具备助词的基本性质和特征，同时，它将格助词进一步下分为主格助词、宾格助词、与格助词等，结构层次鲜明，与以一般知识为参照，形式结构稳定的语义记忆模式类似。

认知心理学认为，语义记忆的认知模型有层次网络模型、激活扩散模型、"集合—理论"模型和"语义特征—比较模型"等类型。学校语法对格助词的讲解方式与其中的层次网络模型十分接近。层次网络模型（Hierarchical Network Model）由 Collins、Quillian（1969）提出。在这个模型中，语义记忆的基本单元是概念，每个概念具有一定的特征，实际上这些特征也是一些不同的概念。这些相关概念按照逻辑的上下位关系组织起来，构成一个有层次的网络系统。如图 8-2 所示，图中的圆点为节点，代表一个概念，带箭头的线条表示概念之间的从属关系。图中"鸟"这个概念的上位概念为"动物"，下位概念为"金丝雀"和"鸵鸟"。连接各概念的线条还表示概念与其特征的关系，指明各级概念分别具有的特征，如"鸟"具有的特征是"有翅膀"、"会飞"和"有羽毛"。连接的线条把代表各级概念的节点联系起来，并将概念与特征联系起来，共同构成一个复杂的层次网络。这些网络中的线条指的是具有一定意义的联想。Collins、Quillian 认为，语义记忆是由概念庞大的网络组成的，这一网络包括了用一系列联想性联结联系起来的众多单元和属性。

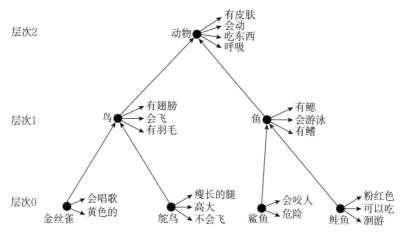

图 8-2　部分层次网络模型示例

资料来源: Collins, A. M. and Quillian, M.R. 1969. "Retrieval Time from Semantic Memory." Journal of Verbal Learning and Verbal Behavior 8 : 240 - 247.

我们仿照图 8-2 绘制学校语法讲解格助词性质与特征的模型（见图 8-3）。层次 2 是"助词"概念，其特征包括"是附属词的一种""没有活用形""附着于独立词之后构成句节""表示该句节与其他句节之间的关系""为前接独立词增添语法意义"等。层次 1 包括格助词、接续助词、系词、副助词等助词的下位概念及其特征，如格助词具有"接在名词等体言之后""表示其前接词与后接词之间的语法关系"等特征。层次 0 中，格助词的下位概念是主格助词"が"、宾格助词"を"、与格助词"に"等，这些具体的格助词各自具有不同的特征，总体来说分为两个组块，一个是接续方式组块，一个是语法意义组块。例如，宾格助词"を"的接续方式与层次 1 中格助词的特征之一相同，语法意义包括对象、起点和经过三个方面，其中对象指的是变化的对象（"ハンマーで氷を砕いた"）、动作的对象（"太鼓をたたく"）、内心活动的对象（"友人との約束をすっかりと忘れていた"）；

起点指的是移动的起点（"昨日は8時に家を出た"）；经过指的是时间（"お正月を実家で過ごした"）和空间的经过（"川を泳いで渡った"）。

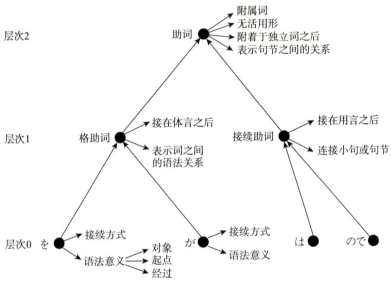

图8-3　学校语法讲解格助词的模型示例

综上所述，学校语法讲解格助词性质与特征的模型与长时记忆中的层次网络模型接近，这种语义记忆系统通过储存单一而非冗余的元素，可以达到信息存储所需空间的最小化，具有很强的经济性。并且，该模型中一些概念联系构成的知识已经预先储存于语义记忆当中，当需要从记忆中提取信息时，便可以沿着这些连接的线条进行搜索，而搜索是这个语义记忆模型的处理过程，与该模型的层次网络结构有着紧密的联系。这种搜索实际上是一种推理过程，也就是说，该模型含有一定的推理能力。因此，我们有理由相信，与相对扁平式、平面化的日语教学语法相比，学校语法在格助词上的讲解模式更有益于学习者的语义记忆系统，进而加深其对该语法现象的理解，增强长时记忆的效果。

2. 选择性注意的衰减器模型

英国心理学家 Donald Broadbent 在其著作《知觉和通讯》中提出，注意力的衰减是一个容量有限的信息处理系统的必然结果。世界上的感觉对象的数量远远超出人类观察者的知觉和认知加工的容量，因此，为了应对信息的洪流，人类只能选择性地注意其中的一部分线索，而将其他的忽略掉。学者们将这种现象称为"选择性注意"。Cherry（1953）的追随（Shadowing）实验表明，受试尽管具有追随的能力，却几乎记不住所追随的信息，未被注意的信息记忆效果更差。关注一条信息而减少对其余信息的加工，这似乎是人类注意力的一项重要特质，它使我们能够仅加工有限数量的信息，避免加工能力超负荷。

选择性注意有两种理论模型，一种是过滤器模型，另一种是衰减器模型，后者可以很好地解释存在格助词习得效果差异的原因。衰减器模型由 Treisman 提出，她对衰减器的属性定义是："衰减器处理着所有的未被注意的信息，不管其内容是什么。其可能性、相关性、重要性等都是由言语识别系统决定的，这与注意的信息在信噪比较低的条件下的情况完全一样……注意的信息与未被注意的信息之间唯一的差别在于，未被注意的信息，其总体信噪比被选择性过滤器调低了，因而无法激活心理词典中的任何内容，只有少数探测阈限特别低的字词属于例外"。（Treisman，1964）简而言之，衰减器理论认为，当外界信息通过人体的过滤装置时，被注意的信息能够完全通过，从而接受进一步的信息加工；不被注意的信息也能通过，但在强度上出现衰减。

就两种习得模式而言，一方面，学校语法强调格助词作为功能词的重要地位与语法功能，使得学习者在习得的过程中非常注意格助词的存在及其具体的语义句法功能。不仅仅在语法项目的讲解过程中，在课文阅读、课后练习等操练的过程中，他们也会很留意格助词的使用，包括其前接名词与后接述词的搭配，具体应用的语境，多义的辨析等，也就是上文说的："被注意的信息能够完全通过，从而接受进一步的信息加工。"因为有进一步的信息加工，所以学习者的记忆效果更好。另一方面，日语教学语法注重格助词应用的语境及具体的搭配，模糊其作为一种功能词的存在，使得格助词本身成了"不被注意"或者可以说是"不被重视"的信息。学习者当然也注意到了这一信息，但是在强度上出现衰减，记忆效果也有所降低。这一差距随着习得内容与复杂度的增加而愈发明显。

因此，在初学阶段，标日班与简明班的成绩没有显著性差异，甚至标日班的成绩均值还要比简明班好一些（不存在统计学意义上的差异）。但在数月之后的第二次测试中，标日班与简明班的成绩出现显著性差异，简明班的成绩均值显著高于标日班，且与其自身第一次测试成绩相比也出现了显著性提升，我们可以认为此时简明班学习者记忆效果的优势开始体现。这一发现与前人的研究结果相近。Schmidt、Frota（1986）通过对 Schmidt 学习葡萄牙语的谈话录音转写材料、课堂笔记及日记等进行分析发现，关注度高和输入频率高的语言材料在语言输出中出现的几率也高，他们认为这是因为关注度高和输入频率高的语言材料得到了学习者更多的注意力分配。

言语的理解是从句子的表层结构到深层结构的过程，言语的产出则是从深层结构到表层结构的过程。在这个过程中，长时记忆往往起到非常重要的作用。对语法规则的认知理解与学习掌握正是为了使学习者实现真正意义上的长时记忆。也就是说，要想实现长时记忆，没有真正的认知理解、消化吸收是不可能实现的。只靠死记硬背是很难实现自动化的过程的。因此，我们有理由相信，学校语法"模块化"的教学逻辑促使学习者能够较为深入地理解格助词的语法意义与功能，有助于学习者的长时记忆，使得学习者在产出时表现得更加出色。

四 "简体为本"与"敬体优先"教学理念下学习者的习得效果差异

动词活用形部分的测试分四次进行，分别为て形活用测试（"る/ます"→"て"）、た形活用测试（"る/ます"→"た"）、ない形活用测试"る/ます"→"ない"）、活用综合测试（"る""ます""て""た""ない"之间的转换）。

（一）描述性统计结果分析

简明班与标日班这四次动词活用测试的独立样本 t 检验结果如表 8-8 至表 8-11 所示。总体来看，接受学校语法教学的简明班比接受日语教学语法教学的标日班在动词活用习得上的表现更加优秀，除了"た形"活用测试中的反应时与总分成绩无显著差异（P=0.335、0.685 > 0.05）之外，其他所有测试中，两个班的各项成绩均存在显著性差异。由于本部分的测试次数较多，为方便考察学习者的动态发展情况，除了显著性检验常用的 P 值之外，还引入"效应量（d 值）"作为观测指标。效应量是指由于因素引起的差别，是衡量处理效应大小的指标。与显著性检验不同，这些指标不受样本容量影响，表示的是不同处理下的总体均值之间差异的大小，可以在不同研究之间进行比较，因此也适用于本部分实验中不同测试之间的比较。从表 8-8 至表 8-11 可以看出，随着习得时间的增加、习得难度的加大，学校语法体系"简体为本"教学理念的优势愈发明显，效应量从第二次测试的 0.4~0.5 的中等效应逐步增加到第四次测试 0.8 以上的高效应。

具体看来，在第一次测试——"て形"活用测试中，简明班在总分、正确率、反应时三项中的成绩表现都比标日班优秀（P=0.000、0.002、0.048 < 0.05），其中，在正确率上的优势最为突出（d=0.50 > 0.42、0.29）。此处需要注意的是反应时的差异。虽然反应时的检验结果为存在显著性差异（P=0.048 < 0.05），但

效应量为小效应（d=0.29）。并且如前所述，在反应时的评分中，如某题答错则该题反应时不计分，也就是说反应时的成绩在一定程度上是受正确率影响的。此次测试中，在正确率大幅落后于简明班的情况下，标日班与简明班的反应时成绩差距却有所缩小，可见，标日班在反应速度上的表现值得注意。

这一倾向进一步在第二次测试——"た形"活用测试中显现。动词的"た形"活用本质上与"て形"活用并无太大差异，二者的活用规则是一样的。因正值寒假，故此次测试与上一次测试相隔两月有余。此次测试中，在正确率依旧存在显著性差异的情况下（P=0.002 < 0.05），两个班的反应时成绩不再呈显著性差异（P=0.685 > 0.05），这也直接导致两个班的总分未呈现显著性差异（P=0.335 > 0.05），甚至单从数值来看，标日班的反应时成绩要高于简明班（Mean=63.75 > 62.44）。由此可推测，虽然从 t 检验结果来看，标日班与简明班的反应时成绩不存在显著性差异，但考虑到正确率的差距，我们可以判断此次测试中，标日班的反应时成绩在一定程度上要好于简明班。综合前两次测试可知，在"て形"和"た形"活用规则的习得上，简明班正确率比标日班高，但标日班反应速度比简明班快。

然而，在时隔 45 天左右进行的第三次测试——"ない形"活用测试及其后进行的第四次测试——活用综合测试中，简明班的优势愈发明显。在始终保持正确率显著差异的同时（P=0.000 < 0.05），反应时的效应量由 0.55 上升到了 0.82。前三次活用测试都属于定向测试，即考察动词"る形"/"ます形"→"て形"/"た形"/"ない形"的测试，而最后一次活用测试属于多向测试，即上述五种活用形的交叉测试，考察的是受试对动词活用的综合把握能力，测试难度要明显高于前三次。在此次测试中，简明班在正确率、反应时、总分三项上的成绩均与标日班存在显著性差异（P=0.000 < 0.05），且效应量为 0.75 以上，属于高效应。

表 8-8 "て形"活用测试独立样本 t 检验结果（N=47）

		Mean/SD	T-value	P	d
总分	简明班	154.34/13.53	3.204	0.002*	0.42
	标日班	142.00/12.82			
正确率	简明班	89.67/4.75	4.046	0.000*	0.50
	标日班	82.17/7.67			
反应时	简明班	64.67/9.57	2.032	0.048*	0.29
	标日班	59.83/6.36			

注：* 在 0.05 水平（双侧）上显著相关。

表 8-9 "た形"活用测试独立样本 t 检验结果（N=46）

		Mean/SD	T-value	P	d
总分	简明班	152.83/14.24	0.976	0.335	0.14
	标日班	148.43/16.35			
正确率	简明班	90.40/5.65	3.312	0.002 *	0.50
	标日班	84.69/6.04			
反应时	简明班	62.44/9.50	0.409	0.685	0.06
	标日班	63.75/12.60			

注：* 在 0.05 水平（双侧）上显著相关。

表 8-10 "ない形"活用测试独立样本 t 检验结果（N=46）

		Mean/SD	T-value	P	d
总分	简明班	159.87/13.56	6.523	0.000 *	0.69
	标日班	134.98/12.32			
正确率	简明班	92.54/4.38	7.744	0.000*	0.75
	标日班	78.67/7.50			
反应时	简明班	67.33/8.96	4.463	0.000*	0.55
	标日班	56.32/7.65			

注：* 在 0.05 水平（双侧）上显著相关。

表 8-11   活用综合测试独立样本 t 检验结果（N=47）

		Mean/SD	T-value	P	d
总分	简明班	160.27/12.20	9.337	0.000*	0.81
	标日班	116.09/19.37			
正确率	简明班	92.50/5.70	7.545	0.000*	0.75
	标日班	71.67/11.75			
反应时	简明班	67.77/7.66	9.617	0.000*	0.82
	标日班	44.43/8.80			

注：* 在 0.05 水平（双侧）上显著相关。

接下来我们从正确率与反应时两个角度来进一步分析上述实验的数据。

正确率方面，我们可以明显看出语法体系对学习者动词活用形使用正确率的影响是持续、稳定且显著的。在这四次测试中，简明班成绩的正确率一直比标日班高，差异存在统计学上的意义，并且，随着学习阶段的深入与测试难度的增加，简明班的优势愈发明显，效应量从中等效应的 0.50 上升到高效应的 0.75。这一结果与本实验中的其他测试，如以助动词活用规则为研究对象的"组装型"/"集成型"思维的习得效果实验、以格助词为研究对象的"模块化"/"零散化"逻辑的习得效果实验结果相同。早期阶段，当所学的语法知识较为简单、难度较低时，学校语法体系与日语教学语法体系学习者的习得效果没有显著性差异，但日语教学语法体系学习者的反应速度通常更快；随着学习阶段的深入，所学的语法知识越复杂、难度越高时，学校语法体系学习者的整体习得效果更为出色，特别是在正确率上的表现。

本次动词活用形部分的实验结果与森山新（1999，2000，2001）、肖婵（2015）等研究的实验结果基本一致。森山新以韩国日语学习者为对象实施了一系列日语动词活用形习得顺序的研究实验。森山新（1999）首先调查了在韩国广泛使用的各类日语初级教科书，发现教科书中基本都是先教"ます形"再教其他形式。接着，他采用笔试与口试的方法调查学习者的动词使用情况，结果得知，从正确率来看，学习者大多先习得了动词的"る形"而非"ます形"。也就是说，虽然教科书先教"ます形"，但学习者先习得的却是"る形"。森山新（2000）同样以韩国初级日语学习者为对象，以口试的形式调查学习者动词活用形的掌握情况，并以正确率作为判定习得顺序的指标。实验结果表明，从动词具体活用形来看，学习者的习得顺序为"る形"→"ない形"→"ます形"。这一习得顺序与教学过程中教师的教授顺序并不完全一致，即越早学到的动词活用形未必使用正确率越高。森山新（2011）在前两项研究的基础上，以韩国两所大学的日语专业学习者为对象开展实验研究。他给每名受试分配17个基本动词，让受试使用这些动词自由对话，然后统计这些对话中的动词活用形。在这个研究中，森山新以动词活用形的使用次数、误用率及正确率为判断指标，证明学习者动词活用形的习得顺序具有一定的倾向性，可概括为"る形"→"ます形"→"た形"→连体形→"て形"→"ない形"→"たい形"→"ば·よう形"。肖婵（2015）利用"湖南大学学习者中介语语料库"中10名学习者的19次作文数据，采用森山新（2001）的评价方法考察学习者动词活用形的习得顺序。实验结果表明，从正确率来看，学习者的习得顺序为"る形"→"ます形"→"たい形"→"よう形"→"ない形"→"て形"→"た形"→"ば形"。

　　虽然森山新和肖婵的研究主要以活用形产出的正确率为观测指标，未涉及反应时，但综合以上分析，我们可以认为从正确率的角度来看，无论是中国日语学习者还是韩国日语学习者，无论在学习过程中是先学习"る形"还是先学习"ます形"，无论实验采用的是客观题为主的语法测试还是主观题为主的句子/语篇产出的形式，都得出了相同的结果——学习者掌握"る形"的情况要比"ます形"更好。

（二）原因探讨

对反应时的考察是本研究与既往研究最大的不同。实验结果证明反应时的考察是非常有必要的，它出现了和正确率不一致的结果。在第一次"て形"与第二次"た形"活用测试中，简明班的正确率成绩一直比标日班高，并呈现显著性差异。然而，在反应时上却呈现出不一样的特征，即标日班的反应速度更快。特别是在第二次测试中，由于内容基本一致，第二次测试可以看作是第一次测试的后测，标日班在反应速度上的优势更加明显。也就是说，在动词"て形"与"た形"的活用测试中，"简体为本"的简明班动词活用的正确率更高，而"敬体优先"的标日班动词活用的反应速度更快。虽然在第三次"ない形"测试与第四次综合测试时，简明班的反应时成绩均值超过标日班，二者开始出现显著性差异，但是考虑到反应时成绩受到正确率的影响这一因素，可以得知两个班在反应时上的差距不如正确率的差距明显。可以说，两套语法体系的差异对学习者动词活用正确率的影响大于其对反应速度的影响。彭广陆（2011b）指出，日语教学语法"敬体优先"的做法"不符合形态派生的客观规律，也不合理，会额外增加学生的记忆负担"。我们暂且不论这种做法是否符合"形态派生的客观规律"，但实验证明，"敬体优先"主义的动词活用教学中多出的一个"去ます"的加工环节对受试记忆负担的影响是微乎其微的，几乎可以忽略不计。

在本实验中，理论上，从"る形"出发的活用变化与从"ます形"出发的活用变化并没有本质上的区别，他们的活用规则也基本相同。如上所述，多出的一个去"ます"的加工环节对活用规则的习得也无根本影响，那么究竟是什么因素影响了学习者活用测试的正确率呢？潘文东（2003）认为，学生以"ます形"作为起点，在转换各种活用时比以动词原形为基准转换要复杂，记忆效果和掌握程度均逊色于学校语法，主要是因为初级阶段的教学语法体系学习者不知道动词原形，只有死记各个词的类别，很难抓住其中的规律，并且以"ます形"为基点进行思考时，发生变化的部分位于词汇的中间，先要去掉"ます形"然后再进行变化，实在很烦琐。本研究尝试从认知语义学的角度对这一现象的原因解释做出补充。

动词的"る形"在学校语法的活用体系中被称为终止形，顾名思义，表示终结的形式，也被称作简体形、词典形和基本形。简体形与敬体形相对，因为它表示的是动词的简体形式；词典形则因为词典中出现的都是动词的"る形"。耐人寻味的是"基本形"这个称呼。寺村秀夫（1978，1981）将动词的"る形"称为"基本形"。所谓"基本形"，指的是动词活用变化之前的形式，或者说动词还没有发生活用变化的形式，也就是动词最"根本"的形式。这么说来，是否在日本人的潜意识中，"る形"是动词活用的源头，其他的活用形都是从"る形"派生而来的呢？认知语言学的"原型理论"也许可以为这一实验结果提供心理认知方面的参考。

1953 年，Wittgenstein 出版《哲学研究》，书中通过对"game"的研究提出了著名的家族相似性（Family Resemblances）原理。Rosch 受家族相似性原理的启发，在 Berlin、Kay（1969）对颜色词研究的基础上开展了一系列实验并得出结论：范畴中各个成员的地位是不平等的，彼此间存在隶属度差异，而原型（Prototype）是一事物范畴中最具代表性、最为典型的成员，比同一概念成员有更多共同属性，同时也是其他成员的认知参照点，该范畴中，原型成员与其他成员通过相似性形成网状结构。（王寅，2007）随后，Lakoff 与 Taylor 将原型范畴理论应用于认知语言学中，他们都认为语言结构也有原型效应，人类可以像对其他自然概念一样将其范畴化，即范畴中的原型成员以家族相似性的方式，通过隐喻或转喻等认知手段派生出其他成员，从而构成一张一词多义的语义网络。

同理，我们是否可以大胆地将动词的所有活用形看成一个范畴，并假设"る形"是原型成员，"て形""た形""ない形"等活用形式是该范畴中的派生成员。这一假设并非毫无根据。Lakoff（1987）、Dewell（1994）、Tyler & Evans（2003）等研究提出，判断范畴中的原型成员可以参照以下几个标准：①反映母语者最直观的语感；②使用频率最高；③历时上最早出现。如前文所述，"る形"也称为"基本形"或"词典形"，它既是动词最根本的形式，也是最稳定的形式：所谓"基本形"，指的是动词活用变化之前的形式，或者说动词还没有发生活用变化的形式，也就是动词最"根本"的形式；作为收录于词典中的形式，"词典形"可以被认为是最稳定的形式，符合标准一。此外，大量实验研究表明，以日语为母语的幼儿最先会说的是动词的"る形"和"て形"，其他的活用形出现得相对较晚（小西辉夫，1960；大久保愛，1967；岩立志津夫，1981；高梨美穂，2009；等等），符合标准三。

如果将动词活用形看成一个范畴，将"る形"认定为范畴中的核心成员——原型，将包括"ます形"在内的其他活用形看作周边成员——派生成员，那么，就像在多义词的习得中，原型义（也称典型义）的习得要比周边义（也称非典型义）的习得更容易一样，最本质、最根源、位于范畴内核心位置的原型成员"る形"是不是最容易把握的？虽然标日班的学习者在学习"ます形"之前并没有接触过"る形"，甚至不知道有动词"る形"的存在，但在日语学习的过程中，他们是否在潜移默化中萌发了和日语母语者一样的意识呢？目前的研究都是以汉文化圈的学习者为对象，是否在欧美学习者身上会表现出不同的特征，是一个值得进一步探讨的问题。

五　本章小结

本章重点描写本研究中差异性实验的结果分析及原因探讨。差异性实验指的是教学语法视角下两套语法体系的差异对学习者初级核心语法项目习得效果影响的实验研究，包括：①"组装型"与"集成型"教学思维下的习得效果差异实验；②"意义型"与"形态型"术语命名下的习得效果差异实验；③"模块化"与"零散化"教学逻辑下的习得效果差异实验；④"简体为本"与"敬体优先"教学理念下的习得效果差异实验这四个分实验。

实验一以助动词"です"、"ます"与形容词的活用这三部分内容检验学校语法"组装型"思维与日语教学语法"集成型"思维对学习者语法习得效果的影响。实验结果表明：在习得形式较为简单、难度较低的语法点——"です""ます"的活用规则时，"组装型"思维与"集成型"思维学习者的习得效果并没有显著性差异。但是，接受"集成型"思维教学的标日班学习者多呈现出语法形式的无意义偏差、"です""ます"的混用和动词活动形偏误等特征。在习得形式较为复杂、难度较高的语法点时，接受"组装型"思维教学的简明班学习者的正确率要显著高于标日班学习者，且标日班学习者呈现出新旧词正确率的显著性差异、题型正确率的显著性差异等特征。

从认知心理学的视角来看，我们认为这一实验结果与知识类型、记忆形式及概念形成中学习者使用的策略相关：第一，"组装型"思维重视陈述性知识的传授，在描述一个语法现象时，将语法现象的形式、语义、语法功能等"来龙去脉"一次性地、完整地告知学习者，学习者也能够用语言表述这一规则。与此相对，"集成型"思维简化了陈述性知识的内容，呈现偏重程序性知识的倾向。在语言学习的过程中，程序性知识的掌握是至关重要的，但这并不意味着陈述性知识不重要，也不意味着我们可以跳过陈述性知识，直接进入程序性知识的学习阶段。本实验的测试阶段为学习者日语学习的初级阶段，在"组装型"教学思维下，学校语法所提供的充分的、完整的、有意义的陈述性知识更有助于推动程序化的进程。第二，"组装型"思维倾向于将活用形拆分成有意义的成分来讲解，这一操作与短时记忆中的组块与分组机制非常相似，有助于提高学习者短时记忆的精确程度及对语言材料的组织、联系与深层加工。此外，大学日语的学习者大多是成年人或接近于成年，他们都具有一定的知识和能力背景，"组装型"思维的教学方式能够帮助学习者通过一定的推理来获得命题，从而加深他们对语法点的理解与融会贯通，加强记忆功能。需要记忆的东西越复杂、难度越高，这一效果就越明显。第三，在外语学习中，"以旧带新"是至关重要的技巧。学校语法的"组装型"思维促使学习者采用保守性聚焦的策略学习新的概念。这在初级阶段语法形式的学习中可能需要花费较多的认知努力，但从长远来看，采用保守性聚焦"以旧带新"的策略可以减轻学习者的记忆负担，因为他们在学习新概念时不需要记住其所有的性质特征，只要在当前假设的基础上进行有关属性的修正与整合即可。

实验二的结果表明，"形态型"与"意义型"的术语命名差异对学习者的习得效果并没有显著影响。这也许是因为：第一，专业术语与语法知识的实际应用之间关系并不密切，即术语对学习者语法知识实际运用的指导效果并不明显。第二，中国日语学习者不需要花费额外的精力去记忆和理解以汉语命名的"名副其实"的术语名称。信息处理的制约机制导致学习者全力关注新的信息，例如形容词、动词的类型及各种活用的变化规则等。这些内容本来就是初级阶段的学习难点，学习者光是记忆不同的活用规则已经需要花费大量的时间和精力，对于"贡献较小"的活用形名称等术语，自然选择性地忽略，以达到效率最大化。第三，实验结果与学习者所处的学习阶段有关，测试题型与实验手段也存在一定的局限性。

实验三以格助词习得测试检测在学校语法"模块化"与日语教学语法"零散化"的教学逻辑下，学习者格助词习得效果的差异。实验结果显示，在习得的格助词数量较少、用法较为单一时，"模块化"与"零散化"的教学逻辑对习得效果的影响没有显著性差异。但是，在习得的助词数量较多、用法较复杂的情况下，"模块化"的教学效果优于"零散化"的教学效果，这不仅体现在格助词测试的正确率上，还体现在产出作文时使用格助词的多样性及多个格助词搭配的频度和流畅度上。

两套语法体系格助词讲解模式的不同是导致学习者习得效果差异的主要原因，这与认知心理学中知识表征的模型与注意力分配两个方面有关：第一，《标日》中格助词的讲解方式与情景记忆模式相似，它将每个格助词的语义置于特定的、具体的句式中讲解，相当于情景记忆中储存的特定时间中的个人事件；而《简明》则与语义记忆更为接近，它将格助词定位为助词的下位概念，具备助词的基本性质和特征，同时，它将格助词进一步下分为主格助词、宾格助词、与格助词等，结构层次鲜明，与以一般知识为参照、形式结构稳定的语义记忆模式类似。此外，学校语法讲解格助词性质与特征的模型与长时记忆中的层次网络模型接近，这种语义记忆系统通过储存单一而非冗余的元素，可以达到信息存储所需空间的最小化，具有很强的经济性。第二，学校语法强调格助词作为功能词的重要地位与语法功能，使得学习者在习得的过程中非常注意格助词的存在及其具体的语义句法功能。

不仅仅在语法项目的讲解过程中，在课文阅读、课后练习等操练的过程中，他们也会很留意格助词的使用，包括其前接名词与后接述词的搭配、具体应用的语境、多义的辨析等。这也就是"衰减器理论"中提及的"被注意的信息能够完全通过，从而接受进一步的信息加工"，因为有进一步的信息加工，所以学习者的记忆效果更好。而日语教学语法注重格助词应用的语境，模糊其作为一种功能词的存在，使得格助词本身成了"不被注意"可以说是"不被重视"的信息。学习者当然也注意到了这一信息，但是在强度上出现衰减，记忆效果也有所降低。这一差距随着习得内容与复杂度的增加而愈发明显。

实验四的结果表明，总体来看，接受学校语法教学的简明班比接受日语教学语法教学的标日班在动词活用习得上的表现更加优秀。这一点主要体现在学习者动词活用测试的正确率上。在实施的四次测试中，简明班的正确率一直比标日班高，差异存在统计学上的意义，并且，随着学习阶段的深入与测试难度的增加，简明班的优势愈发明显。这一结果与森山新（1999，2000，2001）、肖婵（2015）等的实验结果一致。无论是韩国日语学习者还是中国日语学习者，无论是先学习"る形"还是先学习"ます形"，无论是采用语法测试的形式还是句子/语篇产出的形式，学习者掌握"る形"的情况要比"ます形"更好。

认知语言学的"原型理论"可以为这一实验结果提供心理认知方面的参考。如果将动词活用形看成一个范畴，将"る形"认定为范畴中的核心成员——原型，将包括"ます形"在内的其他活用形看作周边成员——派生成员，那么，就像在多义词的习得中，原型义（也称典型义）的习得要比周边义（也称非典型义）的习得更容易一样，最本质、最根源、位于范畴内核心位置的原型成员"る形"是不是最容易把握的？目前的研究都以汉文化圈的学习者为对象，是否在欧美学习者身上会表现出不同的特征，这是一个值得进一步探讨的问题。此外，虽然两个班受试的反应时也存在差异，但不如正确率显著。彭广陆（2011b）指出日语教学语法"敬体优先"的做法"会额外增加学生的记忆负担"，但实验证明，"敬体优先"主义的动词活用教学中多出的一个"去ます"的加工环节对受试记忆负担的影响是微乎其微的，几乎可以忽略不计。

第九章 验证性实验的结果分析与讨论

　　验证性实验原指对研究对象有了一定了解，并形成了一定认识或提出了某种假说，为验证这种认识或假说是否正确而进行的一种实验，多用于理科教学中培养学习者的实验操作、数据处理等其他技能，让学习者检验一个已知的结果是正确的，要求其根据实验获得的结果来验证实验原理。本研究借用这个术语，指代考察在教学内容与方式相同的前提下，两套语法体系学习者对初级核心语法项目的习得效果无显著性差异的实验，可视为对第八章差异性实验结果的证伪性验证。本章由四部分构成：第一部分考察两套语法体系的学习者动词语态的习得效果及偏误倾向；第二部分考察学习者授受动词的习得效果及偏误倾向；第三部分考察学习者敬语体系的习得效果及偏误倾向；第四部分为本章小结。

一　动词语态的习得效果及偏误倾向

　　语态指的是谓语动词所表示的动作与主语的关系，日语中一共有主动态、被动态、可能态、使役态和敬语态五种语态。两套教材都没有对主动态做出特别的讲解，因此不将其纳入本书的研究范围。此外，敬语体系虽然也是语态的一种，但比可能态、被动态和使役态三种语态更加特殊，体系也更加复杂，因此将于本章第三部分中单独说明。《简明》和《标日》对可能态、被动态和使役态三个初级日语核心语法项目都采用了相同的讲解模式：语态的定义→活用规则的说明→语义的讲解，对定义、活用规则、语义说明的内容也基本一致。

本部分实验采用 E-Prime 行为实验与笔试相结合的方式，将可能态、被动态和使役态放在同一个实验中实施测试。其中，E-Prime 行为实验考察学习者对各语态活用变化规则、语义及适用语境的正确率与反应时；笔试则通过小作文的方式（要求以使役态、被动态和可能态为关键词编写三段话，每段话至少使用 2 句使动句 / 被动句 / 可能句，要求衔接连贯、语句通顺，每段话总体不少于 5 句话）考察学习者对各语态的综合运用。在同一实验中实施三种语态的测试可以考察学习者对语态的辨析与判断。

（一）简明班与标日班成绩均值的对比分析

实验结果表明：学校语法和日语教学语法的学习者在动词语态的习得效果上并无显著性差异。由表 9–1 可知，在正确率上，简明班与标日班的均值为 75 分左右，独立样本 t 检验结果 P 值为 0.926，大于 0.05，无显著性差异。与第八章差异性实验中的各项语法测试结果相比，本项语态测试中学习者正确率的均值相对较低，这是因为无论从考察范围、语法项目的内容，还是从测试题型等方面来看，语态测试的难度都要高于之前的各项语法测试。在反应时上，标日班的均值为 59.37 分，大于简明班的 55.98 分，但独立样本 t 检验结果 P 值为 0.282，大于 0.05，无显著性差异，标日班的均值优势很可能是其离散程度导致的。总分上，标日班与简明班同样无显著性差异，P 值为 0.216，大于 0.05。

表 9-1　动词语态测试独立样本 t 检验结果（N=42）

项目	受试	Mean/SD	T-value	P
总分	简明班	132.11/15.45	0.327	0.216
	标日班	133.83/20.61		
正确率	简明班	74.46/10.71	0.424	0.926
	标日班	76.13/13.50		
反应时	简明班	55.98/6.32	1.211	0.282
	标日班	59.37/10.89		

（二）简明班与标日班作文对比分析

从简明班和标日班中随机抽取高分档、中分档、低分档作文各一篇，观察学习者在语篇产出中的语态使用情况，发现在语篇的衔接与连贯度、格助词的使用上，简明班比标日班表现更加优秀，但在语态的使用正确率上，二者没有显著性差异。

简明班高分档作文（17 分 / 20 分满分）：

可能态：

私は日本語を勉強している。日本語は非常に難しいですが、私は日本語が非常に好きです。今、日本語が読めますが、手紙を書けない。いつか日本へ旅行に行きたいです。それでは、日本語で日本人と話せる。

被动态：

私は今非常に眠ります。夕方、私は隣の人に大声で話された。最近、いい成績が取れなかった。子供の頃はよく先生に褒められた。今日からきっと一生懸命に勉強しようと思う。

使役态：

昨日、雨に降られました。午前、体が悪かったです。私が病気になったので、先生は私に帰らせた。家に帰ったかと、母は私に薬を飲ませた。今、体の具合がいいです。明日、学校へ勉強に行けます。

标日班高分档作文（17分/20分满分）：

可能态：

私は妹と田舎に行きました。田舎で山が見えました。私たちは遊びに行きました。妹は小さいけど、いっぱい遊べました。川で泳げます。木でのぼれます。彼女はすごいです。

被动态：

昨日は弟に来られて、私は勉強できませんでした。私たちはテレビを見ました。番組は面白くなくて、本を読みました。でも、本は弟に壊されました。本当に困りました。

使役态：

昨日、母は私を買い物に行かせました。そして、父は私に部屋を掃除させました。本当に大変でした。私は友達と映画を見に行きたかった。でも、暇がないですよ。"

简明班中分档作文（13分/20分满分）：

可能态：

「真由美、おはようございます。何を書ていますか。中国語の手紙ですか。」「はい、私は中国語の手紙を書ける。」「すごいね。」「私は旅行に中国へ行った。私は中国語を聞ける。」「すごいね。中華料理をされますか。」「私は中華料理をされない。しかし、中華料理はおいしいです。」

被动态：

夏休み、山は若い人に登られる。山を登る時、歌は人々に歌われる。しかし、兄は部屋にいます。日本語の本は兄に読まれた。部屋は兄に掃除された。

使役態：

私はもう一年日本語を勉強しています。今、簡単な文章が書けますが、簡単な手紙が書けません。私は日本語をしっかり勉強することにします。それでは、日本の友達に手紙を書けます。

标日班中分档作文（12 分 / 20 分满分）：

可能態：

「買い物に行けますか。」「はい、小さいですけど、こんなことをできる。」「じゃ、小さい時の歌はまだ覚えられますか。」「もちろう、それは上手ですよ。一緒に歌いましょう。」

被动态：

「昨日、私は先生に質問された。」「どうして、何があった？」「先生は私たちに宿題を出させて、私は出さなかった。」「大丈夫です。今度の宿題は真面に書いてください。」

使役態：

明日試験がある。今日、先生は私たちに本を真面に読ませます。私は忙しいので、なかなか暇がありません。一時間働かせる。すべての単語を覚えます。そして、電話をなります。母は私に冷たいものを食べさせない。本を真面に読ませます。"

简明班低分档作文（8 分 / 20 分满分）：

可能態：

社長は再来週家に帰られたいです。私は社長に資料を整理されます。休みの日には、少しなきつつあります。友達は私を映画を見せますが、私は暇がないですから、出かけません。

被动态：

今日、大きな雨に降られました。先生は、私を教室で座れれました。私を困せました。先生は、「安全は一番重要なことですから、私はされましたよ」と言いました。

使役态：

弟は外で遊んでいます。母、弟を部屋で勉強させます。弟はうれしくないそうです。午後、父は私を洗濯させて、弟を遊ばせます。私は非常にうれしくないです。

标日班低分档作文（8分／20分满分）：

可能态：

私は英語を言うことができます。明日、雨が降れります。学生は知りません。

被动态：

この本は全部売られました。学生は先生に叱られました。この小説は私に読まれました。この辞書で漢字の読み方が調べられました。

使役态：

金曜日に、先生は学生に宿題を出させります。父は私に子の本を読ませります。父と母は私に、冷たないものを食べさせない。

（三）简明班与标日班的偏误倾向分析

在可能态、被动态和使役态三个语态的习得上，两个班学习者的偏误现象呈现出一定的共性特征。

第一，语用偏误大于语法偏误。语态处于初级语法教学的后期阶段，此时两个班学习者的语法偏误，如动词活用形、助词使用等偏误明显减少，但语用偏误现象增加。测试卷中，补充句子、翻译句子、小作文等语用类题型的正确率要显著低于活用形测试、单项选择题、句型替换等语法类题型。这一结果

与李民、陈新仁（2007）及何周春、龚彦知（2013）的研究结
果相近。这两项研究认为，中国英语学习者的语法意识和语用
意识的发展存在不平衡的特征：在学习初级阶段，学习者语法
意识的程度要高于语用意识，随着学习阶段的发展、语言水平
的提高，语用意识的程度逐渐超过语法意识。总体来看，语法
是显性的，属于形式范畴，而语用是隐性的，属于功能范畴。
（张延飞，2018）但语法形式（语法结构）具有语言编码意义
和语用意义的兼容性，这种语法形式编码的信息为实现人类的
交际行为提供了表达意义的资源，构成了意义理解的基础。（薛
兵、张绍杰，2018）随着学习阶段发展、语言水平的不断提高，
学习者的语用意识逐渐超过语法意识可能是由于高水平学习者
的语法知识体系较为完善，有能力依靠内隐语言知识的显性化
来指导自我学习的进程，从而附带促进了语用意识的发展。中
国英语学习者在学习初级阶段对语言形式的注意及使用不仅促
进了语法项目的显性习得，也加深了语用意识的隐性获得。由
此可见，中国日语学习者和中国英语学习者在语法意识和语用
意识的发展特征上呈现相似性。

第二，中低水平学习者的语用负迁移现象明显。在可能态、
被动态和使役态三个语态中，学习者习得情况最差的是被动态，
其中领属者被动句（如"次郎が太郎に足を踏まれた"）和单纯
被动句（如"世界平和大会が昨日開催された"）是习得的难点。
领属者被动句中，学习者的偏误主要表现是将领属者和领属物
同时置于主格的句法位置上，如"次郎の足が太郎に踏まれた"
（正确的句子应为"次郎が太郎に足を踏まれた"）；单纯被动句
中，学习者的偏误主要表现在该句型的泛用上。单纯被动句又称
状况被动句，是直接被动句的一种变体，多用于新闻报道等论述
文体中，是一种不涉及施事的被动句。但学习者容易将这种被动
句的句式套用于其他语境中，如"山は若い人に<u>登られる</u>""歌

は人々に<u>歌われる</u>"，等等。

　　这一特征与学习者的语言迁移密切相关。语言迁移指的是学习者的目标语和其他任何已经习得或尚未完全习得的语言之间的共性和差异产生的语际影响，包括语言正迁移、语言负迁移、回避和过度使用。（Odlin，2001）语言负迁移也称作"干扰"，指的是学习者套用母语的语言规则或模式产生不符合目的语规则的偏误形式。对比分析理论认为：母语和目标语之间相异的成分会导致负迁移，这是学习的难点所在，导致了偏误现象的出现。汉语的领属者被动句有两种形式："我的脚被他踩了"和"我被他踩了脚"，但日语只有一种形式，即"私は彼に足を踏まれた"，也就是第二种形式。初级日语学习者常常套用母语汉语的第一种领属者被动句形式，导致偏误现象的出现。日语的被动态通常以有生物作为主语，如果暗示某个有生物（多数为领属者）间接地受到影响时，以无生物为主语的被动句也能成立。从语义上看，被动态主要反映了某一对象受到外力影响而处于某种结果状态，因此当句子反映出某个对象受到外力影响出现变化时，有时无生物也能作主语，如"ロープが彼に切られた"等。但是像"山は若い人に<u>登られる</u>"这样的句子则属于偏误。因为从"若い人"和"山"的关系来看，二者并非领属关系；从语义上看，"登る"这一行为很难造成"山"的任何变化，因此该句子不能成立。而学习者只关注到单纯被动句的语言形式是无生物作主语，没有注意到主语和补语之间的关系并非领属关系，以及语义上动词未造成补语的变化，因此直接套用了单纯被动句的句式，这属于语言迁移中的过度使用现象。

二　授受动词的习得效果及偏误倾向

　　授受动词的教学内容涵盖三个部分：①"やる""くれる""もらう"三个授受动词；② 授受动词的敬语、谦语形式

"あげる""くださる""いただく"；③ 动词连用形"て"＋助动词"やる（あげる）""くれる（くださる）""もらう（いただく）"。《标日》分两课讲解：于上册第 8 课讲授①中的"あげる"和"もらう"，于下册第 28 课讲授①中的"くれる"和②、③。《简明》在第 20 课按①→③的顺序讲解了全部内容。在讲解授受动词的语义及其应用语境时，两套教材采用了相同的讲解模式，首先以图示详细解释授受动词的人称限制，再按"あげる"→"くれる"→"もらう"的顺序依次举例说明使用场景。在授受动词这一语法项目的习得中，人称限制是最核心的内容，在这一点上《标日》和《简明》并无本质差异。

本部分实验采用笔试的形式，因为考察重点并非动词活用形等"机械性"技能，学习者的反应速度不是核心观察指标，再加上语篇层面的测试题较多，需要学习者花费较多的时间和精力完成测试，所以没有采用 E-Prime 行为实验进行考察。笔试中的客观测试题主要考察学习者对授受动词的语义和适用语境的基本掌握情况，以及授受动词之间的辨析，以句子和语篇层面的运用为中心；主观测试题为产出类题型，其中翻译题考察学习者产出句子时的授受动词综合运用能力，小作文（今天是小李的生日，大家为小李办了一个生日派对。请以此为背景写一段在生日派对上的对话。对话不少于 8 句，使用授受动词不少于 5 个）考察学习者在产出语篇时的授受动词综合运用能力，后者的自由度和难度相对更高。

（一）简明班与标日班成绩均值的对比分析

实验结果表明：学校语法和日语教学语法的学习者在授受动词的习得效果上并无显著性差异。由表 9-2 可知，简明班的均值为 72.00 分（SD=16.58），标日班的均值为 69.04 分（SD=14.13），独立样本 t 检验结果 P 值为 0.526，大于 0.05，无显著性差异。

表 9-2　授受动词测试独立样本 t 检验结果（N=42）

项目	受试	Mean/SD	T-value	P
总分	简明班	72.00/16.58	0.639	0.526
	标日班	69.04/14.13		

（二）简明班与标日班小作文对比分析

　　我们从简明班和标日班中随机抽取高分档、中分档、低分档作文各一篇，观察学习者在语篇产出时授受动词的使用情况。

简明班高分档作文（28 分 / 30 分满分）：

　　王：皆さん、こんばんは。今から李さんの誕生日を祝うパーティーを始めます。李さんに「お誕生日おめでとう」と言ってあげましょう。

　　皆：李さん、お誕生日おめでとうございます。

　　李：皆さんは、忙しいのに、私の誕生日を祝ってくださって、どうもありがとうございました。

　　王：今日は田中先生にも来ていただきました。

　　田中：李さん、お誕生日おめでとう。これはプレゼントです。

　　李：ああ、これは、先日先生に撮っていただいた写真です。とても気に入りました。どうもありがとうございます。この写真は友達にも見せてあげたいのです。

　　王：さあ、皆さん、李さんの誕生日のために乾杯しましょう。

　　皆：乾杯！

标日班高分档作文（27 分 / 30 分满分）：

　　張：今日は李さんの誕生日ですね。

　　王：そうですね。李さん、お誕生日おめでとうございます。このネックレスをあげます。

李：あ、どうもありがとうございます。すてきなネックレスです。大切にしますね。

林：李さん、この本をあげます。お誕生日おめでとう。

李：先輩、来てくれて、ありがとうございます。この本の意味を教えていただきますか。

林：ええ、いいですよ。この本は「雪国」です。

張：みんなで写真を撮ってあげます。

李：いいですね。張さん、後で写真を見せてもらましょう。

張：はい。

简明班中分档作文（20 分 / 30 分满分）：

李さん：今日は私の誕生日ですが、皆さんに来っていただくのはありがたいことです。

王さん：お誕生日おめでとう、李さん。これは私が撮った写真で、李さんがもらえないか。

李さん：ありがとう。皆さん、一緒にケーキを食べませんか。王さん、このチョコレートを食べてください。

王さん：はい、おいしいです。妹にこんなケーキを買ってあげますね。

李さん：妹さんの誕生日は来月でしょう。一緒にお店に行きましょう。妹さんにきれいなケーキを選んであげたい。

王さん：はい。今日、張さんに殿を掛けってくれましたか。

李さん：いいえ。今度、彼に電話を掛けってあげましょう。

王さん：はい。携帯を探してあげます。

标日班中分档作文（20 分 / 30 分满分）：

李さん：ありがとうございます。今の夜、皆さんは楽しいでしょう？

　　王さん：はい、今は君の誕生日、私たちはうれしいです。

　　張さん：この書はいいですね。誰から<u>もらいました</u>か。

　　李さん：ああ、あの本は、母から<u>もらった</u>のです、あの本は面白い。

　　張さん：ああ、美しい人形た。李さんは王さんに<u>くれました</u>か。

　　李さん、いいえ、この人形は妹の、誰かから<u>もらった</u>のです。

　　王さん：私たちはいいものを<u>くれらない</u>ですから、せまませ
ん。

　　李さん：いいえ、君たちは座てください。ものをたいないよ。

简明班低分档作文（12分 / 30分满分）：

　　李さん：今日は私の誕生日です。皆さんは忙しくて、<u>来て
もらった</u>。ありがとうございました。

　　王さん：李先生来ない。けれとも、彼は私にこのプレセン
トを<u>くれた</u>。

　　李さん：ありがとう。何よりもいい<u>くれた</u>プレセントです。

　　王さん：これは、私の<u>あげる</u>プレセントです。

　　李さん：私の誕生日を頭をおいて<u>もらった</u>。

标日班低分档作文（12分 / 30分满分）：

　　李さん：私は皆さんにたくさんプレゼンを<u>もらいます</u>。ほ
んどに楽しい。

　　王さん：ほら、この鉛筆を<u>あげます</u>。あなたに似合いですね。

　　張さん：しゃ、このコートを<u>もらいます</u>よ。

　　李さん：はい、どうもありがと。ほかに、お母さんはきれ
いな花を<u>くれます</u>。

　　王さん：でも、ケーキはまだ来ませんね。

張さん：ええ、呉さんすぐに<u>くれます</u>。

对两个班学习者的小作文进行系统性分析之后，我们发现在授受动词的使用正确率上，二者没有显著性差异，且正确率与学习者的日语水平（此处以本次测试的总成绩为日语水平的测量标准）呈正相关（sig=0.862，P=0.000 < 0.05）。但在语篇的衔接与连贯度、语境的丰富程度、授受动词使用的多样性上，简明班的表现较为优秀。不过，这一点也许与语法体系无本质联系。《标日》的课文皆为会话形式，分为两个部分，第一个部分为多个两位参与者进行的短对话，第二部分为围绕一个主题展开的篇幅较长的对话。《简明》的课文同样分为两个部分，但第一部分是两篇主题不同的短文，第二部分与《标日》相同，为围绕一个主题展开的篇幅较长的会话。一般认为，短文语篇在语言丰富程度、内容连贯程度上比会话语篇更强。

大量实验研究证明，学习者的阅读行为会对写作行为产生直接或间接的影响。（马广惠、文秋芳，1999；郭菲菲，2020；等等）彭红英（2017）的实验结果发现，采用读后续写方式学习的学习者在写作过程中表现出更为优秀的语言连贯性和内容连贯程度，因为他们会借鉴阅读材料的语言表达，用词更加具体，与前文故事情节保持较高的连贯性。而写作的连贯性也会因为这一阅读与写作之间协同强度的增强、理解程度的加深而得到进一步强化。在日语学习的初级阶段，学习者能够接触到的日语原文语篇不多，特别是对于二外学习者来说，教材中的课文可以说是学习者接触最多的原文语篇。虽然并非读后续写，但本测试中的小作文题目皆与该课主题内容或主要语法项目相关，我们可以推测，学习者很有可能受到课文的影响。因此，学习短文语篇的简明班学习者的词汇更加丰富、内容更为连贯。事实上，在作文中，我们也发现该班学习者时常借用或改编课文中的"金句"或语境、场景设定。

（三）简明班与标日班的偏误倾向分析

在授受动词的习得上，两个班学习者的偏误现象呈现一定的共性特征。

第一，学习者对"あげる""くれる""もらう"三个授受动词的活用形、人称限制等语法点的掌握情况较好，在测试中的正确率较高。但是，当一个句子中出现两个或两个以上的授受行为（三个及以上参与者）时，学习者往往很难把握授受动词的使用对象及顺序。例如，翻译题中得分最差的两道题为第 4 题"我让小李每天给我的花浇水"和第 5 题"小张把小王帮他拍的照片送给了小李"。这两题都涉及两个授受行为，第 4 题为"给花浇水"和"我让小李"，第 5 题为"小王帮小张拍照片""小张把照片送给小李"。大部分学习者只能翻译出主语参与的授受行为，如第 4 题中的"我让小李"和第 5 题中的"小张把照片送给小李"，但难以处理其他参与者之间的授受行为。

第二，语法能力较好，语境推理能力较差。从题型来看，学习者完成较好的是单选题和单句的翻译题，完成较差的是完成句子和小作文。完成句子题型为会话形式，句中的动作主体和动作对象往往被省略，需要学习者根据上下文语境进行推理。例如：

A：「バレンタインデーに、僕は美智さんと花子さんにチョコレートを（1）＿＿＿＿。美智さんは、弟にもプレゼントを（2）＿＿＿＿。」

B：「そうですか。よかったですね。でも、あの 2 人はクラブのみんなにチョコレートをあげましたよ。」

这一题中，单凭 A 的第一句话不能确定是美智和花子送我巧克力，还是我送美智和花子巧克力，但从 B 的第三句话"那两人给全班人都送了巧克力呢"可以看出语义关系应该为前者，因此（1）应该填"もらいました"，但部分学习者没有理解这一语义关系。此外，A 的第二句话"弟"指的是说话人，即 A 的弟弟，属于关系亲近人员，而"美智"从上下文可知是 A 的同学，关系较为疏远，因此（2）应该填"くれました"，但部分学习者未能正确理解说话人和"弟""美智"之间的关系，误填了"あげました"。当然，学习者未必不能理解上述两种语境，造成偏误的原因也可能是语境推理、语义关系的判断加大了认知加工的难度。

第三，学习者输入与输出之间的差距加大。如前所述，本实验的测试题均覆盖主观题和客观题题型。随着学习阶段的推进和深入，学习者在客观题和主观题上的得分差距愈发明显，特别是作文题。在第二学期的格助词测试中，作文题平均分为 25.6 分（满分 30 分），在第三学期和第四学期的动词语态测试和授受动词测试中，作文题的平均分分别下降到 21.3 分和 17.2 分。这应该与前文提及的中国外语学习者语法意识和语用意识发展的不平衡相关。在学习初级阶段，学习者语法意识的程度要高于语用意识，随着学习阶段的发展、语言水平的提高，语用意识的程度逐渐超过语法意识。虽然此时学习者处于第三学期和第四学期，但因为是非专业学习者，课时量与专业学习者之间存在巨大差距，我们依旧可以认为他们处于日语学习的初级阶段。VanPatten（1990）、Murphy（2005）认为，学习者注意力具有"选择性"（selective）和"有限性"（limited）的特点：学习者不能在同一时间既注意语言形式又注意语言意义 / 内容，只能聚焦于或偏重于某一方面。我们可以推测，在日语学习的初级阶段，学习者的关注重点是语法知识的学习，在一定程度上忽略了语用知识的学习。随着初级阶段后期语言现象对语用知识的要求越来越高，由忽略语用知识导致的偏误现象也就越来越明显。

三　敬语体系的习得效果及偏误倾向

敬语指说话人对他人表示尊敬的语言表达形式，分为尊他语、自谦语和礼貌语（恭敬语）。尊他语是对句子中的行为主体表示尊敬的语言表达形式，可以使用敬语助动词"れる""られる"构成敬语态，也可以使用敬语动词或表示尊他的句型；自谦语是用谦让的表达方式叙述自己或己方人的行为、动作，并以此对他人表示尊敬，多使用自谦动词或表示自谦的句型；礼貌语采用恭敬的表达方式叙说，以此对听话人表示尊敬，可以在句末使用助动词"です""ます"及其他敬体形式，也可以使用敬语动词或接头词。

总体框架上，两套教材按照尊他语→自谦语→礼貌语的顺序讲解，在具体的讲解步骤上，首先明确界定术语的概念，其次按照敬语助动词→敬语动词→其他句型的顺序介绍了构成敬语语态的方式，最后举例说明语义及其适用语境。总体看来，两套教材没有本质性差异。不过，《标日》在一个单元的多课中展开讲解，篇幅较长，对敬语的适用语境着墨更多，阐释得也更全面。

本部分实验采用笔试的形式，这主要受该语法项目的考核重点与测试题型的限制。敬语体系部分的考核重点是敬语形态的正确使用及适用语境的判断，换言之，在合适的语境下使用合适的敬语形态。敬语是初级核心语法项目的最后一项，此时学习者已经完成了约两学年的日语学习，基本达到低偏中级日语水平（小部分受试通过了日语 N2 考试）。除了特殊的敬语动词之外，动词敬语态的构成方式或与被动态相同，或采用简单的固定句型，对于此时的学习者来说并非难点。而正确解读语境，特别是语篇语境中的人际关系、参与者身份地位，并在此基础上选择合适的敬语形式，完整地产出敬语形式的句子、对话、语篇才是考察的重点。因此，笔试是更为合适的测试方式。此外，完成句子、完形填空、多项填空等主观题不适合采用 E-Prime 行为实验的方式考察，其复杂的题型会影响对受试反应时的收集。

（一）简明班与标日班成绩均值的对比分析

实验结果表明：学校语法和日语教学语法的学习者在敬语体系的习得效果上并无显著性差异。由表 9–3 可知，简明班的均值为 71.82 分（SD=8.7），标日班的均值为 74.50 分（SD=3.2），独立样本 t 检验结果 P 值为 0.249，大于 0.05，无显著性差异。

表 9–3　敬语体系测试独立样本 t 检验结果（N=42）

项目	受试	Mean/SD	T-value	P
总分	简明班	71.82/8.7	1.17	0.249
	标日班	74.50/3.2		

（二）简明班与标日班的偏误倾向分析

在敬语体系的习得上，两个班学习者的偏误现象呈现一定的共性特征。

第一，在编制测试题时，我们认为第 4 题的难度应该比第 3 题更大。第 3 题是改错题："请判断下列句子中是否存在错误，如有错误请修改，并说明修改原因"，例如"先生はコーヒーをいただきますか。それとも、ソフトドリンクにいたしますか"。由于学习者已经知道此次测试的重点是敬语，虽然该题中没有划线等提示，但他们也能推测出句中的错误之处为敬语表达成分，接下来只需根据语境判断句中的敬语形式是否存在错误，如有错误则做出修改，并说明修改的原因即可。第 4 题是句子改写题："请将下列句子改成敬语形式"，例如"中国へ来たら、地元の者しか知らない場所を案内します"。这道题的难点在于未给予学习者任何提示，学习者必须自行判断哪些句子成

分需要转变成敬语形式以及如何转变，部分题目中存在两个或两个以上需要转变的句子成分。但是，第 3 题的正确率要低于第 4 题（53.3% < 71.9%）。我们推测，这也许与第 3 题中既存的敬语形式对学习者的干扰有关，即认知心理学中的"倒摄干扰"（retroactive interference）。倒摄干扰也称为倒摄抑制，指的是后来学习的知识和材料等对之前学习的记忆产生干扰的倾向。干扰理论（interference theory）认为，遗忘是由干扰造成的，信息相互竞争导致无法提取，而倒摄干扰是导致遗忘最主要的原因。在第 3 题当中，既存的、错误的敬语形式可以认为是后来接触到的材料，它对学习者之前的学习记忆，也就是正确的形式产生了干扰，从而增加了解题的难度。与之相对，虽然第 4 题要求学习者从"零"开始，将句中的动词转变为敬语形式，但由于不受倒摄干扰的影响，反而正确率更高。

　　第二，龚彦知、何周春（2017）认为学习者的语法意识可以用感知、注意和理解三个指标来测量。其中，感知是指对外在事物内在反映的心理过程，是语言意识的最低层，使用错误判断来测试；注意指对存留在短时记忆里信息的体会，是语言意识的中间层，使用纠错来测试；理解是语言学习过程中的所有思维活动，如对语言规则的演绎、归纳等，是语言意识的最高层，使用错误解释来测试。我们参照这三个指标分析学习者在第 3 题中感知——发现错误的敬语形式、注意——纠正错误的敬语形式、理解——解释修改的原因后发现，感知是注意和理解的前提，即学习者如果没有发现敬语形式存在错误，则不能触发之后的注意和理解加工，这一点与龚彦知、何周春（2017）的结论相同。但是，在注意和理解的表现上，我们的实验呈现出不一样的特征，我们发现学习者的偏误现象呈现出理解层面优于注意层面的特征，即写对了修改的原因，但其修改的答案并不正确。例如，受试在修改原因处写道："'先生'

是'目上の人'，所以要使用敬语，而'いただきます'是谦语，不对。"由此可见，该名受试完成了感知和理解的加工，但他将"いただきます"修改为"お飲みになります"（正确答案为"めしあがります"），属于注意层面的加工失败。按照龚彦知、何周春（2017）的理论，注意位于语言的中间层，是连接感知和理解的桥梁，也就是说，感知无法跨越注意达到理解。那么为什么学习者能够完成理解层面的加工，却在注意层面失败了呢？在本研究的受试中，尚未发现修改正确，但原因说明错误——注意层面成功，但理解层面失败的受试。

四 本章小结

本章基于验证性实验原理，验证在教学理念、思维、逻辑和方式等相同的前提下，两套语法体系的学习者对日语初级核心语法项目的习得效果无显著性差异。

学校语法体系教材《简明》与日语教学语法体系教材《标日》在动词的语态——被动态、可能态、使役态，授受动词——"あげる""くれる""もらう"、敬语体系——尊他语、自谦语、礼貌语三个初级核心语法项目的讲解上采用了相同的模式，其中，定义、活用规则、语义、适用语境等主要内容也基本一致。实验结果表明，两个班的学习者在 E-Prime 实验中的正确率和反应时，以及笔试客观题与主观题（特别是作文）中的正确率均无统计学意义上的显著性差异。由此，我们可以证明：在两套语法体系无本质差异的前提下，学习者的习得效果亦无显著性差异。

由于本章为验证性实验，是对第八章差异性实验结果的证伪性验证，内容上略显"无味"。因此，本章将考察重点置于对学习偏误倾向的分析上，以期一窥在初级日语学习阶段的中后期学习者学习中介语的动态性特征，为该阶段的教学带来启发。研究发现，学习者的偏误现象呈现以下特征。

第一，语用偏误多于语法偏误。此时为初级语法教学的后期阶段，两个班学习者在动词活用、助词使用等方面的语法偏误现象明显减少，但语用偏误现象增加，具体表现为：① 测试卷中，补充句子、翻译句子、小作文等语用类题型的正确率要显著低于活用形测试、单项选择题、句型替换等语法类题型；② 中低水平学习者的语用负迁移现象明显；③ 语境推理能力较差。这与中国外语学习者的语法意识和语用意识的发展不平衡相关，即在学习初级阶段，学习者语法意识的程度要高于语用意识，因为学习者的注意力具有"选择性"和"有限性"的特点，不能在同一时间既注意语言形式又注意语言意义／内容，只能聚焦于或偏重于某一方面。在这一点上，中国日语学习者与英语学习者存在共性。本阶段的教学重心应适当从语法转向语用，注重学习者语用能力的培养与语用意识的加强。

第二，多重加工带来的认知负荷加重。初级语法教学的前期阶段，学习者加工的多为单任务性质的语法现象，如用言的活用形变化、格助词的共现搭配等；但到了中后期阶段，学习者常常需要同时处理多个任务，即完成多重加工，例如动作主体、对象及其他参与者的判断、人称限制的考虑、语境推理等语用任务，以及词性、词语搭配、句法结构、语法规则等语法任务，同时还需抑制尚未完全习得的知识带来的前摄干扰，以及后期学习的知识对前期学习的知识的后摄干扰，等等。本阶段应注重引导学习者"解构"任务、"抽丝剥茧"，将教学重心适当从知识传授转向策略指导，提升学习者的逻辑思维能力和深度思考能力。

第三，输入和输出之间的差距加大。随着学习阶段的推进和深入，学习者在客观题和主观题上的得分差距愈发明显，特别是作文题，从第二学期的 25.6 分（满分 30 分），下降到第三、四学期的 21.3 分和 17.2 分。这一方面与前文中提及的学习者语法意识和语用意识发展的不平衡相关，也与其语法意识内部层次发展的不平衡密切相关：学习者在输入的两个层面——语法意识的感知层面（发现错误的语法形式）和理解层面（解释错误的原因）上的表现超过输出层面——注意层面（纠正错误的语法形式）。本阶段的教学应将教学重心适当转移至输出层面，注重布置产出型的学习任务或课题，强化学习者对语法意识注意层面的训练。

第四，阅读行为对写作产生的影响。对两个班学习者的小作文进行系统性分析之后，我们发现在初级核心语法项目的使用正确率上，二者没有显著性差异，但在语篇的衔接与连贯度、语境的丰富程度、授受动词使用的多样性上，简明班的表现较为优秀。我们推测这一点很可能与语法体系无关，与《简明》和《标日》两本教材的课文性质相关。学习短文＋会话类型课文的简明班学习者与仅学习会话类型课文的标日班学习者相比，作文的词汇多样性、语言和内容的连贯性更强，体现出阅读与写作之间的一定程度的协同效应。

第五部分
综合讨论与结论

　　第五部分是第十章，也是本书的最终章。第十章首先综述本研究的主要研究成果，其次根据研究问题和理论框架，综合探讨本研究的主要发现及在教学实验过程发现的其他启示性问题，最后指出本研究存在的局限性和未来研究的方向。

第十章　讨论与启示

　　本章是本书的最终章，综述本研究的主要研究成果，探讨本研究的主要发现，并指出本研究存在的问题及未来的研究方向。本章由四部分组成：第一部分总结本研究的主要研究成果；第二部分在第一部分的基础上，以研究问题和理论框架为导向，探讨本研究的主要发现；第三部分分析在教学实验过程中发现的其他启示性结论；第四部分指出本研究存在的局限性以及未来的研究方向。

一　本研究的主要研究成果

　　目前，中国的日语语法教学主要采用传统的学校语法和较新的日语教学语法这两套不同的语法体系，二者的并存给学习者与教师带来困扰，二者孰优孰劣也一直是日语界关注的问题。本研究分析两套语法体系在教学理念、教学内容、教学逻辑等方面的差异，在此基础上以追踪实验法考察中国日语学习者在初级核心语法项目上的习得效果差异，并结合认知心理学及二语习得相关理论解释其背后的原因机制，取得了一系列研究成果。

　　第一，从教学语法的视角出发，归纳出学校语法与教学语法在教学思维——"组装型"与"集成型"、术语命名方式——"意义型"与"形态型"、教学逻辑——"模块化"与"零散化"

以及教学理念——"简体为本"与"敬体优先"上的差异，为有关两套语法体系差异的理论研究提供了基于教学语法视角的有益补充。该成果也是对研究问题—"从教学语法的角度看，学校语法体系与日语教学语法体系的差异是什么"的回答。

第二，以日语学习者在初级核心语法项目上的习得效果——客观题的正确率与反应时、主观题的综合评价（语法和语用）为标准，衡量两套语法体系在教学效果上的差异，为评价两套语法体系优劣的理论研究提供了有力的证据支持。该成果也是对研究问题二"不同语法体系的差异对中国日语学习者初级核心语法项目的习得效果产生什么影响"的回答。

第三，采用以 E-Prime 行为实验与笔试为主，调查问卷与访谈为辅的实验法，实施为期两学年的追踪实验。实验手段的更新提高了测试的精确度和有效度，横向与纵向相结合的调查方式对学习者的习得效果进行了更为全面的考察。

第四，援引认知心理学与二语习得领域的相关原理——知识的类型、记忆形式、概念形成的策略、知识表征的模型、注意力分配等，对实验结果及其原因机制进行了充分的论述与说明，为有关两套语法体系差异形成原因的研究提供了深入的理论支持。该成果也是对研究问题三"造成学习者习得效果差异的认知因素是什么？"的回答。

本研究的核心阶段性成果为《不同语法体系背景下我国大学日语语法教学效果的实证研究》，刊发于《外语教学与研究》（CSSCI）2019 年第 3 期，该论文记录了本实验的重要结果及结论，之后的实验多为该结果的延伸、扩展与验证。此外，在本研究的启发下，笔者尝试采用相同的实验研究方法考察日语学习者在学习过程中的认知加工过程，均取得了有效成果：《基于多维研讨平台的研究生学术能力培养——以日语专业学术型硕士研究生为对象的个案研究》，刊发于《日语学习与研究》（CSSCI 扩展版，外语类核心刊物）2020 年第 6 期；《焦点类型和语言水平对"花园路径式"误译中读者反应的影响》，刊发于《外语教学与研究》（CSSCI）2022 年第 1 期；《新文科背景下外语专业智慧学习共同体的建构及其促学效果研究》，刊发于《外语界》（CSSCI）2022 年第 3 期。

二　本研究的主要发现

本研究是针对学校语法与日语教学语法这两套不同的语法体系对中国日语学习者初级语法习得效果影响的较为系统性的研究，在研究方法上将横断研究和追踪研究相结合，在研究旨趣上既重视基础研究又注重实践应用，最终获得了一系列研究发现。

1. 语法体系的差异影响学习者的习得效果

如前文所述，语法体系可分为理论语法和教学语法，其中理论语法侧重语法规律的描写和语法理论的探讨，研究内容主要是对语言事实的全面考察和详尽描写，揭示语法的结构特点、规则、规律，并对其加以认知和解释；教学语法是根据语法教学的要求所制定的语法体系，具有规范性和稳定性，侧重语法功能的描述，要求实用、可读性强，而理论分析不是其重点。教学语法多"脱胎"于某一套或多套理论语法，也就是说，教学语法是以理论语法为基础的，可以看作是理论语法的"简化版"——它省略了理论分析的过程，而强调理论分析结果的应用。从上述定义来看，教学语法的根本任务便是清晰地、通俗易懂地描述这个结果，即某个语法项目的语法功能，而在语言事实和语法功能的认定上，每一套语法体系是大同小异的。因此，有些学者质疑语法体系是否会对学习者的习得效果产生影响。事实上，在先导研究的专家咨询会上，也有专家提出类似的质疑。

本研究通过长达两学年的追踪实验表明：语法体系的差异的确会影响学习者的语法习得效果。差异性实验证明，当语法体系存在差异时，学习者的语法习得效果存在显著性差异；验证性实验证明，当语法体系不存在本质差异时，学习者的语法习得效果不存在显著性差异。这是因为，虽然两套语法体系教授的语法现象及语法功能是相同的，但教授过程中存在教学思维、教学逻辑、教学理念和教学方式的不同，会影响学习者的认知加工模式、认知加工的努力程度、长时记忆的效果和注意力分配等，最终影响语法习得的效果。

2. 学校语法更适合中国大学日语学习者初级阶段的语法教学

中国的日语语法教学受学校语法与日语教学语法这两套语法体系的影响。学校语法是面向日本国内语文教学、以日语母语者为对象的语法体系；日语教学语法是面向对外日语教学、以二外日语学习者为对象的语法体系。早期中国的日语教学主要采用的是学校语法体系，教学过程中使用的教材、教参按照学校语法体系的框架编写，任课教师接受的也是学校语法体系的教育。随着日本的对外日语教学发展成为一个独立于日语语言学之外的学科，以及日语教学语法的出现，国内有越来越多的学者开始批判学校语法的弊端，呼吁日语教学的改革，提议以日语教学语法体系为基本遵循开展中国的日语教育。李文平项目组曾于 2017 年调查过中国国内 114 所高校使用的精读日语教材，发现采用学校语法体系教材的高校为 45 所，采用日语教学语法体系教材的高校为 57 所，后者在数量上已经超过前者。并且，近年来新编的教材更多倾向于采用较新的日语教学语法体系，部分学者甚至主张应该在日语教学中抛弃语法体系的观念。

在这一大背景下，本研究在相关理论研究的基础上，以初级阶段的中国日语学习者为对象，以学习者的习得效果为衡量标准，实施为期两学年的追踪实验，全面评估两套语法体系在初级日语核心语法项上的教学效果差异，得出总体结论：接受学校语法体系教学的学习者的语法习得效果比接受日语教学语法体系教学的学习者更好。

　　具体来看，本研究将两套语法体系于教学范畴的差异归纳为"组装型"与"集成型"教学思维的差异，"意义型"与"形态型"术语命名方式的差异，"模块化"与"零散化"教学逻辑的差异，"简体为本"与"敬体优先"教学理念的差异。在关于这四大差异的实验中，除"意义型"与"形态型"术语命名方式的实验没有得出有意义（统计学意义）的结论之外，另外三项的实验结果都表明：接受学校语法体系教学的学习者的语法习得效果在不同程度上超过接受日语教学语法体系教学的学习者。学校语法体系学习者的优势主要体现在语法习得的正确率上，特别是在习得形式较为复杂、难度较高的语法项目时，其优势更加明显。并且，这一正确率上的优势具有稳定性，同时体现在客观测试题与主观测试题上。

　　这一结论给我们带来的启发是：无论在科研上还是教学上，推陈出新、与时俱进确实是不变的主题。但是，在"出新"与"俱进"的同时，我们应避免盲目跟风，一味地求新求进，而应该切实地根据实际情况实施改革。诚然，针对母语者与针对二语者的教学方法应该不一样，但是对二语者也不能一概而论，学习者的认知能力、母语背景、语言环境等差异都应该被纳入考量的范围。适合欧美日语学习者的语法体系未必适合中国学习者，针对日语母语者构建的语法体系未必就让中国学习者"水土不服"，也许我们应该站在一个更广阔的平台上重新审视这个问题。

　　3. 学习阶段的不可跨越性与语法意识的培养是根本原因

　　学校语法重视陈述性知识的传授，在描述一个语法现象时，将语法现象的形式、语义、语法功能等"来龙去脉"一次性地、完整地告知学习者，学习者也能够用语言表述这一规则。与此相对，日语教学语法简化了陈述性知识的内容，呈现偏重程序性知识的倾向。在学习任何新事物时，人脑都必须经历从陈述性知识向程序性知识发展的三个阶段：①陈述性阶段。新的信息被看作陈述性的事实，并以新的知识单位储存在大脑的语义网络中，大脑在学习新规则的初期只能完全依赖这些陈述性知识。②知识编辑阶段。大脑试图将相关信息"编辑"成效率更高的信息组，如将两个相似的或相同的规则"合成"一个规则。此时，程序性知识之一的"动作次序"的子过程"组合"发挥着至关重要的作用，它有助于将几个产生式合而为一，加快执行程序的速度，以达到自动化。③产生过程的调整阶段。大脑不断调整在上述两个阶段中通过知识编辑产生的操作方案，并将其推广到其他条件下运作。这三个阶段循序渐进、环环相扣、层层深入，跨越某个阶段直接进入下个阶段的做法是不可取的。

在语言学习的过程中，对程序性知识的掌握是至关重要的，但这并不意味着陈述性知识不重要，或是我们可以跳过陈述性知识，直接进入程序性知识的学习阶段。正如"可教性假说"所主张的一样，如果语言教学超前于学习者所处的发展阶段，学习者就无法有效习得所教的内容，只有当学习者在认知和心理上对这些内容做好准备时，才能有效地吸收和掌握所教的内容。

清晰、充分、有条理的输入陈述性知识除了是不可跨越的一个学习阶段之外，它还能够有效地强化学习者的语法意识，促进语言习得。Krashen（1981,1982）提出以"监察假说"为核心的二语习得模型。这里的"监察"指的是学习者对自己语言输出的质量进行有意识的监督。该假说认为，学习者必须"习得"系统的知识，才能在自然交际中表达意义，而通过"学习"获得的语言知识只有通过"监察"过程才能发挥作用。Krashen 提出了使用"监察"的三个条件：①学习者需要有充足的时间来考虑并有效地运用有意识的语言知识以便监察语言输出的质量；②当学习者将注意力集中在语言形式上，而不是忙于传达需要表达的意义却无暇顾及形式的准确性时，监察才能发挥作用；③学习者在一定程度上知道、了解语言的规则。学校语法学习者的表现正好符合这三个条件：①与日语教学语法的学习者相比，学校语法学习者的正确率高，但耗时较长；②学校语法对语言形式的输入更加充分、详细和清晰；③大部分学校语法学习者能够口头描述语法规则。而"监察"正是语法意识至关重要的组成部分。

关于"语法意识"这一概念，学界的讨论并不多，基本上围绕"语言意识运动"（language awareness movement）展开。Carter（2003）将语言意识定义为"学习者对语言形式与功能的敏感性与意识性"。按照语言学的观点，语言意识是语言产生、运用及发展过程中的重要因素。而从心理语言学角度来看，语言意识是处理语言信息的内在能力。语法意识是语言意识的一种，指的是学习者洞察、分析语言结构与意义的意识和能力，也是学习者对语言结构进行"运用与反思"的"元语言技能"（Cain，2007）。何周春、龚彦知（2015）进一步将语法意识归纳为："学习者对语法形式和意义的客观注意、主观感受及认知分析，既是学习者对语法特征及其隐含意义的有意注意，也是学习者对语法学习过程、内容的认识与思考。"这里的"学习者对语言结构的反思""对语法学习过程、内容的认识与思考"就是"监察"的意思。Andrews（2007）与 Bourke（2008）指出，语言意识虽具有多种类型，但语法意识和语用意识的发展决定着语言意识的发展。

本研究认为"语法意识"的内涵在宏观层面上与既有的"语言意识"概念基本一致，但从微观角度而言，又包括对语法成分、意义与功能在一定程度上的了解与应用。这并不是说在语法教学中需要讲大道理、大理论，灌输给学生语法的知识系统或术语概念等语法理论，而是要尽可能地将语法规则、规律从理据上、认知上做出解释。例如，学校语法"组装型"的思维方式——在描写语法现象时先利用术语说明各个组成部分的名称、语法性质，再解释其作为一个整体时的语法意义与功能就是一种语法意识的培养。它让学习者明白，这些语法现象并不只是所谓的"固定搭配"，只要死记硬背就可以了，而是有规则、有规律、成系统、有理据的存在，也促使学习者去思考、去推理、去举一反三和触类旁通，从而提升学习效果。值得注意的是，目前我国大学英语学习者存在语法意识较弱的现象，这与大学英语教学和考试逐渐淡化语法，强化英美文化和语言交际有关（何周春、龚彦知，2013），也可能与我国大学外语教学采用以牺牲语法能力培养为代价的交际教学方法有关（陈新仁，2013）。日语界是否也应该警惕这一现象的出现？

三　其他启示性发现

除了文中已经提及的实验结果之外，本研究也注意到了一些耐人寻味的特殊现象。因为不能完全确定这些发现与语法体系之间的关系，故放在这一部分简要论述。

1. 日语教学语法学习者动词活用形的特殊偏误

在"る形""ます形""て形""た形""ない形"五个活用形中，日语教学语法的学习者在"る形"与"て形"的活用上出现了特殊的偏误现象——少数受试会出现漏掉动词词尾的"る"，直接以动词词干或者直接以"て形"来结句的现象。例如，在动词"て形"测试的翻译题中，标日班有三名受试（12.5%）在汉译日时直接以"て形"来结句，将"爸爸正在看报纸"翻译为"お父さんは新聞を読んで"，将"小孩子们在屋子里玩耍"翻译为"子供たちが部屋で遊んで"。而简明班没有出现这一现象。实验后对这三名受试做个人访谈，询问产生这种现象的原因，但三名受试都没有给出明确的答案，只表示忘记了。并且，这种现象不仅发生在该次实验中，在之后的单元测试、期末测试中，标日班都出现了类似的情况。长友和彦（1997）在考察以英语为母语的日语学习者习得动词"て形"过程中也发生了同样的偏误现象——在学习的初级阶段，学习者认为"読んで"是一个完整的词，这是因为他们基本上是在"死记硬背"各类动词的"て形"。

我们认为，出现这种现象可能有以下两方面的原因。

第一，标日班的学习者没有学习过动词词干和词尾的相关概念，也没有学习过活用形的术语名称，所以他们并没有深刻地认识到像"食べ"这样的词干不是一个完整的词，是不能单独出现在句子中的。并且，动词"て形"在学校语法体系中叫作"连用形"，是连接用言的形式，既然需要连接其他的用言，那么它就肯定不能像终止形那样直接结句。因为标日班的学习者没有学习过相关的语法知识，或者说没有形成相关的语法意识，所以容易出现这样的偏误。而学习学校语法体系的简明班的学习者从未出现过类似的偏误。

第二，与《标日》教材的语句呈现方式有关。《标日》没有教授句子成分的相关知识，但是在呈现语法项目或语句时，会以空格的方式切分句子。例如，对"ています"这个句型的教授，《标日》写的是"'动て　います'表示正在进行"。《标日》所有的例句与课文中，"て"和"います"之间都间隔了一个空格，例如，"今　市役所の　前を　歩いて　います""今　使って　います""太郎さんは　コーヒーを　飲んで　います"，等等。学习者虽然没有在个人访谈中表示偏误是受教材呈现方式的影响，但他们很有可能在不断阅读例句、课文与课后练习的过程中产生了固定的印象，在测试时不知不觉地表现出来。

2. 受限制条件下的创造与个人特征强项

如前所述，本研究的教学实验一共实施了两学年，共四学期。其中，前三学期是必修课，第四学期为选修课。在第三学期结束之时，以问卷的形式对两个班所有受试就下学期是否继续选修日语的意愿及理由进行匿名调查。

调查结果为：简明班的受试全部表示下学期愿意继续选修日

语，理由主要分为兴趣型（喜欢日语、感兴趣、喜欢动漫和日剧等）和功利型（为了拿学分、想通过日语考试、想考研、对找工作有帮助等），其中，兴趣型多于功利型。标日班的受试中，有8名受试表示下学期不再愿意选修日语，理由主要集中在学习难度大这一点上，例如："学习日语吃力，压力大，觉得每周二和每周四都很有负担，要背的东西很多，跟不上""理解、记忆日语语法的难度很大，一直都感觉跟不上""没有语言环境也没有日本朋友，很难学""要背的东西很多，没有时间，想要调节时间"，等等。而事实上，第四学期简明班的所有受试都选修了日语课，而标日班有6名受试没有再选修日语课。

就学习的难度而言，简明班应该是大于标日班的。虽然两个班教授的语法项目、主要语法内容、学习进度基本是一致的，但如前文所述，简明班要背诵、记忆的知识点远远多于标日班，这是语法体系的不同导致的。归根结底，日语教学语法体系创建的初衷之一是为了降低学校语法的难度，《标日》采用日语教学语法体系，回避对语法知识、语法概念的介绍，将语法项目分解为句型讲解、不对语法现象进行拆分、只将其作为一个整体讲解等做法的初衷之一也是为了降低难度。然而，标日班的部分学习者（26.1%）还是觉得日语的学习很困难，在第四学期选择放弃继续学习。然而，简明班的所有受试中，只有一名受试表示日语学习有难度："做事不能半途而废，虽然目前日语学起来有些难，但我希望可以坚持下去，不要前功尽弃。而且我学日语，开拓了视野。"可见，难度的概念是相对的。这里需要特别说明的一点是，简明班与标日班的学习者之间并不存在交叉竞争，他们并不知道另一个班的测试成绩，也不知道其他同班同学的测试成绩。因此，他们的难度感知更大程度上是源于自身的感觉，而不是来自竞争和对比。

同样，难度带来的压力也是相对的，它一方面可能打击学习者的自信心，降低学习意愿，一方面也可能激发学习者的兴趣，带来成就感与收获感。简明班受试表示打算继续学习日语的原因有："学了一年半日语了吧，越来越喜欢，希望有机会一直学，在学习中感受到快乐和幸福""我认为经过一年半的日语学习，我对日语的学习兴趣更加浓厚了，虽然后面的学习可能会很困难，但我还是想再继续学习""想要再多学一点，学深入一点，将来不管是作为兴趣还是考试工作中使用，都会比较有帮助，关键是越来越有兴趣"。这其中的奥妙也许在于受限制的条件——学习的难度。心理学研究表明，在很多情况下，人为设定一些限制，反而有利于激发创新，这叫作"受限制条件下的创造"。也许对于学习者来说也是如此，一定的学习难度就像人为设定的一些限制，这些限制让学习者在既定的环境下更有压力和紧迫感，从而激发了兴趣与潜能，不断挑战，创造出新的成绩。而新的成绩带来正反馈效应，促使"个人特征强项"（signature strength）的出现，也就是说，如果你做的工作对你来说特别有意义，那么长时间的高强度工作不但不痛苦，反而能够增强幸福感。

在这里我们得到的启示是，难度并不是影响学习者学习意愿的关键因素，让学习者有一定的挑战感与紧张感，有时反而能够激发学习者的学习意愿，让他们更有收获感与幸福感。当然，前提是难度在可接受的范围内。

四 本研究的局限性及对未来的展望

本研究着眼于教学视角，以学习者的习得效果为衡量标准，采用追踪实验研究法，全面考察学校语法与日语教学语法两套语法体系对中国日语语法教学的影响。无论从研究主题、研究内容还是研究方法上都有一定的创新性。但相关基础研究不足等原因导致本研究依旧存在一些局限性，具体如下。

第一，研究内容的扩充。本次实验中相关语法项目的测试基本都安排在完成语法项目全部内容教学的一周后进行，因此主要考察的是两套语法体系的差异对学习者短期习得效果的影响。但是，第二语言学习是一个高层次的整合过程。这种整合既要有具象的形式特征，又要有抽象的逻辑认知理据；既要强化到熟练掌握的程度，又要能够准确得体、创新应用。学习者实现新语言的主动建构包括理解、归类、熟练掌握、长时记忆、灵活运用五个阶段，而本实验能够测试的习得效果应该只局限到熟练掌握这个阶段，学习者在长时记忆和灵活运用两个阶段的习得效果是否存在差异还有待进一步考察。

第二，实验手段有效性的提升。本研究的实验方法较为单一，基本采用笔试、E-Prime 行为测试这两种形式。在今后的研究中，还可以灵活使用眼动仪、ERP 等心理学实验工具，观察学习者在分析复杂句、完成阅读理解等高层次的认知活动上是否存在差异。

第三，实验对象的扩大。本研究主要以初级阶段的日语学习者为对象。今后可继续拓展课题，将中高级日语学习者纳入研究对象，考察不同语法体系对中高级日语学习者的语法习得效果的影响。

第四，理论层次的提升。本研究主要考察不同语法体系对学习者语法习得效果的影响，主要以学习者在语法测试中的正确率和反应时为指标衡量习得效果。但究其原因，造成习得效果差异的根本原因之一在于对语言意识，特别是语法意识和语用意识培养上的差异。今后可针对中国日语学习者的语法意识和语用意识展开进一步研究。

参考文献

B.西蒙诺夫、李君锦，1984，《关于教学效果的评价》，《国外社会科学》，第4期。

白家瑶、彭广陆，2014，《〈综合日语〉与〈基础日语综合教程〉的语法体系比较》，《日语语法教学研究》。

蔡妍，2020，《日语格助词「で」的本质义研究》，外语教学与研究出版社。

蔡妍、林璋，2019，《不同语法体系背景下我国大学日语语法教学效果的实证研究》，《外语教学与研究》，第3期。

曹大峰，2014，《面向大学本科教育的日语教学语法建设——理念、内容、方法的更新与发展》，《解放军外国语学院学报》，第2期。

陈新仁，2013，《语用学与外语教学》，外语教学与研究出版社。

陈开顺，2001，《话语感知与理解》，外语教学与研究出版社。

初相娟，2013，《基于数据统计的日语动词活用形习得研究》，《日语学习与研究》，第4期。

冯志伟，2011，《现代术语学引论》，商务印书馆。

高海英、戴曼纯，2004，《我国学生英语关系从句外置结构的习得——显性教学与隐性教学实证研究》，《外语教学与研究》，第6期。

龚彦知、何周春，2017，《中国英语学习者语法意识层级发展特征与规律研究》，《外语界》，第3期。

桂诗春，1992，《认知与外语学习》，《外语教学与研究》，第4期。

郭菲菲，2020，《EFL学习者课外英语自主阅读量与英语写作水平相关性研究》，《英语教师》，第14期。

何周春、龚彦知，2013，《中国英语学习者的语言意识发展研究》，《现代外语》，第3期。

何周春、龚彦知，2015，《中国英语学习者语法意识发展路径及成因研究》，《外语界》，第5期。

黄文溥，2004，《试析我国日语教学语法》，《日语学习与研究》，第1期。

贾朝勃，2009，《日语教育文法在日语教材中的实际运用观察》，《日语学习与研究》，第1期。

贾朝勃，2015，《教育文法在日语教材中的实际运用观察》，《日语学习与研究》，第1期。

蒋祖康，1999，《第二语言习得研究》，外语教学与研究出版社。

刘耀武，2000，《寺村语法与我国日语教学》，《日语学习与研究》，第1期。

李民、陈新仁，2007，《中国英语专业学生语法/语用意识程度及其能力调查》，《中国外语》，第6期。

卢福波，2010，《汉语语法教学理论与方法》，北京大学出版社。

罗伯特·L.索尔所、M.金伯利·麦克林、奥托·H.麦克林（著），邵志芳、李林、徐媛、高旭辰、何敏萱等（译），2008，《认知心理学》（第7版），上海人民出版社。

马广惠、文秋芳，1999，《大学生英语写作能力的影响因素研究》，《外语教学与研究》，第4期。

潘文东，2013，《日语学校语法与日语教学语法教学比较》，《日语语法教学研究》，北京大学出版社。

彭广陆，1998，《日本語の格について》，《日本学研究7》，世界知识出版社。

彭广陆，2002，《对日语黏着语说的再认识》，《语言学研究》第1辑，北京大学出版社。

彭广陆，2007，《日本学校语法批判——兼论我国日语语法教学改革》，《日语学习与研究》，第4期。

彭广陆，2009，《日语的「（表现）文型」「（表现）文型辞典」与语法体系》，《日本学研究》，第19辑，学苑出版社。

彭广陆，2011a，《从日语教科书看文体与语体的教学》，《日语教育与日本学》，第1辑，同济大学日本学研究所。

彭广陆，2011b，《论日本的教学语法系统》，《日语学习与研究》，第4期。

彭广陆、滕卷启森、唐磊（编），2013，《日语语法教学研究》，北京大学出版社。

彭红英，2017，《英语学习者写作连贯性的实证研究》，解放军外国语学院学报，第4期。

邵瑞珍，1997，《教育心理学》，上海教育出版社。

盛炎，1990，《语言教学原理》，重庆出版社。

王甦、汪安圣，2006，《认知心理学》，北京大学出版社。

王寅，2007，《认知语言学》，上海外语教育出版社。

肖婵，2015，《关于中国日语学习者日语动词活用形的习得研究》，硕士学位论文，湖南大学。

肖书文，2005，《对现行日语基础语法教学体系的反思及改革设想》，《西安外国语学院学报》，第3期。

徐一平，2003，《日语学校教育语法功过论》，《日语学习与研究》，第3期。

薛兵、张绍杰，2018，《默认语义学模式下的句法限制问题:诠释与批判》，《外语与外语教学》，第6期。

于康，2012，《语法学》，高等教育出版社。

翟东娜，2003，《谈谈中学日语课程语法教学的效率问题》，《课程·教材·教法》，第4期。

张延飞，2018，《默认意义新解：语法—语用互动视角》，《外语与外语教学》，第6期。

赵金铭，1996，《对外汉语语法教学的三个阶段及其教学宗旨》，《世界汉语教学》，第3期。

曾祥炎、陈军，2009，《E-Prime实验设计技术》，暨南大学出版社。

曾祥炎，2014，《E-Prime实验设计技术》，北京师范大学出版社。

朱新华，1994，《铃木重幸与学校语法批判》，《日语学习与研究》，第2期。

Anderson, J.R.1983. *The Architecture of Cognition.*Cambridge: Harvard University Press.

Andrews, S.2007. *Teacher Language Awareness.*Cambridge: Cambridge University Press.

Annabel Watson. 2015. "The Problem of Grammar Teaching: a Case Study of the Relationship Between a Teacher's Beliefs and Pedagogical Practice." *Language & Education*, 332.

Banno, E., and S. Komori. 1989. *A Study of Japanese Acquisition Order*. Kasugai: 白馬夏季言語学会.

Berlin, B., and Kay, P. 1969. *Basic Color Terms: Their Universality and Evolution*. Berkeley: University of California Press.

Bourke, J. M. 2008. "A Rough Guide to Language Awareness." *English Teaching*: 12-21.

VanPatten, Bill., Smith, Megan., and Benati, G, Alessandro. 2017. *Key Questions in Second Language Acquisition: An Introduction*. Cambridge: Cambridge University Press.

Broadbent, D.E. 1958. *Perception and Communication.* New York: Pergamon Press.

Bruner, J. S., Goodnow, J.J., and Austin, G.A. 1956. *A Study of Thinking.* New York: Wiley.

Bruner, J.S. 1956. *The Process of Education.* New York: Wiley.

Campbell, D. T., and Stanley, J. C. 1963.*Experimental and Quasi-experimental Designs for Research.*Chicago: Rand McNally & Company.

Carter, R. 2003. " Language Awareness. " *Foreign Language Teaching and Research in Basic Education* 5: 42-44.

Cherry, C. 1953. "Some Experiments on the Recognition of Speech with One and with Two Ears." *Journal of the Acoustic society of America* 25 : 975 - 979.

Corder, S. P. 1967. "The Significance of Learners' Errors." *International Review of Applied Linguistics* 5 : 161-170.

Collins, A. M. and Quillian, M. R. 1969. "Retrieval Time from Semantic Memory." *Journal of Verbal Learning and Verbal Behavior* 8 : 240-247.

Cain, K. 2007. "Syntactic Awareness and Reading Ability: Is There any Evidence for a Special Relationship?" *Applied Psycholinguistics* 28: 679 - 694.

Doughty, C. 1991. "Second Language Instruction Does Make a Difference: Evidence From an Empirical Study on SL Relativization." *Studies in Second language Acquisition* 13 : 431-469.

Dekeyser, R. M. 2003. "Implicit and Explicit Learning." *The Handbook of Second Language Acquisition,*edited by C. J. Doughty and M. H. Long, pp. 313-348. Oxford: Blackwell.

Dewell, Robert B. 1994. "Over Again: Image-Schema Transformations in Semantic Analysis." *Cognitive Linguistics* 5 : 351-380.

Ellis, N. 2002. "Frequency Effects in Language Processing: A Review with Implications for Theories of Implicit and Explicit Language Acquisition." *Studies in Second Language Acquisition* 24 : 143-188.

Ellis, R. 2005. "Measuring Implicit and Explicit Knowledge of a Second Language." *Studies in Second Language Acquisition* 27 : 141-172.

Fletcher, C. R. and S. T. Chrysler. 1990. "Surface Forms, Textbases and Situational Models: Recognition Memory for Three Types of Textual Information." *Discourse Processes* 13 : 175-190.

Kaw, M. 2016. "The Use of Task-based Grammar Teaching to Enhance Grammatical Competence for Kachin Students in Myanmar." *Language in India* 2 : 105-118.

Klafehn, T. 2003. "Emergent Properties of Japanese Verbal Inflection." Ph. D diss., University of Hawaii at Manoa.

Krashen, S. 1981. *Second Language Acquisition and Second Language Learning.* Oxford: Pergamon Press.

Krashen, S. 1982. *Principles and Practice in Second Language Acquisition.* Oxford: Pergamon Press.

Lakoff, G. 1987. "Cognitive Models and Prototype Theory." *Concepts and Conceptual Development,* edited by U. Neisser, pp. 63-100. New York: Cambridge University Press.

Larsen Freeman, D. Chaos. 1997. "Complexity Science and Second Language Acquisition." *Applied Linguistics* 18 : 141-165.

McLaughlin, B. 1987. "The Monitor Model: Some Methodological Considerations." *Language Learning* 2 : 309-332.

McLaughlin, B. 1987. *Theories of Second Language Learning.* London: Edward Arnold.

Miller, G. A. 1956. "The Magical Number Seven, Plus or Minus Two: Some Limits on Our Capacity for Processing Information." *Psychological Review* 2 : 81-97.

Murphy, L. 2005. "Attending to Form and Meaning: The Experience of Adult Distance Learners of French, German and Spanish." *Language Teaching Research* 9 : 295-317.

Odlin,T.2001.Language Transfer—Cross-linguistic Influence in Language Learning.Shanghai:Foreign Language Teaching & Learning Press.

Pawley, A. and Syder, F. H. 1983. "Two Puzzles for Linguistic Theory: Native-like Selection and native-like Fluency." *Language & Communication* 2 : 191-227.

Peckham, D. W. 2000. "Attention and Consciousness in Second Language Acquisition: An Investigation into the Effects of Instruction on Noticing." Ph. D diss., University of Pittsburgh.

Pinker, S.A. 1994.*The Language Instinct.* New York: William Morrow.

Pinker, S.A. and Ullman, M.T. 2002. "The Past-tense Debate: The Past and Future of the Past Tense." *Trends in Cognitive Science* 6 : 456-463.

Robinson, P. 2005. "Cognitive Abilities, Chunk-strength, and Frequency Effects in Implicit Artificial Grammar and Incidental L2 Learning." *Studies in Second Language Acquisition* 27 : 235-268.

Rosch, E. 1975. "Cognitive Representations of Semantic Categories." *Journal of Experimental Psychology: General* 1 : 192-233.

Schmidt, R. 1993. "Awareness and Second Language Acquisition. " *Annual Review of Applied Linguistics* 13 : 206-226.

Schmidt, R. and Frota, S. 1986. "Developing Basic Conversational Ability in a Second Language: A Case Study of an Adult Learner of Portuguese." *Talking to learn: Conversation in second language acquisition*, edited by In R. R, Day.

Selinger, H. W., and Shohamy, E, 1989. *Second Language Research Methods*. Oxford: Oxford University Press.

Skehan, P. 1998. *A Cognitive Approach to Language Learning*. Oxford: Oxford University Press.

Tarone, E. 1982. "Systematicity and Attention in Interlanguage." *Language Learning* 32 : 69-84.

Tomasello, M. 2003. *Constructing a Language: A Usage-Based Theory of Language Acquisition*. Cambridge, MA: Harvard University Press.

Treisman, A.M. 1964. "Selective Attention in Man." *British Medical Bulletin* 20 : 12-16.

Tulving, E. 1993. "What is Episodic Memory?" *Current Directions in Psychological Science* 2 : 67-70.

Tyler, A., and Evans, V. 2003. *The Semantics of English Prepositions: Spatial Scenes, Embodied Meaning and Cognition*. Cambridge: Cambridge University.

VanPatten, B. 1990. "Attending to Form and Content in the Input: An Experiment Inconsciousness." *Studies in Second Language Acquisition* 12 : 287-301.

Watson, A. 2015. "The Problem of Grammar Teaching: A Case Study of the Relationship Between a Teacher's Beliefs and Pedagogical Practice." *Language& Education* 29 : 332-346.

Wittgenstein, L. 1953. Philosophische Untersuchungen. Oxford: Blackwell.

岩立志津夫「日本語児の動詞形の発達順序について」学習院大学文学部研究年報第27号、1981。

工藤浩『日本語要説』ひつじ書房、1993。

金田一春彦・林大・柴田武『日本語百科大事典』大修館書店、1988。

小池清治・小林賢次・細川英雄・犬飼隆編著『日本語学キーワード事典』朝倉書店、1997。

小西輝夫「幼児の言語発達」『児童精神医学とその近接領域』第1号、1960。

庵功雄・高梨信乃・中西久実子・山田敏弘編著『初級を教える人のための日本語文法ハンドブック』スリーエーネットワーク、2000。

高梨美穂「日本語動詞形の習得順序―使用依拠アプローチの観点から」『言語情報科学』第7号、2009。

長友和彦「動詞テ形に関わる音韻規則の習得と言語の普遍性」『第二言語としての日本語の習得研究』第1号、1997。

永山勇『国文法の基礎』洛陽社、1970。

永野賢『学校文法概説（新訂版）』共文社、1986。

池田伸子「ブレンデッドラーニング環境におけるeラーニングシステム利用の効果に関する研究：立教大学初級日本語コースを事例として」『異文化コミュニケーション学部紀要』第2号、2010。

初相娟・玉岡賀津雄・大和祐子編著「初級中国人日本語学習者のテ形習得」『日本教科教育学会誌』第35巻、第2号、2012。

村木新次郎，1983，「日本語の後置詞をめぐって」『日語学習与研究』，第3期。

村木新次郎「連用形の範囲とその問題点」『国文学解釈と鑑賞』

第6号、2002。

村木新次郎「日本語の品詞体系のみなおし―形式重視の文法か
　　　ら意味・機能重視の文法へ―」『日中言語研究と日本語教
　　　育』、2008。

村木新次郎「日本語文法研究の主流と傍流―単語と単語の分類
　　　（品詞）の問題を中心に」『同志社女子大学日本語日本文
　　　学』第22号、2010。

村木新次郎「日本語の文法をめぐって―学校（国語教育文法）
　　　と日本語教育文法ともう一つの文法と」『同志社ことばの
　　　会』、2011。

大久保愛『幼児言語の発達』東京堂、1967。

高橋太郎『日本語の文法』ひつじ書房、2005。

谷口秀治「初級段階における文体指導：丁寧体優先主義をめぐ
　　　って」『大分大学教育福祉科学部研究紀要』第21号、1999。

菅谷奈津恵「日本語学習者による動詞活用の習得について―造
　　　語動詞と実在動詞による調査結果から」『日本語教育』第
　　　145号、2010。

菊地康人「動詞の活用をどう教えるか：日本語教授者のための
　　　知識・教授方針の整理」『東京大学留学生センター紀要』
　　　第9号、1999。

鈴木康之『概説・現代日本語文法』おうふう社、1991。

鈴木重幸『日本語文法・形態論』むぎ書房、1972。

鈴木重幸『形態論・序説』むぎ書房、1996。

鈴木重幸「文法論における単語の問題―単語中心主義に対する
　　　疑問にこたえて」『國語と國文学』第1号、2008。

彭广陆「日本語教育における新しい文法体系の構築のため
　　　に―用言の活用表を中心に」『国文学解釈と鑑賞』第7号、
　　　2003。

彭广陆「「連体」と「連用」について—日本語教育における新しい文法体系の構築のために—」『ことばの科学11』むぎ書房、2006。

彭广陆「記述文法書における形態論の体系性に関する考察—『現代日本語文法1』を中心に—」『対照言語学研究』第20号、2010。

平野宏子「「綜合日本語」の授業で行うゼロ初級からの音声教育実践: アクセント、イントネーションの自然性を重視した視覚化補助教材の使用」『国立国語研究所論集』第7号、2014。

橋本進吉『国語法研究』岩場書店、1948。

原沢伊都夫『考えて、解いて、学ぶ日本語教育文法』スリーエーネットワーク、2010。

宮島達夫『動詞の意味・用法の記述的研究』秀英出版、1972。

森田良行・松木正恵編著『日本語表現文型: 用例中心・複合辞の意味と用法』アルク、1989。

森山新「動詞活用形の習得順序について—ル形とマス形を中心として」『日語日文学研究』第34号、1999。

森山新「韓国人日本語学習者の学習初期の動詞習得過程」『日本語学報』第45号、2000。

森山新「第二言語習得に関する縦断的研究」『同日語文研究』第16号、2001。

寺村秀夫『日本語の文法（上）』国立国語研究所、1978。

寺村秀夫『日本語の文法（下）』国立国語研究所、1981。

寺村秀夫『日本語のシンタクスと意味（第2巻）』くろしお、1984。

寺村秀夫『日本語のシンタクスと意味（第3巻）』くろしお、1991。

野田尚史『日本語学習者の文法習得』大修館書店、2001。

野田尚史『コミュニケーションのための日本語教育文法』くろしお、2005。

益岡隆志・田窪行則編著『基礎日本語文法』くろしお、1992。

佐藤敏子「教材選択とその学習効果」『研究紀要』第18号、2012。

图书在版编目（CIP）数据

知之不若行之：不同语法体系对日语习得效果的影响 / 蔡妍著 . -- 北京：社会科学文献出版社，2023.5
ISBN 978-7-5228-1738-5

Ⅰ.①知… Ⅱ.①蔡… Ⅲ.①日语－教学研究 Ⅳ.
① H369.3

中国国家版本馆 CIP 数据核字（2023）第 073247 号

知之不若行之：不同语法体系对日语习得效果的影响

著　　者 / 蔡　妍

出 版 人 / 王利民
组稿编辑 / 赵　娜
责任编辑 / 李　薇
责任印制 / 王京美

出　　版 / 社会科学文献出版社·群学出版分社（010）59367002
　　　　　　地址：北京市北三环中路甲 29 号院华龙大厦　邮编：100029
　　　　　　网址：www.ssap.com.cn
发　　行 / 社会科学文献出版社（010）59367028
印　　装 / 三河市尚艺印装有限公司

规　　格 / 开本：787mm×1092mm　1/16
　　　　　　印 张：20.5　字 数：261 千字
版　　次 / 2023 年 5 月第 1 版　2023 年 5 月第 1 次印刷
书　　号 / ISBN 978-7-5228-1738-5
定　　价 / 128.00 元

读者服务电话：4008918866